Leipziger Wirtschaft

Regionale Größe im globalen Wettbewerb

Leipziger Wirtschaft

Regionale Größe im globalen Wettbewerb

MONOGRAPHIEN
deutscher Wirtschaftsgebiete

Herausgegeben in Zusammenarbeit mit der
Industrie- und Handelskammer zu Leipzig

Autor: Wirtschaftsjournalist
Dr. Helge-Heinz Heinker, Leipzig

Erste Ausgabe 2002

Verlag Kommunikation & Wirtschaft GmbH,
Oldenburg (Oldb)

Die Deutsche Bibliothek –
CIP-Einheitsaufnahme
Leipziger Wirtschaft:
regionale Größe im globalen Wettbewerb
Autor: Helge-Heinz Heinker.
Hrsg. in Zusammenarbeit mit der Industrie- und Handelskammer zu Leipzig
– 1. Ausg. – Oldenburg (Oldb):
Verl. Kommunikation und Wirtschaft, 2002
(Monographien deutscher Wirtschaftsgebiete)
(Edition Städte – Kreise – Regionen)
ISBN 3-88363-205-8

Das Buch erscheint in der Edition «Städte – Kreise – Regionen»

Printed in Germany 2002

 Dem Buch liegen neben den im Inhaltsverzeichnis genannten illustrierten Beiträgen Bilder und PR-Texte der Firmen, Verwaltungen und Verbände zugrunde, die mit ihrer finanziellen Beteiligung das Erscheinen des Bandes ermöglicht haben. Sie sind im Anhang aufgeführt. Für die Richtigkeit der auf diesen Seiten gemachten Angaben übernehmen Verlag und Redaktion keine Haftung.

Übersetzungen: Sprachinstitut Ute Harz, Leipzig
Lithographien: Hoppe & Ruthe EBV GmbH, Herford
Druck: Gebr. Klingenberg Buchkunst Leipzig GmbH, Leipzig

Bildnachweis: Seite 174

ISBN 3-88363-205-8

Inhalt
Contents

Vorwort

☐ Zwölf Jahre eines tief greifenden Strukturwandels liegen hinter der Leipziger Region. Es gibt nicht viele Wirtschaftszentren in Ostdeutschland, die von sich sagen können, dass sie in so kurzer Zeit den strategischen Kurswechsel von einer zentral gelenkten zu einer marktorientierten Wirtschaft schafften, dabei wieder ein eigenes Unternehmertum entwickelten, eine völlig neue Balance zwischen verarbeitendem Gewerbe und dem Dienstleistungssektor herstellten und zwei Wechsel der Währung verkrafteten.

Diese Region hat selbst beträchtliche Energien freigesetzt. Darüber hinaus gewann sie neue Partner von außerhalb, deren Rat und Hilfe von großem Wert waren und sind. Inzwischen können alle Akteure gemeinsam auf ein wirtschaftliches Fundament bauen, das vielfältige Optionen für einen anerkannten Part der Leipziger Region im Konzert der europäischen Wirtschaftsregionen eröffnet.

Eine wichtige Entwicklungsetappe ist bewältigt. Sie macht in der 140-jährigen Geschichte der Industrie- und Handelskammer zu Leipzig einen relativ kurzen Zeitraum aus, ist jedoch in ihrer Bedeutung für den wirtschaftlichen Wiederaufstieg der Leipziger Region kaum zu überschätzen.

Die IHK zu Leipzig hat sich in einer stürmischen und bewegten Zeit als Interessenvertreter der Wirtschaft bewährt, und sie hat als Förderer des Mittelstands an Statur gewonnen. Daneben hat sie stets die vielversprechenden Potenziale der Region offensiv nach außen getragen und sich gleichzeitig vor Ort für die Verbesserung der wirtschaftlichen Rahmenbedingungen eingesetzt. Die IHK ist vorbereitet auf kommende Herausforderungen. Eine dieser Herausforderungen lautet Ost-Erweiterung der Europäischen Union. Damit rückt die Leipziger Region in mehrfacher Hinsicht ins Zentrum – räumlich, mit ihrer Transformationserfahrung und mit ihren Wirtschaftsstrukturen.

Wer die Wirtschaftslage rund um Leipzig am Beginn der 1990er betrachtet hat, wusste, dass mit

☐ *The Leipzig region has now endured twelve years of drastic structural change. Few of eastern Germany's commercial centers can claim to have achieved the strategic turnaround from centrally controlled economy to market economy in such a short period, and to have managed to regain its entrepreneurial spirit, to have created a completely new balance between the manufacturing and services sectors and to have coped with two changes of currency in the process.*

The region has been able to release considerable energy of its own. In addition it has gained new partners outside the region, whose advice and assistance has been – and still is – of great value. Everyone concerned is now able to build together on the same economic foundations, opening up a whole range of options for the Leipzig region to play a part in the European economic adventure.

A major phase of the development process has been seen off. Looked at in the light of the 140 year history of the Leipzig Chamber of Industry and Commerce, this is in fact a relatively short period, though a period not to be underestimated in terms significance to the region's commercial resurgence.

The Leipzig Chamber of Industry and Commerce proved its worth in representing the interests of business throughout this stormy, eventful interlude, and also gained stature as a promoter of small to medium-sized businesses. The Chamber has also been aggressively championing the region's promise to the outside, whilst at the same time working to improve local economic parameters. The Chamber is ready for the challenges ahead. One of these comes in the form of the European Union's inclusion of the eastern European states. This is set to bring the Leipzig region to the centre of things from several points of view, in terms of geography, in terms of its experience of transformation and in terms of its economic structure.

Anyone looking at Leipzig's economic situation at the beginning of the nineteen nineties realised that a

Words of introduction

Die Industrie- und Handelskammer zu Leipzig begeht im Jahr 2002 den 140. Jahrestag ihrer Gründung. Den marktwirtschaftlichen Wandel im Kammerbezirk Leipzig hat sie als Partner insbesondere der mittelständischen Wirtschaft mit vielfältigen Beratungs-, Weiterbildungs- und Ausbildungsangeboten begleitet und unterstützt.

The Leipzig Chamber of Industry and Commerce celebrates its 140th anniversary in 2002. Throughout the period of adjustment to a market economy the Chamber has acted as a partner, particularly to small and medium-sized businesses, providing support in the form of advice, training and further training.

ruhiger Hand hier nichts zu machen ist. Wer zehn Jahre später wiederum analysiert, spürt, dass Fortschritte greifbar sind, jede Bilanz des Wirtschaftswandels aber bestenfalls eine Zwischenbilanz ist. Lange erwartete Investitionen – allen voran der Antrieb durch Porsche und BMW – wirken sich erst in den kommenden Jahren deutlich auf Wirtschaftsleistung und Exportkraft aus. Der Strukturwandel gewinnt an Fahrt und zielt in neue Richtungen.

Wirtschaft und Wissenschaft sind, jeweils für sich genommen, so tiefgreifend umgestaltet worden, dass die Aufgabe, sie praxiswirksam zu verzahnen, jetzt mit ganz neuer Schärfe steht. In der ersten Phase des marktwirtschaftlichen Wandels kam der Impuls vom Qualitätsgewinn der Infrastruktur. In der nun angelaufenen zweiten Phase soll das Bündnis von Wirtschaft und Wissenschaft die Nachhaltigkeit der eingeleiteten Entwicklung untermauern.

Die Leipziger Wirtschaftsregion verfügt am Beginn des 21. Jahrhunderts gleich über fünf ausbaufähige Cluster: Automobilbau und Zulieferer, Informations- und Kommunikationstechnologien und Neue Medien, Energie und Umwelttechnik, Life Sciences mit Biologie, Medizin und zugehörigem Gerätebau sowie Querschnittstechnologien und Dienstleistungen. Zusammen mit dem Chemie-Cluster im benachbarten Sachsen-Anhalt bestehen günstige Aussichten für die weitere Verflechtung strukturbestimmender Branchen und für die Verstärkung vorhandener Entwicklungspotenziale.

Der erneute Aufstieg der Leipziger Region zu einem der führenden deutschen Wirtschaftszentren bekommt deutliche Konturen. Ein wichtiger Teilaspekt dieser Entwicklung ist das produktive Zusammenwirken mit anderen Regionen. Dabei spielt die mitteldeutsche Dimension aus nahe liegenden Gründen eine herausragende Rolle.

Bei allem Fortschritt im zurückliegenden Jahrzehnt verkennt niemand die Größe der noch zu lösenden Aufgaben. Am drängendsten stellt sich das Problem der hohen Arbeitslosigkeit. Alle Forderungen, mehr gewichtige Investoren in diese Region zu holen und die Investitionskraft der vorhandenen Unternehmen zu steigern, meinen deshalb dreierlei: zukunftssichere und passfähige Unternehmen zur Stärkung der vorhandenen Cluster anzusiedeln, eine steigende Zahl

"steady" way of doing things was not going to get much done. Anyone taking a fresh look now, ten years on, can tell that progress is tangible, that any appraisal of economic change is only ever a provisional appraisal. Long awaited investment – the impetus primarily provided by Porsche and BMW – will only have a marked effect on economic output and export muscle in the coming years. The process of structural change is speeding up and leading in new directions.

Business and science have undergone such far-reaching change that the task of effectively relinking them has now become crucial. During the initial phase of changing to a market economy, the improvement in infrastructure provided the momentum. During the current second phase the alliance of business and science is meant to ensure that progress continues to be achieved over the long-term.

At the start of the 21st century the Leipzig business region consists of as many as five expandable clusters: car manufacture and the supplier industry; information and communications technology plus new media; energy supply and environmental technology; life sciences and biology; the medical sector and associated medical appliance manufacturing sector plus cross-sector technologies and services. If we include the chemicals cluster in neighbouring Sachsen-Anhalt, then we have excellent opportunities for additionally integrating structurally crucial sectors and for increasing existing development potential.

The Leipzig region is again becoming one of Germany's leading economic centers and this process is becoming ever more distinct. An important part of this development is productive cooperation with other regions. For obvious reasons, being right at the geographical heart of Germany is a decisive factor.

Although the past decade has seen enormous progress, no one can be in any doubt as to the magnitude of the problems which still lie ahead. The most urgent of these is the high level of unemployment. All calls for bringing more heavy-weight investors to the region and for increasing the investment power of existing companies therefore rely on three factors, i.e. attracting suitable companies with secure futures to strengthen the existing clusters, providing an increasing number of skilled jobs and markedly beefing up regional export power against global competition.

qualifizierter Arbeitsplätze anzubieten und die regionale Exportkraft im globalen Wettbewerb spürbar zu stärken.

Immer, wenn diese Region ihre Energien bündelt und aufblüht, stellt sie sich Ziele, die weit vorausgreifen und die Messlatte hochschrauben. Das ist diesmal nicht anders. Dabei sein ist alles, mag als ehrenwerte Haltung gelten. Doch in Höchstleistungsphasen geht es um mehr. Deshalb bewarb sich Leipzig zusammen mit anderen sächsischen Partnerstädten zunächst im nationalen Ausscheid um die Ausrichtung der Olympischen Sommerspiele 2012. Gutachten belegen die Realisierbarkeit dieses Ziels und prognostizieren für den Fall der Vergabe nicht zuletzt kräftige wirtschaftliche Impulse quer durch alle Branchen und Wirtschaftszweige.

Das Erscheinen des vorliegenden Buches fällt zusammen mit dem 140. Jahrestag der IHK zu Leipzig im Sommer 2002 und ist zugleich eine Dokumentation erfolgreichen Unternehmertums. Und – 140 Jahre Industrie- und Handelskammer zu Leipzig – das sind 140 Jahre partnerschaftliche Unterstützung und Interessenvertretung der heimischen Betriebe. Am Beginn des 21. Jahrhunderts kehrt die Wirtschaft zu Charakteristika zurück, die in den erfolgreichsten Entwicklungsphasen der Leipziger Region stets überregionale Ausstrahlung garantierten: strukturell modern, räumlich mitteldeutsch, mental leistungswillig und grundsätzlich optimistisch.

Dieses Buch zeichnet große Entwicklungslinien nach und erhellt zahlreiche Details einer aufregenden und weltoffenen Entwicklung. Es ist ein Kompendium für Entdecker, die neugierig auf die Leipziger Region und ihre Möglichkeiten sind. Und es ist eine Einladung an Aktive, die Akteure in dieser Region werden wollen. Wir wissen, dass es sich lohnt, Unternehmen gerade hier zu starten. □

Whenever this region pools its energies and blossoms, it sets itself ambitious, forward-looking targets. And it is the same this time around. Simply taking part might be a noble aspiration, but when it's all about top performance a lot more is required. This is why Leipzig, together with other partner cities in Saxony, applied to hold the 2012 Summer Olympics, initially at national level. The feasibility of this objective is backed-up by expert opinion which forecasts that, should Leipzig indeed acquire the Games, major economic benefits would accrue right across all sectors of industry and commerce.

Publication of this book, in summer 2002, coincides with the 140th anniversary of the Leipzig Chamber of Industry and Commerce, and serves as documentary evidence of entrepreneurial success. After all, 140 years of Leipzig Chamber of Industry and Commerce means 140 years of support given to local companies, representing their interests in a spirit of partnership. At the beginning of the 21st century, the economy of the region is regaining the typical character which, during its most successful development phases, always meant the Leipzig region radiated supra-regional appeal – structurally modern, geographically central, always ready to perform and fundamentally optimistic.

This book traces important development trends and sheds light on numerous details of what has been an exciting, open-minded development process. It serves as a compendium for those eager to find out about the Leipzig region and about the opportunities it offers. And it is an invitation to anyone wishing to be actively involved in this region. We know it is well worth while starting companies right here. □

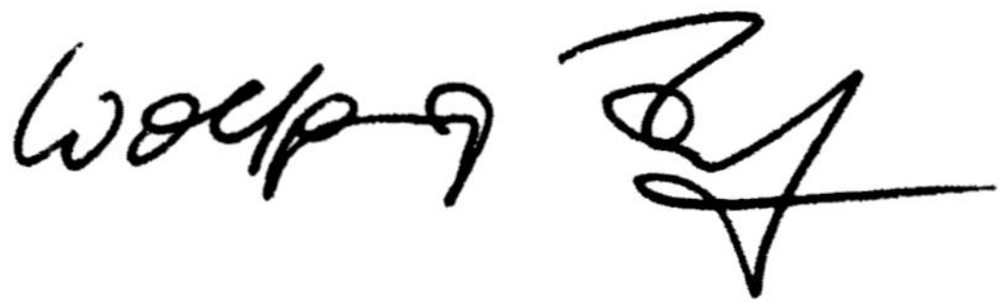

Wolfgang Topf
Präsident der Industrie- und Handelskammer zu Leipzig
President of the Leipzig Chamber of Industry and Commerce

Genug Schwung für den Aufschwung

Gerüstet für den Wettbewerb der Regionen

□ Wirtschaftshistoriker werden die Geschichte der Leipziger Region schon bald in die Zeit vor BMW und in die mit dem Autowerk begonnene Epoche unterteilen. Am 18. Juli 2001 gab der Autokonzern seine Entscheidung bekannt, für 1,35 Milliarden Euro in Leipzig ein neues Werk zu bauen und 5500 Arbeitsplätze in seiner sächsischen Dependance zu schaffen. Am 7. Mai 2002 fand in Anwesenheit von Bundeskanzler Gerhard Schröder, des bayerischen Ministerpräsidenten Edmund Stoiber, des sächsischen Ministerpräsidenten Professor Georg Milbradt und vieler weiterer Prominenter die Grundsteinlegung für das Werk statt. Schon in der Bauphase der produktionstechnisch durchgestylten Fabrik weiteten BMW-Vorstandsmitglieder die Perspektive: Ihre Leipziger Fertigung könnte bald noch viel größer werden und über die geplante Tagesproduktion von 650 Fahrzeugen hinauswachsen. Die dynamische Entwicklung des Premium-Segments des internationalen Automobilmarktes steigere diesen Optimismus.

In Regionen mit Ambitionen gibt jede Wirtschaftsansiedlung Anlass zur Zufriedenheit. Auf Leipzig trifft das ganz besonders zu, kommt mit BMW doch nicht ein Großkonzern schlechthin, sondern vor allem einer mit hervorragenden Imagewerten. Gebündelte Strahlkraft sozusagen.

Leipzig hatte sich in einem harten, gesamteuropäischen Standortwettbewerb über mehrere Etappen am Ende gegen 250 Wettbewerber durchgesetzt. Wichtigstes Ergebnis des Leistungsvergleichs war, dass die westsächsische Wirtschaftsmetropole in der Lage ist, ebenbürtig gegen angesehene Wirtschaftsregionen anzutreten, im Konzert der Standorte einen gewichtigen Part zu spielen, global tätigen Unternehmen attraktive Ansiedlungsbedingungen zu bieten und schnell und mit bemerkenswerter Flexibilität auf

A region fit for competition

□ *Economic historians may soon talk about two periods in the development of the region – before and after the arrival of BMW. On July 18, 2001 the automaker announced it would invest 1.35 billion Euro in a new plant in Leipzig, creating 5,500 jobs. The foundation stone was laid in a ceremony held on May 7, 2002 and attended by Federal Chancellor Gerhard Schröder. Also present were Edmund Stoiber, Prime Minister of Bavaria, Prof. Georg Milbradt, Prime Minister of the state of Saxony, and many other leaders from the worlds of politics and business. As work continued with the installation of the latest in production line equipment, BMW executives already anticipated daily output figures way beyond the planned 650 units, their imagination fired by dynamic growth rates in the premium car segment of the world market.*

Any region looking for investors would have been quite satisfied, and Leipzig had particular reason to celebrate its success, emphasizing not only the sheer size of BMW but also its excellent image.

After all, the city had prevailed over 250 other potential sites in Europe in a fierce process of elimination which went through several stages and eventually showed Leipzig to be on a par with other prestigious manufacturing regions. It was flexible enough to react quickly in a climate of economic transformation and had attractive conditions to offer to a global player, with a service package capable of attracting other companies in this class.

For the industrial conurbation located in the western part of the Free State of Saxony it has required an unprecedented effort to rise to this highly competitive position. Of the many people involved, let us just mention those in the city administration under mayor Wolfgang Tiefensee who were particularly receptive to economic projects. Shortly before BMW announced its

How the boom got going

Leipzig ist mit fast 500 000 Einwohnern die größte Stadt der mitteldeutschen Wirtschaftsregion. In den einmaligen Bestand historischer Bauwerke – hier ein Blick auf das Stadtzentrum mit dem historischen Marktplatz – und in moderne funktionale Architektur flossen seit der Deutschen Einheit Millioneninvestitionen privater Anleger und der öffentlichen Hand.

With almost 500,000 inhabitants, Leipzig is the largest city in the central German business region. Since German reunification, immense amounts have been invested by both the private and public sectors in the city's unique, historic buildings – this is a view of the city center with its historic marketplace – as well as in new, modern, functional buildings.

Herausforderungen einer Wirtschaft im Wandel zu reagieren. Offeriert wurde ein Leistungsbündel, das über die singuläre regionalwirtschaftliche Bedeutung von BMW hinaus Achtungszeichen für alle Unternehmen gesetzt hat, die weltweit nach profitablen Werksstandorten fahnden.

Der Weg der Region im Westen des Freistaats Sachsen zu dieser exzellenten Wettbewerbsposition erforderte einen bislang beispiellosen Kraftakt mit unzähligen Akteuren. Stellvertretend mag dafür die Aufgeschlossenheit für Belange der Wirtschaft in der Leipziger Stadtverwaltung unter Oberbürgermeister Wolfgang Tiefensee stehen. Unmittelbar vor der Bekanntgabe der Standortwahl durch die BMW-Konzernspitze sah die Süddeutsche Zeitung „Ein Kartell des Schweigens" im Leipziger Rathaus am Werk. Günstiger könnte das Lob für den vertraulichen, sehr sensiblen und effizienten Umgang mit den Angelegenheiten von Investoren sicher nicht ausfallen. Das Wirtschaftsmagazin „impulse" wollte es Anfang 2002 genau wissen und testete, wie professionell Investoreninteressen von den Wirtschaftsförderern deutscher Großstädte und Wirtschaftsregionen behandelt werden und welche Qualität die angeforderten Unterlagen haben. Leipzig landete auf Platz 1, zusammen mit dem weltgewandten Hamburg.

Strukturwandel im Zeitraffer

Vor dem Aufschwung, den BMW und ein effizient gegliederter Zulieferkomplex nun einleiten werden, stand eine zehnjährige hoch konzentrierte Phase des wirtschaftlichen Strukturwandels. Getrieben vom wirtschaftlichen Wettbewerb gleicht sie dem Wechsel von der Stand- über die Beschleunigungs- auf die Überholspur. Dieses Jahrzehnt der Umbrüche brachte vor allem den Abschied von arbeitsintensiven Wirtschaftsbranchen und früheren Umweltsünden. Geschaffen wurde eine erstklassige Infrastruktur sowohl im Verkehrs- und Energie- als auch im Telekommunikationsbereich. Ergänzt wurden die traditionellen Fähigkeiten und Fertigkeiten der industriell erfahrenen Arbeitskräfte um hoch aktuelle Kenntnisse auf dem Gebiet der Informationstechnologien und einer offensiven, systematischen Erschließung neuer Märkte.

1990 wird in die ostdeutschen Annalen neben dem politischen Glücksfall der Deutschen Einheit im Kontext der Ökonomie vor allem als marktwirtschaftlicher Urknall eingehen. Soviel Anfang war nie. Dass die Entwicklung seither nicht ohne emotionale Wech-

Fortsetzung Seite 16

final choice, Süddeutsche Zeitung reported a "conspiracy of silence" in City Hall, probably the best compliment that could have been paid to staff who handled the case in a confidential, sensitive and efficient manner. "impulse", a business magazine, was more inquisitive and, in early 2002, tested German cities and regions for the professionalism they showed in dealing with potential investors, and the quality of documents that had to be submitted. Leipzig shared first place with Hamburg, achieving high ratings for sophistication.

Structural change condensed

The boom which BMW and its assorted suppliers are now about to launch was preceded by 10 years of intensive economic transformation. Driven by competitive forces, the region was not unlike a car filtering into the flow of traffic from the hard shoulder and then going right to the overtaking lane. It was a decade of closing down labor-intensive industries, rectifying environmental sins, establishing a sophisticated transport, energy and communications infrastructure, teaching an experienced workforce new IT skills, and using aggressive strategies to systematically open up new markets.

Apart from bringing German unity as a godsend to people in the east, 1990 will mainly be remembered as the year of the big bang that restored a market economy and, naturally, caused a number of emotional ups and downs. Those who will listen and wonder just what makes the region tick will be told, however, that a hundred years ago Leipzig was Germany's second wealthiest city, after Hamburg. And while history never repeats itself, this could be a good motive for seeking new prosperity. More than 10 years later, the ingredients are there – a highly skilled workforce, a modern infrastructure, an expanding industrial base, and an Exhibition Center which is among the best in Europe.

In a virtual time-lapse, and with sudden determination the locals have gone through changes that otherwise would have required long periods of pondering and consulting. Lacking such opportunities, and driven by competition which gave them no break, they had to be pragmatic and use the expertise of others to overcome deficits inherited from 40 years of a planned economy. With results they can be proud of, after 12 years filled with expectations and projections. A period that seems unbelievably short in retrospect and yet saw the complete overhaul of the economic and legal

Continued on page 18

Information

Mitarbeiter:
etwa 11 000 an über 40 Standorten in Deutschland, 200 Mitarbeiter in Leipzig

Leistungsspektrum:
- Wirtschaftsprüfung
- Risikomanagement
- Steuerberatung
- Betriebswirtschaftliche Beratung
- Unternehmensberatung

Employees:
about 11,000 at more than 40 locations in Germany, 200 employees in Leipzig

Range of services:
- Auditing
- Risk management
- Tax services
- Business consulting
- Management consulting services

□
PwC
Deutsche Revision AG
PricewaterhouseCoopers

PwC Deutsche Revision, with some 11,000 employees, more than 600 partners and a turnover of 1.4 billion Euro, is one of the leading auditing and business consultancy firms in Germany. The services are oriented towards the requirements and include, at present, assurance and business advisory services, management consulting services, tax services, corporate finance and global human resource solutions. Represented at more than 40 locations in Germany, PwC has rendered their services to leading industrial and service organizations of all sizes, public sector enterprises, associations, communities and other businesses or private persons for many years.
In their auditing and consultancy services, PwC places emphasis on a modern, IT-supported auditing and consulting approach, on continuity and consistency in serving clients, an optimum use of know-how in the national and international network as well as in their teams' reliability and efficiency. When solving specific business problems, PwC benefits from years of experience in all sectors of industry, nationally and internationally, which enables PwC to meet requirements suitably and with market-leading solutions.

Über 11 000 Mitarbeiter, allein 200 davon am Standort Leipzig, arbeiten bei PwC Deutsche Revision an über 40 Standorten in Deutschland für nationale und internationale Mandanten jeder Größe. Mit mehr als 600 Partnern aus den Bereichen Wirtschaftsprüfung, Unternehmensberatung, Steuerberatung, Corporate Finance- und Human Resource-Beratung zählt PwC mit 1,4 Milliarden Euro Umsatz zu den führenden Dienstleistungsunternehmen in Deutschland.
PwC betreut große Unternehmen aus allen Industrien und Dienstleistungsbereichen, führende Finanzdienstleister, mittelständische Firmen, kommunale Auftraggeber und Einrichtungen der öffentlichen Hand ebenso wie Regierungen oder Privatpersonen. Die kontinuierliche Ausweitung der Produktpalette, die hohe Spezialisierung von Experten, die enge Einbindung in das leistungsstarke Netzwerk von PricewaterhouseCoopers und die hohen Investitionen in moderne Prüfungs- und Beratungssoftware kommen den Kunden von PwC in kleineren Projekten ebenso zugute wie bei großen, international ausgerichteten Aufgaben.

selbäder verläuft, liegt auf der Hand. Wer erfahren möchte, wie diese Stadt und mit ihr eine ganze Region „tickt", wird schnell zu hören bekommen, dass Leipzig vor hundert Jahren eine der reichsten deutschen Städte war. Platz 2 verzeichnet die Statistik des Reiches – nach Hamburg. Geschichte wiederholt sich nicht, doch der Antrieb zum Aufstieg ist spürbar und wirksam.

Ein reichliches Jahrzehnt nach dem Beginn des beispiellosen marktwirtschaftlichen Wandels im Osten Deutschlands verfügt das mitteldeutsche Wirtschaftszentrum neben seinem qualifizierten Arbeitskräftereservoir über eine durchgängig qualitativ aufgewertete Infrastruktur, eine expandierende industrielle Basis und ein neues Messegelände, das zu den modernsten in Europa zählt.

Im Zeitraffer und mit wilder Entschlossenheit ha-

Fortsetzung Seite 18

Eines der größten zusammenhängenden Industriedenkmale in Deutschland – die frühere Baumwollspinnerei zu beiden Seiten der Weißen Elster zwischen den Leipziger Stadtteilen Schleußig und Plagwitz. Heute einer der schönsten deutschen Loft-Komplexe und zur Weltausstellung Expo 2000 Außenstandort unter dem Motto „Leipzig – den Wandel zeigen".

One of the largest integrated industrial monuments in Germany is the former woollen mill on both sides of the Weiße Elster river, between Leipzig's Schleußig and Plagwitz districts. Today, this is one of Germany's most attractive loft conversion complexes and a host site to the Expo 2000 international exhibition under the motto "Leipzig – showing off the changes".

AUTOMOBIL- UND ZULIEFERINDUSTRIE

QUERSCHNITTS-TECHNOLOGIEN UND DIENSTLEISTUNGEN

ENERGIE- UND UMWELTTECHNIK

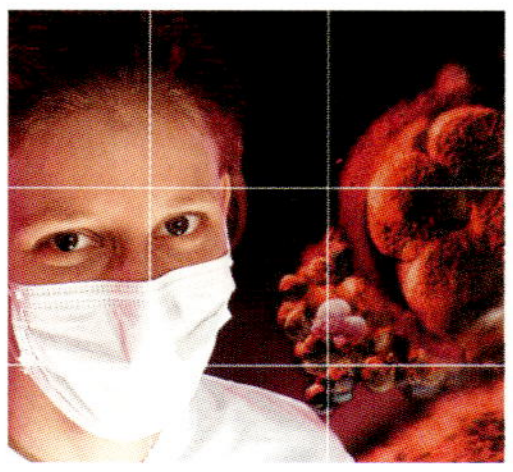

GESUNDHEIT/ BIOTECHNOLOGIE/ MEDIZINTECHNIK/ LIFE SCIENCES

MEDIEN/ KOMMUNIKATIONS-TECHNIK / IT

LEIPZIG LOHNT SICH!
Als pulsierendes Zentrum einer Region mit 1,5 Millionen Menschen konzentriert die Stadt alle Kräfte darauf, erfolgreich auf den Märkten der Zukunft mitzuspielen.

Standortvorteile:
- moderne Infrastruktur
- flexible Arbeitszeitmodelle z. B. BMW: Produktion bis zu 160 Wochenstunden
- gut ausgebildete Fachkräfte, z. B. BMW: 35 000 Bewerbungen
- Flächenangebote in erforderlicher Größe zu angemessenem Preis
- Fördermittel der EU
- flexible Verwaltung: eine der unternehmerfreundlichsten Städte Deutschlands z. B.: Baugenehmigungen: Porsche AG – vier Wochen, Siemens AG – sechs Wochen

Leipzig ist Leben:
- lebendige Mischung aus klassischer Hochkultur, Szene und Experiment
- Wohnungsangebote für jeden Geschmack:
- 12 000 Gründerzeithäuser, Lofts, Eigenheime
- Spielort zur Fußball WM 2006
- Bewerbung als Austragungsort der Olympiade 2012

LEIPZIG PAYS OFF!
As the pulsating heart of a region with a population of 1.5 million, the city is directing all its energies towards successful involvement in the markets of the future.

The city's advantages as a place of business:
- *modern infrastructure*
- *flexible working patterns e.g. BMW: production running up to 160 hours a week*
- *well trained workforce, e.g. BMW: 35,000 job applications*
- *sufficient land available and at the right price*
- *financial backing from the EU*
- *flexible local government: one of Germany's most business-friendly cities e.g. planning permission: Porsche AG – four weeks, Siemens AG – six weeks*

Leipzig means living:
- *vibrant mix of classic culture, subculture and experimentation*
- *housing available to suit every taste*
- *12,000 houses dating back to the 1870s, attic conversions, owner occupied homes*
- *venue for World Cup 2006*
- *candidate for 2012 Summer Olympics*

ben sich hier Entwicklungen vollzogen, denen woanders meist eine zähe und bedenkenschwere Erörterung über das Wie und Wohin vorausgeht. Doch wer sollte den erfolgshungrigen Wirtschaftsregionen im Osten Deutschlands eine langwierige konzeptionelle Einkehr gewähren? Wettbewerb kennt keine Refugien. Pragmatismus und externe Expertisen mussten Erfahrungsdefizite aus 40 Jahren abhanden gekommener marktwirtschaftlicher Kontinuität kompensieren. Die Ergebnisse können sich sehen lassen. Darauf können viele Akteure stolz sein.

Wo sonst verdichteten sich so viele Projektionen und Emotionen auf unheimlich kurz anmutende zwölf Jahre: die Etablierung einer komplett neuen Wirtschafts- und Rechtsordnung, eine im Rückblick kurze, aber heiße Affäre mit der Deutschen Mark, die erwachende Zuneigung zum Euro und die rasante Komposition eines Branchenmix der Wirtschaft, der im Kern international zukunftsfähig ist.

Der wirtschaftliche Umbruch war beispiellos tief und ohne Zweifel schmerzhaft. Vorübergehend über achtzig Prozent der industriellen Arbeitsplätze zu verlieren, würde ohne heftige Gefühlsaufwallung keine Region verkraften. Doch immer deutlicher zeigt sich, wie richtig es war, harte Schnitte anzusetzen und Weichen weitsichtig zu stellen. Sie haben der Leipziger Wirtschaftsregion einen unschätzbaren Wettbewerbsvorteil verschafft – Zukunftsfähigkeit. Und sie schufen bei den Akteuren aller Ebenen einen spezifischen Erfahrungsschatz, auf den sich bauen lässt – Transformationswissen, den offensiven Umgang mit dem Wandel und seinen vielfältigen Implikationen. Darauf können Unternehmen bauen, die sich für diese Region und ihre Chancen interessieren.

Zügig voran in Richtung Wissensgesellschaft

Die mitteldeutsche Wirtschaftsregion rund um Leipzig blickt nach vorn. Sie befindet sich im fortgeschrittenen Stadium des Strukturwandels. Neuansiedlungen international bedeutender Unternehmen stellen Weichen für die Einbindung in globale Wirtschaftskreisläufe auf einer fundamental gewandelten technologischen Basis.

Viele junge Hochtechnologieunternehmen auf den Gebieten Biotechnologie und Medizin, Medienwirtschaft und Informationstechnologien fungieren mit Aufsehen erregenden Forschungs- und Entwicklungsleistungen als Pfadfinder auf dem Weg in die Wissensgesellschaft.

Fortsetzung Seite 22

system, a torrid but brief affair with the Deutschmark followed by growing confidence in the Euro, and the rapid creation of an industrial base that can be expected to meet future challenges.

The radical economic changes were painful, and losing over 80 percent of industrial employment could be forgiven for causing emotional outbursts anywhere. But people are now beginning to see that the sharp cuts were necessary to give the region a long-term perspective and, thus, a competitive advantage. Another experience they can build on is how to transform an existing economy and deal with many of the consequences, a resource that could be tapped by companies locating to the area.

Toward a knowledge-based society

With structural transformation well underway and leading companies helping to integrate local manufacturing and services into the global economic process, Leipzig and the surrounding region can now look confidently into the future. Blazing a path toward a knowledge-based society are many of the high-tech startups operating in such fields as biotechnology, medicine, the media and the IT sector.

Our market economies and the effects of globalization not only promote prosperity but also expose us to the normal pattern of business cycles and fiercer competition. If the ability to compete on an international scale is the yardstick by which to measure economic performance in and around Leipzig, then the region still has not enough jobs that could survive a worsening of the business climate. Reducing unemployment from the high levels we have experienced for some time continues to be a major challenge.

When German unity was still in the making, the Leipzig region enjoyed an extra bonus as the home of the movement that brought about political changes in the fall of 1989. Rapid economic upheaval was inevitable and followed by unification less than a year later. These developments were accompanied, and encouraged, by massive subsidies from the Federal Government and the EU. A study published at the end of 2001 by Kreditanstalt für Wiederaufbau (a reconstruction loan corporation) confirmed that sound development policies conforming to market trends would give positive effects, particularly where such grants served to perform a community task – improving regional economic structures.

In the meantime, these much appreciated credits

Continued on page 24

Im Leipziger Stadtbild hinterließen die unterschiedlichsten Architekturepochen ihre Spur. Die Zentrale der Landesbank Sachsen ist der einzige Hochhaus-Neubau nach 1990.

A wide variety of architectural epochs have left their mark on Leipzig's townscape. The headquarters of Landesbank Sachsen is the only high-rise building erected since 1990.

Einrichten von multifunktionalen Produktionszentren der VSC-Baureihe, die Teil einer Fertigungslinie für VW Argentinien sind.

Setting up multifunctional production centres for the VSC series, which will be part of a VW production line in Argentina.

EMAG Leipzig Maschinenfabrik – ein Standort mit langer Tradition

Am Standort des von Wilhelm von Pittler 1889 gegründeten Unternehmens werden seit mehr als 110 Jahren Drehautomaten gebaut. Diese Tradition, heute mit innovativer Technik, führen die Mitarbeiter der jetzigen EMAG Leipzig seit 1999 am Gründungsstandort fort. Aus Überzeugung und innerer Verpflichtung angesichts der schlimmen Zeiten nach der Wende.
Gestützt auf eine Reihe bahnbrechender Patente, waren Maschinen von Pittler seit Gründungsbeginn ein fester Begriff für Qualität, Leistungsfähigkeit und Fortschritt in der Metallbearbeitung.
Mitte der dreißiger Jahre des vorigen Jahrhunderts zählte Pittler zu den größten deutschen Werkzeugmaschinenherstellern. Die schwierigen Jahre nach der Wiedervereinigung gipfelten 1995 in einem Konkurs des Unternehmens. Die EMAG-Gruppe setzte dann 1999 auf das kleine, aber in der Komplettbearbeitung anspruchsvoller Drehteile erfahrene Mitarbeiterteam bei der Neugründung des Unternehmens.
Inzwischen gehört die EMAG Leipzig Maschinenfabrik zu den führenden Herstellern von multifunktionalen Produktionszentren der VSC-Baureihe und Vertikal-Standard-Drehmaschinen. Dabei werden von Leipzig aus vorwiegend Kunden in Norddeutschland, in den neuen Bundesländern und in Mittel-Osteuropa betreut. Dazu gehören zum Beispiel Skoda und VW. Der Ansiedlung von BMW in Leipzig, nur wenige Kilometer vom Firmengelände der EMAG entfernt, werden auch viele Zulieferer folgen, die zu den Hauptabnehmern von EMAG-Produkten zählen. Aus diesem Blickwinkel ist ein Aufbau der Belegschaft von heute etwas über 100 auf mittelfristig 200 Mitarbeiter durchaus realistisch.

Pittler-Universal-Metallbearbeitungsmaschine, Baujahr 1894

Pittler universal metalworking machine, built in 1894

Information

EMAG Gruppe
Mitarbeiter: 1300 plus 120 Auszubildende
Umsatz: rund 250 Millionen Euro jährlich

EMAG Leipzig
Gründungsjahr: 1889
Mitarbeiter: 100 plus 10 Auszubildende
Leistungsspektrum:
- Projektierung und Realisierung von werkstückbezogenen und kundenspezifischen Fertigungslösungen
- Beratung, Service, Kundendienst

Produktspektrum:
- Vertikal-Standard-Drehmaschinen
- multifunktionale Produktionszentren

Umsatz: rund 20 Millionen Euro jährlich

EMAG Group
Employees: 1,300 plus 120 trainees
Sales volume: roughly 250 million Euro each year

EMAG Leipzig
Year of foundation: 1889
Employees: 100 plus 10 trainees
Range of services:
- Project management and realisation of workpiece-based and customer-specific production solutions
- Consulting, service, customer support

Range of products:
- Vertical standard lathes
- Multifunctional production centres

Sales volume: roughly 20 million Euro each year

□

EMAG Leipzig Maschinenfabrik GmbH

Ein Teil der heutigen Firmengebäude, in denen auch das Joint Venture Unternehmen HARDINGE EMAG, das die vertikalen VL Standarddrehmaschinen baut, angesiedelt ist.

A part of the current company building that also accommodates the joint venture company HARDINGE EMAG, and which builds the vertical VL standard lathe.

EMAG Leipzig Maschinenfabrik – a Factory with a Rich Tradition

Automatic lathes have been produced at the site of the company that was founded by Wilhelm von Pittler in 1889 for more than 110 years. The staff of the modern firm EMAG Leipzig has followed in the footsteps of this tradition with innovative technology at the original location since 1999. The company feels a conviction and an inner obligation to help alleviate the strains and difficulties of the period following German reunification.
Right from the start, a series of pioneering patents made Pittler machines synonymous with quality, performance and progress in metalworking. During the nineteen thirties, Pittler was among the largest German manufacturers of machine tools. Struggling through the difficult years in the wake of German reunification, the company finally went bankrupt in 1995. When it was relaunched in 1999, the EMAG Group placed its trust in the small core team of staff with a wealth of experience in the complete processing of demanding lathe parts.
Meantime EMAG Leipzig Maschinenfabrik has been risen to become one of the leading manufacturers of multifunctional production centres in the VSC series and vertical standard lathes. The Leipzig site principally serves customers from the North of Germany, from the regions of former East Germany and from Central and Eastern Europe. These customers include Skoda and VW, for example. BMW's new factory in Leipzig, situated just a few kilometres from the EMAG company grounds, will also attract numerous suppliers who are among the main buyers of EMAG products. In view of this, it would be more than realistic to assume that the workforce can be expanded from slightly more than 100 to 200 in the medium term.

Marktwirtschaft und Globalisierung bringen neben spürbaren Wohlstandsgewinnen auch die übliche Normalität zyklischer Konjunkturverläufe und eines verschärften Wettbewerbs mit sich. Als Leistungsmaßstab gilt auch für die Leipziger Wirtschaftsregion die internationale Wettbewerbsfähigkeit. Noch fehlt es an einer ausreichenden Zahl von Arbeitsplätzen, die sich dem Druck der internationalen Konkurrenz auch in schwierigen konjunkturellen Phasen gewachsen zeigen. Der Abbau der unverändert hohen Arbeitslosigkeit bleibt eine der zentralen Herausforderungen.

Im Zuge der Deutschen Einheit profitierte die Leipziger Region zunächst von einem Bonus. Von hier ging im Herbst 1989 der politische Impuls zum Wandel aus, der innerhalb kürzester Zeit in einen unvermeidlichen wirtschaftlichen Umbruch und nach einem knappen Jahr in die staatliche Einheit Deutschlands mündete. Begleiter und Katalysatoren der Entwicklung waren umfangreiche öffentliche Fördermittel des Bundes und der Europäischen Union. Die positiven Wirkungen einer vernünftigen, marktkonformen Förderpolitik sind evident, bescheinigt eine Ende des Jahres 2001 präsentierte Studie der Kreditanstalt für Wiederaufbau. In besonderem Maße trifft das auf die so genannte GA-Förderung zu, die Gemeinschaftsaufgabe Verbesserung der regionalen Wirtschaftsstruktur.

Inzwischen hat sich Normalität eingestellt, und die zunächst dankbar genutzten finanziellen Vorschüsse sind der Omnipräsenz des globalen Wettbewerbs gewichen. Hinzu kommt, dass die Leipziger Region im Reigen aller östlichen deutschen Bundesländer schon sehr bald vom Rand der EU im Wortsinn immer weiter in das Zentrum rücken wird. Mit dem Hinzutreten neuer Mitglieder der Europäischen Union im Osten und Südosten des Kontinents werden sich auch die Gewichte der öffentlichen Förderung verschieben. Dann muss sich beweisen, wie gut die Zeit des fundamentalen Wandels genutzt wurde.

Die Wirtschaftsregion rund um Leipzig ist zugleich der Bezirk der gleichnamigen Industrie- und Handelskammer. Als Interessenvertreterin der gewerblichen Wirtschaft blickt die IHK im Jahr 2002 auf eine 140-jährige, ebenfalls wechselvolle Geschichte zurück.

Umbrüche musste die Wirtschaft in diesem Landstrich häufig verkraften. Neu ist diesmal die Gleichzeitigkeit von durchgreifendem marktwirtschaftlichem Wandel, europäischer Integration und globaler Verflechtung. Die Wirtschaftsregion Leipzig befindet sich am Beginn des 21. Jahrhunderts auf einem guten Weg, den Wandel auch diesmal erfolgreich zu bewälti-

Die durchgängige Modernisierung der Verkehrsinfrastruktur schuf wichtige Voraussetzungen für die Neuansiedlung bedeutender Unternehmen.

Far-reaching modernisation of transport infrastructure has created the essentials for attracting important companies.

3 1/2 Std. Frankfurt - Berlin
ICE-Sprinter

gen und in die Spitzengruppe europaweit bekannter und geachteter Wirtschaftsregionen aufzusteigen.

Räumlich fällt der IHK-Bezirk mit dem Regierungsbezirk Leipzig im Nordwesten des Freistaats Sachsen zusammen. Im Westen grenzt er an Sachsen-Anhalt, wo die Chemieindustrie in den vergangenen zehn Jahren komplett umgebaut wurde. Daraus entwickeln sich vielfältige Formen der Zusammenarbeit. Die Kooperation von Unternehmen aus Sachsen, Sachsen-Anhalt und Thüringen verdient am ehesten das zu neuem Ansehen gelangte Prädikat „mitteldeutsch", während im Bewusstsein der Menschen ihre Verankerung im jeweiligen Bundesland – vorläufig zumindest – von größerer Bedeutung bleibt als die mitteldeutsche Ortung.

Im Regierungsbezirk lebten Ende des Jahres 2000 knapp 1,1 Millionen Menschen, darunter fast 500 000 allein in der Stadt Leipzig.

Verarbeitendes Gewerbe und Bauhauptgewerbe sind weit gehend mittelständisch strukturiert. Sie boten im Durchschnitt des Jahres 2000 über 53 760 Arbeitsplätze an. Ihre Branchenvielfalt hat die Industrie behalten, und in attraktiven Nischen sind die modernisierten Unternehmen zunehmend erfolgreich – auch im Export.

Trotz beeindruckender Erfolge steht auch der Leipziger Wirtschaftsregion noch ein langer Entwicklungsweg bevor. Insbesondere der von den Folgen des extensiven Braunkohlebergbaus gezeichnete Leipziger Südraum und die Kreise Torgau-Oschatz und Döbeln im Nordosten und Südosten bleiben in den kommenden Jahren weiterhin Gebiete mit besonderen Entwicklungsaufgaben im IHK-Bezirk Leipzig. □

have ceased and global competition has taken over. In addition, the Leipzig region and eastern Germany as a whole will soon find themselves moving from the periphery of the EU toward its center as new countries in eastern and southeastern Europe join the Union. The focus of government assistance will then shift to these members, leaving it to current recipients to make the best of economic transformation.

The Leipzig conurbation is also the district served by the city's Chamber of Industry and Commerce, which will be 140 years old in 2002. Its history has been as eventful as that of the region, which had to cope with drastic changes many times. The one feature distinguishing the present from the past, however, is the fact that we are dealing with three developments at the same time – a thorough transformation toward a market economy, and integration on a European and global scale. At the beginning of the 21st century, we have again found ways to address all of these problems and are well on our way toward joining the group of top performers among Europe's economic regions.

Geographically, the Chamber district coincides with the administrative district of Leipzig in northwestern Saxony. To the west, it borders on the state of Saxony-Anhalt, which has completely restructured its chemical plants over the past 10 years, thus encouraging industrial cooperation in many fields. The old concept of working together under the roof of a larger region known as "middle Germany" seems to have regained some importance for firms in Saxony, Saxony-Anhalt and Thuringia, even though the local people see themselves primarily as citizens of these states, at least for the time being.

Population figures for the administrative district (year-end 2000) are just under 1.1 million, with almost half a million living in the city of Leipzig. Companies active in the manufacturing sector, construction and civil engineering are mainly SMEs, providing about 53,760 jobs (average for 2000). Industry continues to be quite diversified, with modernized firms doing good business in attractive niches and boosting exports. But despite these advances, the region still has a considerable way to go. Particular efforts will go into rehabilitating huge stretches of land south of Leipzig which have been devastated by the open-cast mining of brown coal (lignite), and into developing areas around Torgau-Oschatz in the northeast and Döbeln in the southeast of the district. □

Die Firma Otto Heil GmbH & Co. KG bietet eine breite Palette von Bauleistungen an. Dies setzt eine fundierte Fachkenntnis aller Mitarbeiter sowie eine umfangreiche technische Ausstattung voraus, in die konsequent investiert wird. All das garantiert dem Bauherrn nicht nur eine termingerechte und qualitativ hochwertige Ausführung, sondern auch einen flexiblen Umgang mit besonderen Ansprüchen oder Wünschen.

The firm Otto Heil GmbH & Co. KG offers a broad range of construction services. This means that the entire workforce must be expert and have access to extensive technical equipment, in which the company invests heavily. All of this guarantees investors not only a punctual and high quality provision of services, but also a flexible handling of special demands or wishes.

Information

Gründungsjahr:
1991

Mitarbeiter:
insgesamt 65, davon 14 Auszubildende

Leistungsspektrum:
- Hochbau (Rohbau und Schlüsselfertigbau)
- Industriebau
- Bau von Behältern für Trink- und Abwasser
- Kläranlagenbau
- Erschließungsmaßnahmen
- Straßenbau
- Kanalbau
- Wasserleitungsbau
- eigenes Transportbetonwerk

Year of foundation:
1991

Employees: in total 65, including 14 trainees

Range of services:
- Structural engineering (shell construction and turnkey construction)
- Industrial construction
- Construction of containers for drinking water and wastewater
- Construction of sewage plants
- Development work
- Road construction
- Waterway construction
- Water pipe construction
- Own transport concrete plant

□

Otto Heil GmbH & Co. KG, Taucha

Leistungsfähige Arterien des Wirtschaftskreislaufs

Autobahn- und Straßenbau geben die Richtung vor

☐ Wer vor vielen Jahren schon einmal in der Gegend um Leipzig war und nun wieder hierher kommt, erinnert sich – nach bleibenden Eindrücken befragt – meist an die einstmals schlechten Straßen. Und er kommt aus dem Staunen kaum heraus, was innerhalb weniger Jahre bis in entfernte Verästelungen des Straßennetzes repariert, modernisiert und neu gebaut wurde.

Nicht zufällig waren in den frühen 1990er-Jahren die Vorstellungen der Bundesregierung vom notwendigen Aufbauwerk in den östlichen Bundesländern auf dem Gebiet der Ausgestaltung und Aufwertung der Verkehrswege am greifbarsten. Wer einen ganzen Wirtschaftskreislauf reanimieren will, muss sich auf die Leistungsfähigkeit seiner Arterien uneingeschränkt verlassen können. So entstanden gewissermaßen als Flaggschiff aller Vorhaben die Verkehrsprojekte Deutsche Einheit.

In der Leipziger Region konnte davon zuerst die Autobahn A 9 (Berlin–Leipzig–Nürnberg) profitieren. Diese Magistrale hat Tradition. Im Dezember 1936 zwischen dem Schkeuditzer Kreuz westlich von Leipzig und Bayreuth in Oberfranken eröffnet, wurde dem Betonband Jahrzehnte lang bestenfalls bauliche Kosmetik zuteil. Doch die vergangenen zehn Jahre glichen einem Aufholprozess im Zeitraffer. Abschnittsweise Verbreiterung auf drei Fahrstreifen in jede Richtung, komplette Erneuerung der Fahrbahndecke und Neubau sämtlicher Brücken ließen eine faktisch neue A 9 auf der alten Trasse entstehen. Anschließend folgte noch der großzügige Umbau des Schkeuditzer Kreuzes von der klassischen Kleeblattlösung zu weit geschwungenen Neutrassierungen und großzügigen Einfädelungen, um die Staugefahr an diesem dicht befahrenen Schnittpunkt von A 9 und A 14 (Dresden–Leipzig–Magdeburg) zu verringern.

Die Autobahn A 14 ist mit ihrem nördlichen Ast zwischen Halle und Magdeburg selbst ein Kind der Deut-

Building roads and motorways

☐ *Ask anyone who visited the region in the "old" times about their impressions, and they will probably remember the bad roads. Today they would hardly believe their eyes if they saw the motorways, trunk roads and even by-roads that have been repaired, overhauled and newly built. It was quite logical for the Federal Government to think of upgrading the transport routes first when planning modernization projects for eastern Germany in the early 1990s. To revive economic circulation one needs fully functional arteries, and the first infrastructural projects after German unity were therefore aimed at the road network.*

The first major road to be improved in the Leipzig region was the A 9 motorway (Berlin–Leipzig–Nuremberg). Its first section, from the Schkeuditzer Kreuz interchange to Bayreuth in Upper Franconia, opened as early as December 1936 and since then had seen makeshift repairs at best. Again, work proceeded at an unprecedented pace over a period of 10 years, with a lane in each direction being added on one stretch after another, complete renewal of the roadway surface and the reconstruction of all bridges. This was followed by the conversion of Schkeuditzer Kreuz junction in which more spacious access and feeder roads were added to a conventional cloverleaf design to alleviate the frequent jams besetting this intersection of the A 9 and A 14 (the latter connecting Dresden, Leipzig and Magdeburg).

A northern stretch on the A 14 now connects Halle and Magdeburg, and a section to be built southeast of Leipzig will eventually link up with the expressway to Prague (A 17) thus adding a European dimension to the project. South of Leipzig, the new A 38 bypass is being built, which will close the ring around the city and provide logistics for the BMW plant. Construction is making good progress thanks to financing from a Federal Government program designed to prevent traffic jams. Also on the drawing board, with a good chance of materializing in the near future, is the A 72,

Economic arteries

Die wichtigsten Autobahntrassen rund um Leipzig sind inzwischen sechsstreifig ausgebaut. In der Nähe des Schkeuditzer Kreuzes werden die Bundesautobahnen Berlin–Nürnberg und Dresden–Magdeburg, eine Neubaustrecke der Bahn und der Flughafen Leipzig/Halle verkehrsgünstig verknüpft.

The main sections of motorway around Leipzig now have six lanes. The Berlin–Nuremberg and Dresden–Magdeburg motorways, a new section of rail track plus Leipzig/Halle airport all link up near Schkeuditzer junction.

Im Jahr 2000 verwandelte sich die Leipziger Georg-Schumann-Straße, eine wichtige Ausfallstraße in Richtung Halle, in die längste Straßenbaustelle der Stadt. Inzwischen teilen sich längst wieder Autos und Trams den Verkehrsraum (Bild rechte Seite).

schen Einheit, und südöstlich der Leipziger Wirtschaftsregion wird von ihr die A 17 nach Prag abzweigen. So deuten sich sehr markant gleich neue europäische Vernetzungswirkungen der Verkehrswege an.

Um das vorhandene Autobahnnetz enger zu flechten, dehnt sich südlich von Leipzig Teilstück für Teilstück die Trasse der A 38 aus. Sie komplettiert zugleich den Autobahnring um Leipzig und kommt im Sog der Ansiedlung von BMW und dank der Finanzmittel aus dem Anti-Stau-Programm der Bundesregierung gut voran. Auch die von Chemnitz heranzuführende Autobahn A 72 hat als verkürzte „Wirtschaftsmeile" und Länder übergreifendes „Fließband" der Autoindustrie und ihrer Zulieferanten zwischen Sachsen und Bayern gute Chancen auf rasche Verwirklichung. Ihre Finanzierung wurde unter fördernder Beteiligung des Freistaates Sachsen im März 2001

which will connect Leipzig to Chemnitz and, eventually, Saxony to Bavaria. This will benefit manufacturing industries, and particularly automakers, in the two states. Financing was arranged in March 2001 during talks attended by representatives from Saxony, an unprecedented development as motorway construction had previously been the sole responsibility of the Federal Government.

Plans to build an autobahn to Cottbus which would then extend into Poland will take a little longer even though pressure groups have lobbied the Federal Government in order to get the project included in the Transport Infrastructure Plan for 2003. Favored by economic policy-makers, it could bring structural improvement to deprived areas east of the Elbe river. As planning is in its early stages, three alternative routes have been proposed, of which local decision-makers

In the year 2000, Leipzig's Georg-Schumann-Straße, an important main road leading towards Halle, became the city's longest road construction site. But cars and trams have again been making full use of it for quite some time (Picture this page).

geklärt. Ein absolutes Novum, war Autobahnbau in Deutschland bislang doch eine reine Bundesangelegenheit.

Länger wird man dagegen auf die A 16 von Leipzig nach Cottbus mit Anbindung in Richtung Polen warten müssen, die insbesondere den Wirtschaftspolitikern am Herzen liegt, soll sie doch dem gesamten strukturschwachen ostelbischen Raum einen wichtigen Anstoß geben. Lobbyisten schwärmten aus, um diesem Projekt im Bundesverkehrswegeplan 2003 einen gebührenden Platz zu verschaffen. Dem frühen Stadium dieses Vorhabens geschuldet, stehen drei Trassenkorridore im Raum. Über den tatsächlichen Verlauf der A 16 gibt es noch keine Einigung. Die Entscheider der Leipziger Wirtschaftsregion bevorzugen ein Betonband von Leipzig über Eilenburg und Torgau und weiter nach Lübbenau.

would prefer the one leading from Leipzig to Cottbus via Eilenburg, Torgau and Lübbenau.

Considerable pressure has also been exerted by entrepreneurs in less industrialized rural areas with the aim of improving local roads and having bypasses built. One such highway, diverting freight and other traffic from the center of Eilenburg, is now being completed south of the town along a stretch of the B 87 federal road.

If the region's road network were judged by conventional standards, i.e. measuring economic performance and the related flow of traffic, one would find it sufficient. This is the opinion of the Regierungspräsidium, an administrative authority at medium level with considerable powers for authorizing major projects. On the other hand, it may be argued that improving the transport infrastructure can promote economic

Das 1991 gegründete Unternehmen WSB Wachen Sichern Bauen GmbH erbringt Dienstleistungen bei Bauvorhaben im und am Gleisbereich der DB AG, bei Brückensanierungen im Kreuzungsbereich von Gleisanlagen und Durchörterungen. Die insgesamt 60 hoch qualifizierten Mitarbeiter sichern die Bauunternehmen gegen die Gefahren des Zugverkehrs und elektrischen Stroms.

WSB Wachen Sichern Bauen GmbH, which was founded in 1991, provides services in DB AG rail track construction projects and in bridge renovation around rail track and town junctions. The 60 highly qualified employees provide safety for the construction firms against the dangers of rail traffic and electric current.

Information

Profil:
Sicherungsleistungen im mitteldeutschen Raum für:
- DB AG und deren Töchterunternehmen
- öffentlichen Dienst
- Energieversorgungsunternehmen
- zertifiziert nach ISO 9001

Profile:
Security services in central Germany for:
- DB AG and its subsidiaries
- Public services
- Power supply companies
- Certified according to ISO 9001

WSB Wachen Sichern Bauen GmbH

Für das Straßennetz unterhalb der Autobahn-Ebene entwickeln die Repräsentanten der Wirtschaft in den ländlichen, mit wenig Industrie bestückten Gebieten besonderes Engagement. Zahlreiche Ortsumgehungsstraßen, darunter die lange geforderte und im Bau befindliche südliche Umgehung von Eilenburg auf der neu trassierten Bundesstraße 87, bahnen nicht zuletzt dem immer intensiveren Güterverkehr auf der Straße neue Wege.

Wiederum gilt, Zukunft zu bauen. Würden die klassischen Richtwerte bemüht, die das Straßennetz an der vorhandenen Wirtschaftsleistung und den daraus abgeleiteten Verkehren messen, so wäre die Leipziger Region formal gut versorgt, heißt es im Regierungspräsidium, das als Mittelbehörde für die Genehmigung von Großvorhaben große Verantwortung trägt. Im Umkehrschluss gilt, dass infrastrukturelle Vorleistungen der Wirtschaftsförderung die nötige Überzeugungskraft verleihen. Gerade mit einem aufgewerteten Verkehrsnetz lässt sich auch regionale Wirtschaftsentwicklung forcieren.

development. A case in point is Mühlberg, a town on the Elbe river with small enterprises that would greatly benefit from a bridge connecting them to potential business partners in Brandenburg on the other side, thus replacing the old ferry. Its planning power is the reason why Walter Christian Steinbach, President of the Regierungspräsidium, has described the agency as a "modern management authority".

From rail modernization to ICEs

Second place in the race for infrastructural modernization goes to Deutsche Bahn (DB), the state railways, who not only have invested millions but also set themselves ambitious aims for reform in a program published in 1994. While Leipzig, a railway hub of European importance, has more or less retained that position, the improvement of the network as a whole has not made sufficient progress. Of the more successful steps undertaken by DB, let us mention the establishment in 2000 of Leipzig's central station as

Liberalisierung bringt Wettbewerb auf die Schiene. Seit März 2002 begegnen sich täglich der InterConnex von Gera nach Rostock und der ICE von Dresden nach Saarbrücken auf dem Leipziger Hauptbahnhof.

Liberalisation brings competition to rail. Since March 2002, the InterConnex from Gera to Rostock and the ICE from Dresden to Saarbrücken have been meeting daily at Leipzig main station.

Im strukturschwachen Nordosten der Leipziger Wirtschaftsregion soll zum Beispiel die künftige Elbebrücke Mühlberg sächsisches Gebiet über den Strom hinweg mit dem Land Brandenburg auf dem anderen Ufer permanent verbinden, die Nachteile der veralteten Fährverbindung überwinden und kleinen Unternehmen neue Perspektiven eröffnen. So bekommt die vom Leipziger Regierungspräsidenten Walter Christian Steinbach stets erneuerte Feststellung, das Regierungspräsidium verstehe sich als „eine moderne Managementbehörde", erfahrbare Konturen.

Von der Modernisierung des Schienennetzes zum ICE-Knoten

Hundertfacher Investitionsmillionär, doch gleichwohl nur Zweitplatzierter im Rennen um begehrte Verkehrsanteile in der Leipziger Wirtschaftsregion ist die Deutsche Bahn AG. Sie hat im Zuge der äußerst komplexen Bahnreform seit 1994 hohe Ansprüche formuliert und ihre Position im Bahnknoten Leipzig mit sei-

the crossing point of two ICE (Intercity Express) lines, one connecting Saarbrücken, Frankfurt, Leipzig and Dresden and the other Berlin, Leipzig and Munich. DB also commissioned its operations center here in the summer of 2001 and opened a container terminal at Wahren, a station northwest of the city. A major project begun in June 2002 and scheduled to take 10 years will be to upgrade facilities at Halle and Leipzig, investing almost 2 billion Euro on the installation of advanced switches and electronic signal towers, and the revision of track diagrams to make this the most efficient center of freight and passenger traffic in eastern Germany, with drastic cuts in travel times.

While in the mid-1990s optimists dreamed of taking only 45 minutes to cover the 120 km from Leipzig to Dresden by train, improvements on the line are taking time. An urgently needed new connection from Leipzig to Erfurt (and then to Munich and Frankfurt) has been given less priority by the Federal Government, but there is new hope now that CEO Hartmut Mehdorn has favored construction of the high-speed link and finan-

ner unbestritten gesamteuropäischen Ausstrahlung zu behaupten versucht. Trotzdem ist der Ausbau der dichten Schieneninfrastruktur nicht in dem Maß vorangekommen, wie sich das wohl alle Interessenten gewünscht haben. Glanzlichter setzen vorerst die seit dem Jahr 2000 verwirklichte Kreuzung und Vertaktung der ICE-Linien Saarbrücken–Frankfurt/Main–Leipzig–Dresden und Berlin–Leipzig–München auf dem Leipziger Hauptbahnhof und die Inbetriebnahme der Betriebszentrale der DB AG sowie des ausbaufähigen Containerterminals Leipzig-Wahren im Sommer 2001. Seit Juni 2002 wird der Eisenbahnknoten Leipzig/Halle, die wichtigste Verkehrsdrehscheibe in Mitteldeutschland, über zehn Jahre hinweg mit einem geplanten Aufwand von knapp zwei Milliarden Euro ausgebaut. Elektronische Stellwerkstechnik, moderne Weichenverbindungen und optimierte Spurpläne sollen Voraussetzungen für erheblich verkürzte Fahrzeiten schaffen.

Dagegen kommt der Ausbau der 120 Kilometer langen Fernbahn Leipzig–Dresden viel langsamer voran, als es kühne Träume von 45 Minuten Fahrzeit zwischen den beiden Großstädten Mitte der 1990er-Jahre ausmalten. Die dringend benötigte diagonale Neubaustrecke von Leipzig nach Erfurt und weiter nach München und Frankfurt/Main lässt vorerst auf sich warten, weil ihre Priorität vom Bund zwischenzeitlich herabgestuft war. Nun aber gesellt sich zum lauten Bekenntnis von Bahn-Chef Hartmut Mehdorn zu dieser Hochgeschwindigkeitsstrecke auch eine plausible Finanzplanung des Bundes, die diesem wichtigen Vorhaben helfen wird.

Längst reichen die Visionen der Stadt Leipzig und der Kommunen in ihrem Umland erheblich weiter und setzen auf den City-Tunnel der Bahn unter dem Zentrum der Messestadt hindurch. Damit könnte mit reichlich zwei Kilometer Betonröhre auf dem wahrhaft kürzesten Weg ein ganz neues Netz attraktiver S-Bahn- und Regionalverbindungen mit pulsierenden Stadt-Umland-Beziehungen geflochten und darüber hinaus ein schneller Weg für einen Teil des deutschen Nord-Süd-Fernverkehrs angeboten werden.

Dass dieser Wunsch gerade jetzt wieder die Spitze der Agenda der Verkehrsplaner stürmte, ist kein Wunder. Denn seit hundert Jahren ist noch jede Aufschwungphase der Wirtschaft in Mitteldeutschland vom innigen Wunsch begleitet worden, mit dem Eisenbahntunnel unter der Stadt Leipzig einen Teil der verkehrlichen Nachteile des als Kopfbahnhof ausgeführten Hauptbahnhofs auszugleichen und die Innenstadt

Fortsetzung Seite 36

cial planning is proceeding on a sound basis. In the meantime, Leipzig's administration and municipalities in the surrounding area have brought pressure to bear on DB to build a tunnel under the city center. Just over two kilometers of concrete tube, they argue, could help establish an entire network of city and regional trains and accommodate a number of long-distance lines connecting the north of Germany to the south of the country.

It is little wonder that demands for a tunnel should have moved to the top of the list just now, as they have done during each economic boom over the past 100 years. The underlying desire is to compensate some of the disadvantages resulting from a central station built as a terminus, and to provide better access to the inner city without creating too much traffic above ground. And it looks as if this time the wish will materialize because the chances have never been better. In March 2002 the Federal Government, the state of Saxony, the city of Leipzig and Deutsche Bahn signed a financing agreement. Construction could start in 2003, and the tunnel, which is estimated to cost some 550 million Euro, could open in 2007.

The city's mass transit operator above ground is LVB, short for Leipziger Verkehrsbetriebe. Its fleet of trams is one of the largest in the world, and the number of passengers carried in streetcars and buses is over 100 million per year. There is close cooperation with Siemens in the field of vehicle technology, and customer services were found to be so good that LVB won a coveted German marketing award in 2001. At a time when passenger transport by rail is being liberalized, LVB has teamed up with a counterpart in Hamburg, Hochbahn AG, in an attempt to take over selected regional lines in Saxony. Interest is focused on the trains serving Leipzig-Halle airport which connect to the rail system in the southwest of the state.

A new rail link to be completed in 2003 will connect Leipzig to Halle, another large city only 35 km away. One of the stops on the way will be Halle-Leipzig airport, so far only served by buses.

Flying high

With a catchment area extending across the states of Saxony and Saxony-Anhalt, Leipzig-Halle airport serves two conurbations and an economic region that is even larger. Its operating company is a subsidiary of Mitteldeutsche Flughafen Holding AG which also owns the airport at Dresden, the capital of Saxony. Extension

Continued on page 36

Der fast 90 Jahre alte Leipziger Hauptbahnhof ist ein bedeutender Verkehrsknoten im europäischen Schienennetz. InterCity seit 1990, ICE seit dem Beginn des 21. Jahrhunderts und mit Sicherheit eine große Perspektive im Zuge der Ost-Erweiterung der Europäischen Union.

Leipzig main station, almost 90 years old, is an important junction in the European rail network. InterCity since 1990, ICE since the beginning of the 21st century and now with fantastic prospects if eastern European countries join the European Union.

Information

Gründungsjahr: 1999

Mitarbeiter: 327

Leistungsspektrum:
- Flottenservice für Straßenbahn- und Stadtbahnfahrzeuge
- Technisches Consulting
- Produktentwicklung
- Fahrzeugmodernisierung
- Fahrzeugbau nach Kundenwunsch
- Produktfamilie UniTram®

zertifiziert nach DIN EN ISO 9001
Schweißfachbetrieb nach DIN 6700-2

Gesellschafter: Leipziger Verkehrsbetriebe (LVB) GmbH (50 Prozent), Siemens AG, Bereich Verkehrstechnik (50 Prozent)

Umsatz: rund 27 Millionen Euro (2001)

Year of foundation: 1999

Employees: 327

Range of services:
- Fleet service for tram and tram vehicles
- Technical consulting
- Product development
- Vehicle modernisation
- Vehicle construction according to customer wishes
- Product family UniTram®

Certified according to DIN EN ISO 9001
Specialist welding firm according to DIN 6700-2

Partners: Leipziger Verkehrsbetriebe (LVB) GmbH (50 percent), Siemens AG, Transportation Systems (50 percent)

Sales volume: roughly 27 million Euro (2001)

☐

Leipziger Fahrzeugservice-Betriebe GmbH LFB

Im Bereich Schienenfahrzeuginstandhaltung für den öffentlichen Personennahverkehr können die Leipziger Verkehrsbetriebe (LVB) auf einen zuverlässigen Partner verweisen: die Leipziger Fahrzeugservice-Betriebe GmbH LFB. Das Unternehmen wurde 1999 gegründet und existiert seitdem als ein Jointventure von LVB und Siemens Transportation Systems. Hierbei verschmolzen die Kompetenzen eines erfolgreichen, regionalen Operators mit denen eines international führenden Schienenfahrzeug-Herstellers. Neben dem derzeitigen Kerngeschäft, der Schienenfahrzeuginstandhaltung für die LVB, streben die LFB danach, sich am Markt mit zusätzlichen Produkten zu positionieren, um weitere Umsatzpotenziale zu generieren.

Leipziger Verkehrsbetriebe (LVB) is in a happy position to draw on the services of a competent partner in the field of track vehicle maintenance for local public transport: Leipziger Fahrzeugservice-Betriebe GmbH LFB. The company was founded in 1999 and has existed since then as a joint venture between LVB and Siemens Transportation Systems. This venture merged the competency of a successful regional operator with that of a leading international manufacturer of track vehicles. In addition to the current core business of maintaining the track vehicles on behalf of LVB, LFB is intent on positioning itself in the marketplace with new products in order to generate greater sales potential.

Information

Gründungsjahr:
1938, Vorläufer: Große Leipziger Straßenbahn 1890, seit 1993 GmbH

Mitarbeiter:
rund 1353

Leistungsspektrum:
- Straßenbahnbetrieb (519 Haltestellen, 320 Triebwagen, 121 Beiwagen)
- Omnibusbetrieb (578 Haltestellen, 119 Omnibusse)
- rund 100 Millionen Fahrgäste jährlich
- Linienverkehr, Regionalverkehr, Sonderfahrten
- Stadtrundfahrten

(Stand: 31.12.2001)

Year of foundation:
1938, Predecessor: Große Leipziger Straßenbahn 1890, since 1993 GmbH (limited company)

Employees:
roughly 1,353

Range of services:
- Tram operations (519 stops, 320 traction vehicles, 121 carriages)
- Omnibus operations (578 stops, 119 omnibuses)
- Roughly 100 million passengers each year
- Line transport, regional transport, special transport
- City tours

(valid: 31.12.2001)

Leipziger Verkehrsbetriebe (LVB) GmbH

Seit vielen Jahren fahren die Leipziger Verkehrsbetriebe (LVB) Leipziger und ihre Gäste sicher und schnell durch ihre Stadt. Die konsequente Markt- und Kundenorientierung der LVB führte seit 1998 zu Fahrgastzuwächsen von fast 20 Prozent, trotz ständig sinkender Einwohnerzahl. Heute sind es jährlich rund 100 Millionen Fahrgäste. Auch dafür gab es im Jahr 2001 den Marketing-Preis Ost. Dass Leistungen und Angebot der LVB stimmen, bewies auch eine Studie des ADAC, der europäische und deutsche Nahverkehrsunternehmen miteinander verglich. Die Leipziger belegen darin Rang zwei in Deutschland und Platz sieben in Europa.

Leipziger Verkehrsbetriebe (LVB) has transported inhabitants of Leipzig and their guests safely and speedily around the city for years. The consistent market and customer focus pursued by LVB have meant that the passenger figures have risen by almost 20 percent since 1998, despite constant erosion in population. LVB now caters to roughly 100 million passengers each year. In 2001, the company was awarded the Marketing Prize East in recognition of this. A study carried out by ADAC, comparing European and German local public transport companies, confirmed that the services offered by LVB hit the mark. In this study, Leipzig came in second in Germany and seventh in Europe.

Die Leipziger Verkehrsbetriebe (LVB) zählen zu den größten Straßenbahnunternehmen der Welt. Mit geschicktem Marketing gewinnt das Unternehmen Fahrgäste, und der im Jahr 2001 geschaffene Mitteldeutsche Verkehrsverbund verknüpft eine dicht besiedelte Wirtschaftsregion in Sachsen und Sachsen-Anhalt.

Leipziger Verkehrsbetriebe (LVB) is one of the largest tram companies in the world. Skilful marketing means an increasing number of passengers and Mitteldeutscher Verkehrsverbund, created in 2001, provides transport links for a densely populated economic region in Saxony and Saxony-Anhalt.

weit gehend ohne hinderlichen Oberflächenverkehr zu erschließen. Diesmal wird es klappen, denn nie zuvor standen die Chancen auf Verwirklichung des City-Tunnels günstiger als just am Beginn des 21. Jahrhunderts. Mit der entsprechenden Finanzierungsvereinbarung zwischen Bund, Freistaat Sachsen, Stadt Leipzig und Deutscher Bahn vom März 2002 als Fundament kann ab 2003 gebaut werden, und im Jahr 2007 sollen nach dem ehrgeizigen Szenario die ersten Züge den voraussichtlich 550 Millionen Euro teuren Leipziger City-Tunnel passieren.

Matador des oberirdischen Öffentlichen Personen-Nahverkehrs sind die Leipziger Verkehrsbetriebe GmbH (LVB). Sie gehören zu den größten Straßenbahnbetrieben der Welt, befördern in Bahnen und Bussen über 100 Millionen Fahrgäste pro Jahr, kooperieren fahrzeugtechnisch eng mit Siemens und glänzen mit ausgefeilter Kundenorientierung. Im Jahr 2001 gab es dafür die begehrte Marketing-Auszeichnung des Deutschen Marketing-Verbandes.

Wer rastet, der rostet. Deshalb entwickelten die LVB gemeinsam mit ihrem Partner Hamburger Hochbahn AG ein Konzept zur Übernahme einzelner sächsischer Regionalbahnstrecken im Rahmen der Liberalisierung des Personenverkehrs auf der Schiene. Im

began in 1990, and since then new facilities have been added almost every year, some of them provisional and designed to deal with a steep increase in passenger numbers. A terminal for charter flights built in 1994 was followed by terminal B in 1996 which for the first time provided reserve capacity. A 3,600 m long take-off runway suitable for intercontinental flights was inaugerated in 2000 and a multi-story car park has been completed. The new railway station and check-in area with modern safety features are scheduled to open in 2003 and will speed up the flow of passengers.

One of the major advantages of this airport, which was established as early as 1927, is that it operates around the clock, with no restrictions on cargo, charter and scheduled flights. Strategically located near the Schkeuditzer Kreuz junction of two motorways, the A 9 (Berlin–Leipzig–Nuremberg–Munich) and the A 14 (Dresden–Leipzig–Magdeburg), it took only a few years and investments of over 1 billion Euro to grow to its present size. A high-speed railway link to Berlin is soon to be completed, making the airport attractive even for passengers from the capital, who will then live only an hour's journey away. Holidaymakers from the region have long made Leipzig-Halle their favorite point of departure.

Information

Gründungsjahr: 1990

Mitarbeiter:
257 + 19 Auszubildende

Leistungsspektrum:
Linien-, Touristik-, Luftfracht- und Postverkehr

Gesellschafteranteile:
- Mitteldeutsche Flughafen AG (94 %)
- Freistaat Sachsen (3,1 %)
- Landkreis Delitzsch (2 %)
- Landkreis Leipziger Land (0,5 %)
- Stadt Schkeuditz (0,4 %)

Year of foundation:
1990

Employees:
257 + 19 trainees

Range of services:
Scheduled flights, charter flights, air freight and postal flights

Partners:
- Mitteldeutsche Flughafen AG (94 %)
- Free State of Saxony (3.1 %)
- Local Government District of Delitzsch (2 %)
- Local Government District of Leipziger Land (0.5 %)
- City of Schkeuditz (0.4 %)

□
Flughafen Leipzig/Halle GmbH

Der Flughafen Leipzig/Halle konnte bereits sein 75-jähriges Bestehen feiern und ist damit einer der ältesten deutschen Verkehrsflughäfen – mit Zukunftsperspektive. In den vergangenen Jahren ist das Verkehrsaufkommen des Flughafens kontinuierlich gewachsen. Im Jahr 2000 konnten erstmals 2,3 Millionen Passagiere gezählt werden. Das Flugangebot ab Leipzig/Halle wurde zudem ständig erweitert. Inzwischen starten über 40 Fluggesellschaften vom Airport Leipzig/Halle zu fast 100 Zielen. Während viele europäische Flughäfen an ihre Kapazitätsgrenzen stoßen, schafft der im Herzen Mitteldeutschlands gelegene Airport mit einem umfangreichen Ausbauprogramm Perspektiven für die Zukunft und rüstet sich damit für die Anforderungen des neuen Jahrtausends.

Leipzig/Halle Airport has already celebrated its 75th anniversary and is therefore one of Germany's oldest passenger airports – with a promising future. The traffic passing through the airport has grown continually over the past years. The number of passengers passing through the airport reached the 2.3 million mark in 2000 for the first time. In addition, the destinations offered from Leipzig/Halle has been extended continually. Now, more than 40 airlines fly in and out of Leipzig/Halle airport, setting off for almost 100 destinations. Whereas many European airports have reached the limit of their capacities, this airport in the heart of Germany is laying the foundation for a promising future with an extensive expansion programme, thus equipping itself for the challenges of the new Millennium.

Der Flughafen Leipzig/Halle setzt bei der Luftfracht vor allem auf die Transportrichtung Ost. Wird ein eiliges Ersatzteil von respektablem Gewicht für ein chinesisches Kraftwerk gebraucht, ist sogar die ukrainische Antonow-22, der größte Propellerturbinen-Frachter der Welt, zu Gast auf dem mitteldeutschen Airport.

Leipzig/Halle airport is mainly engaged in transporting airfreight eastward. If an urgent spare part of sizeable weight is needed in a Chinese power station, then even a Ukrainian Antonov-22, the largest turboprop engine freighter in the world, may call in at the airport in the heart of Germany.

Zentrum des Interesses steht die Flughafenbahn mit Anbindungen bis weit nach Südwestsachsen.

Ab dem Jahr 2003 rollen die Züge zwischen Leipzig und der 35 Kilometer entfernten Nachbar-Großstadt Halle/Saale über die Neubaustrecke der Flughafenbahn. So wird die kundenfreundliche und effiziente Vernetzung unterschiedlicher Verkehrssysteme Realität.

Startbahn zum Interkontinental-Drehkreuz

Vorreiter der modernen Verkehrsinfrastruktur für einen länderübergreifenden Einzugsbereich ist der Flughafen. Schon sein Name Leipzig-Halle drückt den Anspruch aus, die gesamte mitteldeutsche Wirtschaftsregion an das nationale und internationale Luftverkehrsnetz anzubinden und als Dienstleister zu versorgen. Als Unternehmen ist die Flughafen Leipzig-Halle GmbH Teil der Mitteldeutschen Flughafen Holding AG, zu der auch der Flughafen der Landeshauptstadt Dresden gehört.

Leipzig-Halle ist seit 1990 nahezu im Jahrestakt mit wichtigen Einrichtungen ausgebaut worden. Auf eine

Passenger volume virtually exploded after German unity, from around 100,000 in 1990 to some 2.3 million in 1998 and has since then leveled out, reflecting not only a strained economic climate but also the general slump in air travel which occurred in the second half of 2001. With more companies locating to the region and bringing an economic turnaround, the operating company now expects a sizable increase and has con-

Reihe von Übergangslösungen, die zunächst den steilen Anstieg der Fluggastzahlen auffingen, folgte 1994 ein Terminal für den Charterverkehr, 1996 das großzügige Terminal B, mit dem erstmals eine Kapazitätsreserve geschaffen wurde, im Jahr 2000 die Inbetriebnahme der 3600 Meter langen Startbahn Nord, von der auch Interkontinentalmaschinen abheben können, und schließlich die schrittweise Eröffnung des markanten Parkhauses und die für Anfang 2003 vorgesehene Inbetriebnahme des Flughafenbahnhofs mit einem neuen Check-in-Bereich und einem schnellen, sicheren und attraktiven Abfertigungskonzept. So wandelt sich der Airport zum Multiport und vernetzt die Verkehrsträger in der Luft mit der Schiene und der Straße.

Ein erheblicher betrieblicher Vorteil auf dem bereits 1927 eingerichteten Flughafen Leipzig-Halle ist der uneingeschränkte 24-Stunden-Betrieb, der Flugplanern keine Restriktionen auferlegt und im Fracht- und Bedarfsflugverkehr intensiv genutzt wird.

Mit Investitionen von weit über einer Milliarde Euro wuchs der Flughafen in direkter Nachbarschaft zum Schkeuditzer Kreuz der Bundesautobahnen A 9 (Berlin–Leipzig–Nürnberg–München) und A 14 (Dresden–Leipzig–Magdeburg) innerhalb weniger Jahre zu einer leistungsfähigen Luftverkehrs-Drehscheibe mit Interkontinental-Fähigkeiten heran. Nach der bevorstehenden Fertigstellung der Hochgeschwindigkeits-Trasse der Bahn ist er in der Lage, Verkehrspotenzial zum Beispiel auch für die Bundeshauptstadt anzubieten und attraktive Verbindungen auf der Schiene in dieser Relation zu offerieren. Mit einer Stunde Fahrzeit vom Lehrter Bahnhof in Berlin wird die Attraktivität auch für die deutsche Metropole steigen. Im Urlaubsflugverkehr ist die überregionale Funktion des mitteldeutschen Interkontinental-Flughafens längst offensichtlich.

Leipzig-Halle spielt seinen Vorteil als Airport der kurzen Wege aus. Autobahn- und Eisenbahnanschluss docken direkt an die Gebäude an. Schnell gelangen die Fluggäste von dort zum Check-in-Bereich und in eine Galerie mit Geschäften.

Die Passagierzahlen auf dem mitteldeutschen Flughafen Leipzig-Halle stiegen steil von rund 100 000 im Jahr 1990 auf rund 2,3 Millionen im Jahr 1998 an. Seither wird diese Zahl mit geringen jährlichen Schwankungen gehalten. Sie widerspiegelt die angespannte wirtschaftliche Situation in der Region und steht seit dem zweiten Halbjahr 2001 außerdem unter dem Einfluss der Rezession im Weltluftverkehr. Die geplanten Wirtschaftsansiedlungen werden nach allen

Im Jahr 2001 ging der Container-Umschlagbahnhof der Deutschen Bahn in Leipzig-Wahren in Betrieb. Er liegt auf der Linie des CargoExpress Berlin–München und weiter in Richtung Italien. Im Nahbereich ist der Containerbahnhof mit dem Güterverkehrszentrum verknüpft.

Deutsche Bahn's container transhipment terminal in Leipzig-Wahren came into service in 2001. The terminal is located on the CargoExpress Berlin–Munich line, which goes on to Italy. The container station is linked up with the short-distance goods traffic center.

einschlägigen Erfahrungen die Passagierzahl jedoch kräftig ansteigen lassen.

Es spricht für großen unternehmerischen Mut der Flughafengesellschaft, dass sie nach anfänglichen Kapazitäts-Engpässen in Folge des rasant abhebenden Luftverkehrs nach der Deutschen Einheit kontinuierlich in die Erweiterung und Modernisierung der Kapazitäten investiert hat. Der wirtschaftliche Aufschwung der Region wird inzwischen mit einem auf 4,6 Millionen Passagiere pro Jahr ausgelegten Flughafen flankiert. Das ist weit in die Zukunft gedacht und gebaut.

Vorleistungen für die Entwicklung der Wirtschaftsregion hat die Flughafengesellschaft auch auf dem Gebiet der Luftfracht erbracht. Erster bedeutender Nutzer der Frachtkapazitäten ist die Deutsche Post AG, die Leipzig-Halle gemeinsam mit der Lufthansa zum Nacht-Luftpoststern entwickelt hat. Als Fracht-Abfertigungsgesellschaft wurde im Sommer 2001 die EasternAirCargo GmbH gegründet. Ihr Name ist Programm.

Die Zukunft des Flughafens Leipzig-Halle liegt in der Verbreiterung des Linienflug-Angebots, vor allem in europäische Nachbarländer, im Ausbau des Frachtbereichs, wofür die erfolgreiche tägliche Frachtverbindung nach Moskau Vorbildfunktionen übernommen hat, und in der kräftigen Steigerung der Passagierzahlen parallel zum erwarteten wirtschaftlichen Aufschwung der Region.

Güterverkehrszentrum – Gravitationszentrum der Transportströme

Wohin moderne Transportströme führen und wie sie gebündelt werden können, ist in Sichtweite des mitteldeutschen Flughafens erkennbar. Dort entwickelt eine Tochtergesellschaft der Landesbank Sachsen mit einem Investitionsvolumen in Höhe von 300 Millionen Euro das Güterverkehrszentrum (GVZ). Grundorientierung war von Beginn an eine Wirtschaftsdrehscheibe der schnellen Wege mit einer Kombination aus Transport und Logistik plus Dienstleistern und verarbeitende Industrie.

Nach Quartieren gegliedert, ist das mehrere Quadratkilometer umfassende Gelände zwischen der Autobahn A 14 und der neu trassierten Bundesstraße B 6 sowie der Fernstrecke Leipzig–Halle/Saale–Magdeburg der Deutschen Bahn nach Bedarf schrittweise ausbaufähig. Angesiedelt haben sich bereits Speditionen vom Lokalmatador Kraftverkehr Leipzig über Danzas bis zu Emons, ein Frischezentrum für den Handel

tinuously invested in expanding capacity to 4.6 million passengers.

As regards air cargo, the operators have been equally optimistic and established a freight handling center near the airport, which has been managed by a subsidiary, EasternAirCargo, since the summer of 2001. A major user of these services is Deutsche Post who, together with Lufthansa, have scheduled night flights carrying large volumes of postal and other consignments.

The airport's future, then, seems to lie in providing more scheduled services particularly to neighboring European countries for a rapidly growing clientele that is expected as a result of economic expansion, and a greater number of cargo flights such as the daily link to Moscow, which has been quite successful.

Handling cargo

In the vicinity of Halle-Leipzig airport, a subsidiary of Landesbank Sachsen has invested 300 million Euro in a cargo center designed not only to streamline handling and logistics but also to accommodate service providers and manufacturing plants. The site, with potential for expansion, covers an area of several square kilometers and is located close to the A 14 motorway, the relocated B 6 federal road and the railway line connecting Leipzig, Halle and Magdeburg. It is subdivided into plots, a number of which have already gone to transport companies such as Kraftverkehr Leipzig (the largest local carrier), Danzas and Emons. Space has also been rented by firms dealing in fresh fruit, vegetables, plants and flowers, and Deutsche Post, who operate a freight handling facility. Soon to come is a carrier hired by Porsche (Schnellecke), who so far has been transporting cars made by plants in southwestern Saxony, and Kühne & Nagel, an international forwarder.

The best known company to have located to the area is Porsche, who have bought a nearby site in order to construct a car factory which is scheduled to start production in late 2002.

Pipelines to serve chemical plants

Another infrastructural component of importance to the area and giving it a locational advantage is the system of pipelines, most of them buried in the ground and therefore concealed from sight. Just why they should converge here can be seen on a map of Europe

Das hügelige Mittelsachsen zwischen Döbeln und Oschatz verfügt über beste natürliche Gegebenheiten für ausgedehnte Windparks.

The hilly landscape of middle Saxony between Döbeln and Oschatz is ideally suited for large wind farms.

mit Gemüse, Obst, Pflanzen und Blumen sowie ein Brief- und ein Frachtpostzentrum der Deutschen Post. Die Spedition Schnellecke kommt als Logistiker für Porsche und bringt umfangreiche Erfahrungen aus der südwestsächsischen Autoindustrie mit. Der erklärte Ansiedlungswille der international aktiven Spedition Kühne & Nagel belegt, dass es mit dem GVZ weiter vorwärts geht.

Bisher spektakulärster Ansiedlungserfolg ist auf einem benachbarten Gelände die Automobilfertigung von Porsche. Sie beginnt im Herbst 2002 und setzt ein industrielles Achtungszeichen.

Rohrleitungssystem für den Chemieverbund

Eine bedeutende, überwiegend jedoch verborgene Komponente der Infrastruktur ist das vielgestaltige Rohrleitungssystem. Ein Blick auf die Europa-Karte verrät, warum die Leipziger Region dafür prädestiniert ist und warum die stählernen Arterien diesem Standort einen Vorteil verschaffen.

Man kann die transkontinentalen Korridore für Erdgasleitungen aus Sibirien bis zu den Verbrauchern in Westeuropa und von den norwegischen Gasfeldern bis zu den aufstrebenden Standorten in Mittel- und Südosteuropa ziehen, in der Leipziger Region kreuzen sie sich. Rohstoff- und Produktleitungen von Rostock und Stade, von denen die Petrolchemie mit ihren Standorten in Sachsen-Anhalt und Sachsen lebt, sind ein Teil des innerdeutschen Rohrleitungssystems. Ergänzt wird es durch die Ethylenleitung von Böhlen bei Leipzig in das böhmische Zaluzi.

Dow Chemical begründete seine Ansiedlung im mitteldeutschen Chemiedreieck stets mit der wirtschaftlichen Rohstoffversorgung durch ein Pipelinesystem. Zusammen mit dem Ausbau von Speicherkavernen und Recycling-Anlagen wandte Dow für die Produktleitungen in seinem mitteldeutschen Werkverbund an den Standorten bei Halle/Saale und Leipzig innerhalb weniger Jahre über 600 Millionen Euro auf.

Ganz anders gelagert im Netz der Arterien für die Wirtschaft ist die umweltfreundliche Abwasserentsorgung und Wasserversorgung, die in den vergangenen Jahren rund um Leipzig ebenfalls mit Millioneninvestitionen auf einen modernen technischen Stand gebracht wurde. Inzwischen steht sie als moderner Standortfaktor auf der Habenseite der Region. Rund 465 Millionen Euro öffentlicher Fördermittel flossen zwischen 1990 und dem Jahr 2000 im Regierungsbezirk Leipzig neben dem Straßenbau in den Bau von Kläranlagen sowie in Abwasserentsorgung und Trinkwasserversorgung. □

which shows the region to be a crossing point of lines carrying natural gas from Siberia to west European countries, and from Norway to emerging chemical producers in the central and southern parts of the continent. Also passing through are sections of a German network delivering raw materials and products from the northern cities of Rostock and Stade to petrochemical plants in Saxony and Saxony-Anhalt. From Böhlen near Leipzig, ethylene goes by pipeline to Zaluzi in the Czech Republic.

Dow Chemical has been attracted to this center of chemical processing by a pipeline system which efficiently transports raw materials. Over just a few years, the company spent more than 600 million Euro on the piping connecting its chemical plants near Halle and Leipzig, and on underground storages and recycling facilities.

There are other pipelines which may be regarded as location factors. For example, large sums have been invested in water supply and wastewater disposal systems in the last few years to improve environmental protection. The administrative district of Leipzig alone spent some 465 million Euro on upgrading roads, sewage and wastewater treatment plants and water supplies over the 10 years from 1990 to 2000. □

Projektmanagement bei OEWA

Project management at OEWA

Die OEWA Wasser und Abwasser GmbH ist ein Tochterunternehmen des internationalen Dienstleisters Vivendi Water, Paris. In über 20 Projekten versorgt die OEWA Wasser und Abwasser GmbH als Partner von Kommunen und Verbänden etwa 740 000 Einwohner mit Trinkwasser und betreibt Kläranlagen und Abwassernetze mit einer Kapazität von 720 000 Einwohnerwerten.
Das mitteldeutsche Unternehmen hält für die kommunalen Aufgabenträger in der Wasserver- und Abwasserentsorgung, aber auch für Industriebetriebe ein komplexes Dienstleistungsangebot bereit, das das Management von Planung, Bau, Finanzierung und Betrieb wasserwirtschaftlicher Anlagen umfasst.

OEWA Wasser und Abwasser GmbH is a subsidiary of the international service provider Vivendi Water, Paris. In more than 20 projects as a partner of local government districts and associations, OEWA Wasser und Abwasser GmbH supplies approximately 740,000 people with drinking water and also operates sewage treatment plants and wastewater networks with a capacity for 720,000 inhabitants.
The central German company has a complex range of services for local government clients and industrial businesses in the supply of water and disposal of wastewater. These services include planning, construction, financing and operation of water treatment plants.

Ständige Kontrolle des Klärprozesses

Permanent control of the clearing process

Information

Gründungsjahr:
1991 in Potsdam

Mitarbeiter:
380 insgesamt, in Leipzig 80

Leistungsspektrum:
Dienstleister im Trink- und Abwasserbereich:
- Projektmanagement
- Finanz- und Rechnungswesen
- Recht und Einkauf
- technische Dienste
- Qualitätssicherung

Qualitäts- und Umweltmangement zertifiziert nach
DIN EN ISO 9001:2000
DIN EN ISO 14001

Standorte:
Leipzig, Döbeln, Grimma, Hannover, Reichenbach

Year of foundation:
1991 in Potsdam

Employees: 380 in total, 80 in Leipzig

Range of services:
Service provider in the drinking water and wastewater sector:
- Project management
- Financing and financial accounting
- Legal services and procurement
- Technical services

Quality and environmental management system certified according to
DIN EN ISO 9001:2000
DIN EN ISO 14001

Locations:
Leipzig, Döbeln, Grimma, Hanover, Reichenbach

□
OEWA Wasser und Abwasser GmbH

Neues Energiebündel - hoch-spannend und öko-logisch

Kohlebergbau auf neuen Wegen

☐ Freunde qualmender Schlote werden in der westsächsischen Region schon etliche Jahre arg enttäuscht. Zur Wirtschaftswende gesellte sich die Energiewende, und die enthält zugleich auch einen massiven Schwenk zum gebührenden Stellenwert der Ökologie in der gesamten wirtschaftlichen Leistungsbilanz.

Ein Energiezentrum ist die Leipziger Region bereits seit rund 150 Jahren. Kaum ein anderer Bereich könnte jedoch den fundamentalen Strukturwandel vollkommener symbolisieren als die Energiebranche. Sie zeigt, dass weniger durchaus mehr sein kann. Die Landschaft verzehrende Braunkohleförderung in mitteldeutschen Tagebauen hat nach einem drastischen Rückgang von 64 Millionen Tonnen im Jahr 1989 auf 19,2 Millionen Tonnen im Jahr 2001 nur noch Bedeutung für die Versorgung von Kraftwerken, jedoch nicht mehr als Lieferant für die Brikettproduktion zur Wohnraumbeheizung oder gar die Umwelt schädigende Verschwelung.

Der Kohlebergbau hat dem Sanierungsbergbau, vertreten durch die bundeseigene Lausitzer und die Mitteldeutsche Braunkohle-Verwaltungsgesellschaft (LMBV), ein wahrhaft weites Feld überlassen. Darin eingeschlossen ist die Langfristaufgabe, in einzelnen Etappen einem ganzen, extrem beanspruchten Landstrich ein freundliches Antlitz zurückzugeben. Von Vockerode an der Elbe über Zschornewitz und Bitterfeld in Sachsen-Anhalt bis in den Nordwesten von Sachsen hinein mit den Schwerpunkten Delitzsch und Südraum Leipzig erstreckt sich die größte Landschaftsbaustelle der Menschheitsgeschichte. Am Transfer der dabei gesammelten Erfahrungen mit der Umgestaltung zeigen mittlerweile osteuropäische Länder und sogar chinesische Bergbauregionen Interesse.

Landscaping replaces coal mining

☐ Since the political and economic changes which also brought a return to ecological thinking, chimneys belching thick smoke have gradually been phased out in this part of Saxony.

Power generation, a major industry in the Leipzig region for the last 150 years, reflects the deep structural transformation that has taken place like no other sector. Brown coal production by strip mining, which devastated huge tracts of land, dropped from 64 million tonnes in 1989 to 19.2 million tonnes in 2001. Lignite is now exclusively burned in power stations and no longer pressed into briquettes for home heating or carbonized at low temperatures, with disastrous effects on the environment.

Mining has thus given way to large-scale reclamation by LMBV, a federally owned enterprise which has undertaken the long-term task of rehabilitating areas extending from disused mines in Saxony-Anhalt such as Vockerode on the Elbe river, Zschornewitz and Bitterfeld to pits at Delitzsch in northwestern Saxony and the region south of Leipzig. This, the biggest landscaping project in human history, can only proceed in stages, and there have been inquiries from eastern European countries and even Chinese mining regions wishing to use the experience gained in the process.

Power Station Lippendorf – the world's highest energy yield

After 1990, ecologically harmful industries in the region south of Leipzig such as brown coal mining and power generation converted to the use of advanced technologies in only a few years. A case in point is the new lignite-burning power plant built by VEAG, an east German utility, at Lippendorf and taken over by the Vattenfall Europe group at the beginning of 2002.

Continued on page 46

A new powerhouse

Kraftwerk Lippendorf – Weltmeister der Energieausbeute

Traditionell auf die Förderung und Verarbeitung von Braunkohle spezialisiert, wandelten sich Bergbau und Stromerzeugung im Leipziger Südraum seit 1990 innerhalb kürzester Zeit von einer ökologisch schädlichen Wirtschaftsweise zum Anwender modernster Verfahren. Exemplarisch steht dafür das neue Braunkohlekraftwerk des ostdeutschen Stromerzeugers VEAG am traditionsreichen Standort Lippendorf südlich von Leipzig. Im Ergebnis des neuen Machtzuschnitts im kontinentaleuropäischen Stromgeschäft gehört es seit Anfang 2002 zum Verbund des neu formierten Energiekonzerns Vattenfall Europe.

In nur zehn Jahren erhielt der Landstrich südlich von Leipzig wieder ein Gesicht. Die stählernen Zeitzeugen für den Braunkohlenbergbau früherer Prägung sind heute bereits Geschichte.

The area south of Leipzig has been given a new face in the space of only ten years. The steel structure landscape characteristic of brown coal mining is now a thing of the past.

Mit der größten mitteldeutschen Einzelinvestition in Höhe von rund 2,25 Milliarden Euro wurde dieses Kraftwerk mitten in der Braunkohleregion errichtet und Anfang 1999 in Betrieb genommen. Es arbeitet mit fabelhaften 42 Prozent Wirkungsgrad und gilt international als Flaggschiff der Energieausbeute in der Braunkohleverstromung. Der Energieriese kommt in augenscheinlichem Kontrast zum benachbarten Altkraftwerk ohne Schornstein aus, denn die Rauchgase werden nach einem ökologisch sauberen Kalksteinverfahren entschwefelt, wodurch Gips für die Bauindustrie als Nebenprodukt anfällt.

Die beiden Blöcke des Kraftwerks Lippendorf versorgen süd- und ostdeutsche Abnehmer 35 Jahre lang – bis zum Versiegen der abbauwürdigen regionalen Kohlevorräte – mit Strom. Gewonnen wird der Brennstoff in benachbarten Braunkohle-Tagebauen der Mitteldeutschen Braunkohle AG (Mibrag) nach neuesten, umweltschonenden Abbau- und Transportverfahren.

EEX – Schaltstelle für den kontinentaleuropäischen Stromhandel

Ging es bei der Braunkohlestromerzeugung um die durchgängige Modernisierung einer früher hier bereits vertretenen Branche, so stellte der Stromhandel an der Strombörse Leipzig Power Exchange (LPX) ein absolutes Novum dar. Mit dem erklärten Willen der Verwaltungsspitze im Leipziger Rathaus, den westsächsischen Standort zum Energiezentrum auszubauen, der wirtschaftspolitischen Unterstützung der sächsischen Staatsregierung, dem Engagement der SachsenLB und der fachlichen Erfahrung der skandinavischen Partnerbörse NordPool wurde in Leipzig im Juni 2000 nach ausgiebigen Tests der Stromhandel aufgenommen.

Die LPX entwickelte sich mit ihrem fortgeschrittenen Handelssystem innerhalb kürzester Zeit zum größten kontinentaleuropäischen Handelsplatz für Strom. Die Zahl der Handelsteilnehmer aus zehn europäischen Ländern belief sich im April 2002 auf über einhundert, darunter Verbundunternehmen, Regionalversorger und Stadtwerke.

Hauptsächlicher Wettbewerber im Inland war die kurze Zeit nach der Leipziger Strombörse gestartete vergleichbare Institution am Börsenplatz Frankfurt/Main. Es war eine Frage der Zeit, wie lange es dauern würde, dass beide Handelsplätze Tuchfühlung aufnehmen und sich darauf einigen, was Wirtschafts-

The plant, with construction costs of about 2.25 billion Euro representing the largest single investment in the region, came on stream in early 1999 and has a fuel efficiency of 42 percent. This is a world first for brown coal and the highest energy yield ever achieved in lignite-based power generation. In vivid contrast to its predecessor, the new plant needs no smokestack as its flue gas is desulfurized in a clean limestone process with gypsum as a by-product for use as a building material.

The two power-station units will supply consumers in eastern and southern Germany for a period of 35 years, after which the workable deposits will be exhausted. Situated at the center of a mining area, its fuel comes from neighboring opencast pits operated by Mibrag (Mitteldeutsche Braunkohle AG), a company which uses state-of-the-art techniques to minimize pollution from mining and transport.

EEX – a European power exchange

Whereas coal-based generation was an established industry in need of modernization, buying and selling electricity at the Leipzig Power Exchange was absolutely new to the region when LPX set up business in June 2000. Its opening, preceded by extensive testing, had the full support of the city fathers, who wanted to make Leipzig a clearing house for energy. There was encouragement and support also from the Saxon government, the state bank and NordPool, the Scandinavian energy exchange.

Within a very short period, the advanced trading system used by LPX made it the biggest power exchange in Europe, serving over 100 companies and regional and municipal utilities.

Its main domestic competitor was a similar institution established somewhat later in Frankfurt, Germany's securities trading center. It was then just a matter of time before the two met and agreed to be equal partners under one roof, as proposed by economists, in order to act with sufficient size and trading volumes on a highly competitive market. Agreement was eventually reached in the fall of 2001, followed by the organizational merger of the two partners with headquarters established in Leipzig in the first half of 2002.

This first merger of its kind on the continent has created EEX, the European Energy Exchange, which not only optimizes purchases and sales by way of auction but is also active on the spot market, generally

Das neue Braunkohlekraftwerk der VEAG in Lippendorf südlich von Leipzg (links im Bild) gehört mit einer Investitionssumme von über 2,5 Milliarden Euro zu den herausragenden Vorhaben in den östlichen Bundesländern. Aus dem 300 Meter hohen Schornstein des Altkraftwerks (rechts) entweicht seit dem Beginn des 21. Jahrhunderts kein Qualm mehr.

The new VEAG brown coal power station in Lippendorf, south of Leipzig (left in picture) is one of a number of outstanding projects undertaken in the eastern Federal States, more than 2.5 billion Euro having been invested. No clouds of thick smoke have emanated from the chimney of the old power station (right) since the beginning of the 21st century.

politiker seit langem als vorteilhaft für ein robustes Handelsvolumen und eine wettbewerbsfähige Größe auf diesem intensiv bearbeiteten Markt erkannt hatten – das Zusammengehen zweier gleichberechtigter Partner unter einem gemeinsamen Dach. Die Einigung folgte im Herbst 2001, und seit dem ersten Halbjahr 2002 sind die Strombörsen von Leipzig und Frankfurt/Main organisatorisch zusammengeführt, mit dem Unternehmenssitz in Leipzig.

Damit ist die erste Fusion zweier Strombörsen in Europa perfekt. Die European Energy Exchange AG (EEX) agiert am Auktionsmarkt zur Optimierung des Bezugs- und Absatzportfolios und ist aktiv im Spotmarkt tätig. Der Vorteil im kontinentalen Blockhandel entspringt der Nutzung von Preisdifferenzen.

Die neue Organisation besitzt beträchtliches Gewicht, um im aufblühenden europäischen Stromhandel eine gewichtige Rolle zu spielen und Expertise dorthin zu exportieren, wo die Umgestaltung der Energiebranche auf neuer technologischer, ökologischer und unternehmensrechtlicher Basis gerade erst begonnen hat – in die kommenden EU-Mitgliedsländer in Südost- und Osteuropa.

Zeichen in der Stromwirtschaft Westsachsens setzt auch der Regionalversorger Envia, der ein zusammenhängendes Versorgungsgebiet im großen Bogen von der Lausitz über die Leipziger Tieflandsbucht bis ins Erzgebirge umfasst. Das Envia-Pendant im wenige Kilometer entfernten Sachsen-Anhalt, die Mitteldeutsche Energieversorgung AG Meag, hat eine ähnliche Eigentümerstruktur – mit RWE an der Spitze und gewichtigen kommunalen Anteilen – sowie ein vergleichbares Leistungsspektrum. Die Fusion der beiden ähnlichen Nachbarn war im entfesselten europäischen Stromwettbewerb schnell vorhersehbar. Dafür sprachen nicht zuletzt die starken Gründe eines effizienten und kostengünstigen Netzbetriebs.

Im Juni 2002 wurde der Zusammenschluss von Envia und Meag zu neuen wettbewerbsfähigen Strukturen mit einem einstimmigen Votum der Anteilseigner vollzogen. Die Mitteldeutsche Energie AG EnviaM ist der größte ostdeutsche Regionalversorger und mit einem Jahresumsatz von rund 1,8 Milliarden Euro das fünftgrößte ostdeutsche Unternehmen. Gut für die Leipziger Region, dass EnviaM in Markkleeberg Betriebs- und Netzfunktionen bündelt. Gut für die spannungsgeladene Branche der östlichen Bundesländer, dass EnviaM im RWE-Universum als Kompetenzzentrum für die Expansion in die Energiewirtschaft Polens und der Tschechischen Republik fungiert.

exploiting price differences across Europe by engaging in block trade.

It could thus play an important role by applying its expertise to potential EU members in southeastern and eastern Europe now beginning to transform their energy sectors in terms of technology, ecology and corporate law.

In another merger designed to ensure survival in a liberalized European energy market and more efficient grid operation, Envia, the regional utility supplying electricity to western Saxony, has teamed up with Meag, its counterpart in nearby Saxony-Anhalt. Both had similar structures (the principal shareholders being RWE and a number of municipalities) and provided a comparable range of services.

Shareholders' meetings in June 2002 unanimously approved the merger into EnviaM, now more competitive as the largest utility (annual sales of about 1.8 billion Euro) and the fifth largest company in eastern Germany. Benefits to the Leipzig region can be expected from the continued operation of a grid control center at Markkleeberg, while eastern Germany in general could profit from the fact that the RWE management sees EnviaM as its spearhead for expanding into the energy sectors of Poland and the Czech Republic.

While companies such as EnviaM mostly supply smaller towns and large industrial plants, for instance in the chemical sector, the changeover from a centralized to a market economy has brought more autonomy for big and medium-sized cities which have now established their own municipal utilities. Whether these can hold out against the big companies generating and selling power to them is an open question in view of the fierce competition that has gripped the continent.

Stadtwerke Leipzig, the municipal undertaking supplying power, gas and district heat to the city and providing a number of related services, seems to be immune from these dangers in view of its size (one of Germany's 20 leading municipal utilities measured by sales). It also sets high standards of efficiency and environmental protection, making it an attractive partner for the new alliances that could emerge from the trend toward multi-utilities selling not only power, district heat, gas and water but acting also as energy exchanges and consultants. New projects, some in Poland and Russia, already show just how fiercely the Leipzig company is engaging itself, not least abroad, especially as the company management has hinted at

Gut 6000 Meter Daten-Hochleistungskabel und 1000 Meter Starkstromkabel mussten im Leipziger Städtischen Kaufhaus verlegt werden, ehe die Strombörse LPX Mitte des Jahres 2000 als erste in Deutschland den Handel aufnehmen konnte.

A good 6,000 meters of high-performance data cable and 1,000 meters of high-voltage cable had to be laid in the Leipzig Städtische Kaufhaus before the LPX Power Exchange was able to commence operations in mid 2000, the first of its type in Germany.

Die regionalen Stromversorger finden ihre Abnehmer vor allem in den zahlreichen kleineren Städten und Gemeinden ihres Versorgungsgebiets und unter den energieintensiven Betrieben der Großindustrie, wie zum Beispiel in der Chemie. Dagegen brachte die marktwirtschaftliche Wende durch Überwindung des Zentralismus für die größeren und die Mittelstädte eine Renaissance der kommunalen Wirtschaft, insbesondere der Stadtwerke. Welche Rolle sie in Zukunft angesichts des erheblichen wirtschaftlichen Gewichts ihrer Vorlieferanten, der Stromkonzerne, spielen werden, ist eine offene und eine der spannendsten Fragen im europäischen Energiewettbewerb.

Unangefochten scheint dagegen die Position der Stadtwerke Leipzig mit ihrem geballten Angebot von Strom, Gas, Fernwärme und Services. Das Unternehmen gehört zur Spitzengruppe der zwanzig umsatzstärksten deutschen Stadtwerke und setzt Maßstäbe in Richtung Effizienz, Ökologie und energiewirtschaftliche Dienstleistungen. Kommt es in Zukunft zu ganz neuen Zusammenschlüssen im Sinne des strategischen Multi-utility-Ansatzes der Energiewirtschaft von Strom über Fernwärme, Gas und Wasser bis zum hoch gezüchteten Energiehandel und anspruchsvol-

Fortsetzung Seite 52

further capital links with partners in the reform states of central and eastern Europe.

VNG – the grid operator

Transregional gas supply, a major activity on the regional energy market, is synonymous with VNG, short for Verbundnetz Gas AG. With sales of 3.1 billion Euro in 2001 giving it first place in eastern Germany. The company is also one of Germany's largest importer of natural gas. The reorganisation of the German energy industry introduced in July 2002 means

Continued on page 52

Gas- und Dampfturbinenanlage in Leipzig

Combined Heat and Power Plant in Leipzig

Nach der politischen Wende in der DDR entschloss sich die Stadt Leipzig, ein kommunales Energieversorgungsunternehmen zu gründen. Um Synergieeffekte zu nutzen entstand ein Querverbundunternehmen, das die Ziele Ökonomie und Ökologie gleichwertig behandelt. Mit dem Aufbau eines Geschäftsbereiches Ausland sowie einer Abteilung Energiehandel, die auch an der Strombörse Leipzig tätig ist, der Beteiligung an national und international operierenden Energiehandelsgesellschaften und der Entwicklung innovativer Produkte, wollen die Stadtwerke Leipzig ihre Wettbewerbsposition weiter stärken.

Feuchtmessung im Isolationsmaterial eines Fernwärmerohres – die Stadtwerke testen innovative Materialien und kooperieren dabei mit Hochschulen und Forschungsinstituten der Region.

Bei der Produktentwicklung verfolgen die Stadtwerke im Strom- wie auch Gas- und Fernwärmebereich die Bestpreis-Strategie, eine automatische Abrechnung im jeweils günstigsten Preismodell der Stadtwerke. Und mit dem neuartigen Internet-Angebot „indXpower.de“ brachte der Leipziger Energieversorger im Jahr 2001 das erste Börsenstromprodukt für Privatkunden in Deutschland auf den Markt. Weitere Schwerpunkte in der Kundenkommunikation liegen beim rationellen Energieeinsatz, im Umweltmanagement und bei der Förderung regenerativer Energien. Außerdem bietet das Unternehmen seit 1999 „Grünen Strom“ an.

Measuring moisture levels in insulation material on a district heating pipe – Stadtwerke Leipzig tests innovative materials in co-operation with the region's universities and research institutions.

Energieberatungszentrum der Stadtwerke

Customer Advisory Centre of Stadtwerke Leipzig

Following German reunification the City of Leipzig decided to set up a municipal power supply company. In order to take full advantage of synergy effects the city formed a combination utility with the objective of meeting economic and ecological targets in equal measure. By creating an overseas division and an energy trading department (which also operates on the Leipzig Power Exchange), by acquiring holdings in trading companies active at both national and international level and by developing its own innovative products, Stadtwerke Leipzig intends to further strengthen its competitive position.
When it comes to developing products, Stadtwerke Leipzig pursues a best price strategy in terms of electricity, gas and district heating, automatically charging according to its lowest applicable tariff. And "indXpower.de", the Leipzig power supplier's innovative Internet facility, launched in 2001, is the German market's first power exchange for private customers. The company also believes it is important to communicate with the customer as regards rational use of power, environmental management and the promotion of regenerative energy sources. Since 1999 the company has also been a supplier of "Green Power".

In der Verbundwarte wird der effektive Einsatz sowie die Verteilung von Strom, Gas und Fernwärme in Leipzig überwacht und gesteuert.

Effective use and distribution of Leipzig's electricity, gas and district heating is monitored and controlled from the integrated control room.

Information

Gründungsjahr:
1992

Mitarbeiter:
1197 Mitarbeiter und Auszubildende

Leistungsspektrum:
- Strom- und Fernwärmeerzeugung und -verteilung
- Gasverteilung
- Energieberatung
- Energiedienstleistungen
- Beratung und Beteiligung im Ausland
- Energiehandel

Year of foundation:
1992

Employees:
1,197 employees and trainees

Range of services:
- generation and distribution of electricity and district heating
- distribution of gas
- energy consultancy
- energy services
- consultancy and holdings abroad
- energy trading

☐
Stadtwerke Leipzig GmbH

len Beratungsleistungen, sind die Stadtwerke Leipzig ein attraktiver Partner für zahlreiche Branchennachbarn. Kürzlich eingegangene Engagements, darunter in Polen und Russland, deuten schon jetzt auf eine offensive Vorwärtsstrategie der Leipziger auch im Ausland hin, zumal die Unternehmensspitze weitere Kapitalverflechtungen mit Partnern aus den mittel- und osteuropäischen Reformländern bereits angedeutet hat.

VNG – Gasversorgung modern vernetzt

Energiewirtschaft in der Leipziger Region – das ist an vorderster Stelle das Ferngasgeschäft. Es trägt in Leipzig einen Namen: VNG-Verbundnetz Gas AG. Das Unternehmen ist mit 3,1 Milliarden Euro im Jahr 2001 der umsatzstärkste Konzern der östlichen Bundesländer und eine der größten importierenden deutschen Ferngasgesellschaften. Die im Juli 2002 eingeleitete Neuordnung der deutschen Energiewirtschaft ist für VNG mit neuen Großaktionären verbunden, weil sich EON nach Übernahme von Ruhrgas von VNG-Anteilen trennen muss.

Mit einem beispiellosen finanziellen und organisatorischen Kraftakt hat die VNG in den Jahren 1990 bis 1995 die Umstellung ihres gesamten Versorgungsgebiets in den östlichen Bundesländern von Stadtgas auf Erdgas geschafft. Dafür wurden neue Hochdruckleitungen verlegt, Anschlüsse an das westeuropäische Verbundsystem hergestellt und an das osteuropäische erweitert, unterirdische Speicherkapazitäten vergrößert, energetisch günstige Verdichterstationen in Betrieb genommen, eine zentrale Warte zur sicheren Betriebsführung auf dem neuesten Stand der Technik gebaut, aus dem Stand heraus ein effizientes Marketing entwickelt und nicht zuletzt die Bezugsquellen für den hoch kalorischen Energieträger diversifiziert. An der Schwelle zum 21. Jahrhundert hatte die VNG ihre angestrebte Bezugsstruktur mit rund der Hälfte des von ihr gehandelten Erdgases aus Russland und je einem Viertel aus norwegischen Offshore-Feldern sowie aus deutschen Quellen erreicht.

Hinter dem spröde anmutenden technischen Terminus Erdgasumstellung steckt ein energiewirtschaftlicher und ökologischer Masterplan, der sich für die östlichen deutschen Bundesländer neben positiven wirtschaftlichen Effekten vor allem in einer überaus günstigen ökologischen Bilanz beim Erdgaseinsatz zur Wohnraumbeheizung, in der Energiewirtschaft und in energieintensiven Industriebranchen auszahlt.

new major shareholders for VNG because EON will have to shed VNG shares following the takeover of Ruhrgas.

VNG is best known for the enormous financial and administrative resources it invested into converting its grid in eastern Germany from town gas to natural gas between 1990 and 1995. This involved laying new high-pressure mains, linking up to west European supply systems and extending links to eastern Europe, upgrading underground storages and compressor stations and building new ones, installing a state-of-the-art grid control center, developing efficient marketing strategies and diversifying its sources of supply. The latter target was achieved at the turn of the 21st century, with 50 percent of the natural gas now bought from Russia and one quarter each coming from Norwegian offshore production and German gas fields.

The conversion effort followed an economic and ecological master plan and paid off not only in terms of financial savings but considerably reduced the pollution previously caused by the use of coal for space heating, power generation and energy-intensive industrial processes. On a European scale, VNG benefits from the wealth of experience gained in converting entire industries, and its strategic location at the junction of western and eastern gas grids which developed separately over a long time.

Smaller in size but equally well known to energy experts in eastern Germany is the Institut für Energetik und Umwelt, an establishment located in Leipzig and concerned with R & D, conventional and renewable sources of energy, nature and energy conservation, and consulting. With this wide range, and a staff of more than 100, it has, in the words of Managing Director Dr. Wolfgang Brune, won business partners in Germany and a number of neighboring European countries. Renewable energy sources have been given more attention recently, one promising application being the use of biomass obtained from intensive farming in small decentralized facilities. The Institute has also had a number of inquiries from energy exchanges regarding market research and sales potentials. □

Leipzig ist Sitz der VNG – Verbundnetz Gas AG, die mit über drei Milliarden Euro Umsatz im Jahr 2001 zu den größten Unternehmen im Osten Deutschlands zählt. Gaslaternen im Park vor dem Unternehmenssitz erinnern an große Traditionen der mitteldeutschen Gaswirtschaft, während in der Leitstelle mit modernster Technik die Gaslieferungen aus Russland, Norwegen und aus deutschen Lagerstätten gesteuert, die Transitströme koordiniert und die Erdgasspeicher überwacht werden.

VNG Verbundnetz Gas AG maintains headquarters in Leipzig. With a sales volume of more than three billion Euro for the year 2001, the company is amongst the largest in the eastern part of Germany. Gas lanterns in the park in front of the headquarters building serve as a reminder of the great tradition of the gas industry in central Germany. The control center, fitted out with state-of-the-art technology, controls gas supply from Russia, Norway and the German depots, coordinates the flow and monitors natural gas storage facilities.

Information

Mitarbeiter:
65

Leistungsspektrum:
- Elektro, Heizung, Sanitär, Lüftung, Klima
- Sanierungen/Ausbaukomplettleistungen
- Schlüsselfertigbau
- 24-Stunden-Service

Employees:
65

Range of services:
- electrical, heating, sanitary, ventilation, air-conditioning
- renovation work/complete conversions
- turnkey construction
- round-the-clock service

□

DÜVOS ENERGIE- UND HAUSTECHNIK GmbH

Die 1991 gegründete DÜVOS GmbH ist ein Leipziger Unternehmen mit Firmensitz im Gewerbegebiet Leipzig Nordost. Das Unternehmen hat sich sowohl in den technischen Gewerken wie auch in der Generalunternehmerleistung Bau Verdienste und Anerkennung erworben. Der erfahrene Führungsbereich aus Ingenieuren und Meistern sowie Fachkräfte gewähren durch jahrelange Erfahrungen qualifiziertes Fachwissen. Das Unternehmen ist nach DIN EN ISO 9002 zertifiziert und ist seit 1994 Ausbildungsbetrieb.

DÜVOS GmbH, founded in 1991, is a Leipzig company with headquarters in the Leipzig Nordost business park. The company has made a name for itself as a general contractor in the technical and construction sectors. The tried and tested management team of engineers, master craftsmen and specialists provides expertise gained from many years of experience. The company is certified to DIN EN ISO 9002 and has been training people since 1994.

In die Zukunft der europäischen Gaswirtschaft bringt die VNG-Verbundnetz Gas AG neben ihrer immensen Transformationserfahrung eines ganzen Wirtschaftsbereichs vor allem die exzellente geografische Situation am strategischen Verknüpfungspunkt der historisch gewachsenen Ferngasnetze im Westen und Osten des europäischen Kontinents ein.

Um einige Größenordnungen kleiner als die VNG, doch in der ostdeutschen Energiewirtschaft nicht minder bekannt ist das Institut für Energetik und Umwelt gemeinnützige GmbH in Leipzig. Geschäftspartner in ganz Deutschland und einer Reihe europäischer Nachbarländer schätzen die Breite der abgedeckten Arbeitsgebiete. Die Begleitung des klassischen Energiemix sowie Bezüge zu vielfältigen Umweltthemen bestimmen laut Geschäftsführer Dr. Wolfgang Brune das Profil des Forschungs-, Entwicklungs- und Beratungsunternehmens mit über 100 Mitarbeitern. Regenerative Energien entwickeln sich immer mehr zu einer Spezialität der anwendungsorientierten Ideenfabrik. Vor allem der Einsatz von Biomasse in kleinen, dezentralen Anlagen eröffnet neue Perspektiven für Gebiete mit intensiver Landwirtschaft. Darüber hinaus schätzen Energiehändler den Sachverstand der Leipziger Energetiker für die Erkundung von Märkten und die Prognose ihres Potenzials. □

Das Institut für Energetik und Umwelt ist ein gemeinnütziges Forschungs-, Entwicklungs- und Dienstleistungsunternehmen, das auf den Gebieten Energie und Ökologie, darunter regenerativ/konventionelle Energiesysteme und Biomasse als Energieträger, Umweltengineering, darunter Technologien zur Wasserreinigung, Bodensanierung und Biomasseaufbereitung bzw. -nutzung sowie zur Messung von Emissionen und Spezial-Geräteentwicklung europaweit tätig ist. Das Institut hat sich zu einem kompetenten Kooperationspartner für technische, ökonomische und ökologische Problemstellungen im Bereich Forschung, Entwicklung und Demonstration sowie Markteinführung neuer und innovativer Energiesysteme sowie der wissenschaftlich fundierten Analyse und Bewertung aktueller energie-, umwelt-, agrar- und wirtschaftspolitischer Fragen entwickelt.
Die IfE Leipzig GmbH blickt ebenfalls auf eine langjährige erfolgreiche Tätigkeit in der Umweltanalytik (Boden, Wasser, Luft, Abprodukte und Abfallentsorgung sowie als Spezialität die Untersuchung sprengstofftypischer Verbindungen) und im Bereich Automatisierungs- und Simulationstechnik, mit Erfahrung in der Programmierung komplexer technischer und ökonomischer Systeme, zurück.
Gesellschaftsrechtlich werden die beiden innovativen Unternehmen vom Förderverein Leipziger Institut für Energetik e. V., dem wichtige Unternehmen, Organisationen und Einzelpersonen sowie die Stadt Leipzig als Mitglied angehören, getragen.

The Institute of Energy and Environment is a non-profit research and consulting company, which is active throughout Europe in the fields of energy and environment, including renewable/conventional energy systems and biomass as an energy carrier, environmental engineering, including technologies for water purification, soil rehabilitation and biomass treatment as well as measurement of emissions and the development of special equipment. The institute has become a competent cooperation partner for technical, economic and environmental problems in the field of research, development, demonstration and the market introduction of innovative energy systems. The institute also focuses on well-founded scientific analysis and evaluation of up to date questions of energy, environment, agriculture and economic policies.
IfE Leipzig GmbH can also look back on many years of success in environmental analysis (soil, water, air, waste products and waste disposal and as a specialist for the examination of typical explosive compounds) and in the field of automation and simulation engineering, with experience in the programming of complex technical and economic systems.
In terms of corporate law, the two innovative companies are headed by Förderverein Leipziger Institut für Energetik e. V., which lists important companies, organisations, persons and the City of Leipzig as its members.

Information

Gründungsjahr: 1953 gegründet als Institut für Energetik in Halle/Saale
Mitarbeiter: über 100
Fachbereiche des Instituts:
- Energie und Ökologie
- Umweltengineering
- Spezial-Geräteentwicklung

Geschäftsfelder der IfE Leipzig GmbH:
- Umweltanalytik
- Automatisierungs- und Simulationstechnik

weitere Tätigkeiten: Seminare, Kolloquien, Schulungen, Herausgabe einer Internet-Zeitschrift; wissenschaftliche Veröffentlichungen zu Wirtschafts-, Energie- und Umweltthemen

---

Year of foundation: founded in Halle/Saale in 1953 as Institut für Energetik
Employees: over 100
Areas of expertise within the institute:
- Energy and environment
- Environmental engineering
- Development of special equipment

Business fields within IfE Leipzig GmbH:
- Environmental analysis
- Automation and simulation engineering

Other fields of activity: Seminars, colloquia, courses; publication of an Internet magazine; scientific publications on topics of business, energy and the environment

☐
IfE Leipzig GmbH, Ingenieur- und Servicegesellschaft für Energie und Umwelt
☐
Institut für Energetik und Umwelt gGmbH

Dienstleister – Triebkraft des Strukturwandels

□ Der erneute Aufstieg der Industrie in der westsächsischen Wirtschaftsregion gleicht dem ungewöhnlichen Arrangement eines bewährten Stücks mit neuen Solisten und gänzlich neuen Instrumenten. Demgegenüber passt auf die geänderte Rolle des Dienstleistungssektors in der Wirtschaft nur die Analogie zur Neueinspielung eines weithin unbekannten Werks durch ein komplett aufgefrischtes Ensemble. Das dringende Erfordernis der Neuinszenierung im Konzert der Wirtschaftsakteure war vor allem der totalen strukturellen Unterbewertung des gesamten Dienstleistungsbereichs während der planwirtschaftlichen Vergangenheit geschuldet.

Im Grunde stürzten sich Dienstleister unterschiedlicher Branchen im Frühjahr 1990 zeitgleich von zwei Extrempositionen in den Wettbewerb. Da waren zum einen die Pioniere der aufblühenden Marktwirtschaft, die – überwiegend als Einzelunternehmer – plötzlich all das offerierten, was zwar schon immer nachgefragt, aber nur selten angeboten wurde. Steuerberater, Immobilienmakler, Versicherungsagenten, Autowerkstätten, Gebäudereiniger, Taxiunternehmen, Kosmetikinstitute, Zeitarbeitsfirmen, Fotolabors oder Videotheken eroberten im Handstreich alle erkennbaren Angebotslücken. Dass es stellenweise gleich wieder zu viele waren, gehört zum marktwirtschaftlichen Lernprozess.

Auf dem Gegenpol der Wirtschaftskraft traten als Begleiter und Katalysatoren des wirtschaftlichen Wandels vor allem die Banken und die marktführenden Versicherungsunternehmen an. Wettbewerbsvorteile in Gestalt einer leidlich intakten Kommunikations-Infrastruktur sowie das lockende Kundenpotenzial der prominenten Messestadt zogen besonders viele Kreditinstitute mitten im wirtschaftlichen Umbruch nach Leipzig. Doch auch im smarten Geldgeschäft weht unter dem Einfluss vielfältiger Faktoren längst ein rauer Wind.

□ While reindustrialization of the west Saxon region could be compared to staging a conventional opera with new actors accompanied by completely different instruments, the role now played by the service sector can only be likened to performing a new production of a largely unknown work using a new cast of players. In other words, the structural function of services had been completely underrated in the planned economy prevailing in eastern Germany until the spring of 1990.

At that time, two different groups of service providers entered the competitive scene. One, the pioneers of an emerging market economy and mostly one-man companies, offered everything that had long been in demand but seldom available. These tax consultants, real estate and insurance agents, car mechanics, cleaners, taxi operators, beauticians, temporary agencies, photographic laboratories, video libraries, etc. filled all possible supply gaps in no time. That there were sometimes too many of them in one place was all part of the learning process.

The other group consisted primarily of banks and leading insurance companies which promoted and catalyzed the economic transformation. Banks in particular were drawn to Leipzig by competitive advantages such as a reasonably intact communications system and a pool of potential and prestigious clients. Now that these wild years are over, even smart money dealers have felt the rough winds of a harsher climate for some time.

All in all, the tertiary sector can boast good penetration of the Leipzig region and, in 2002, employed an estimated 65 percent of its workforce, thus making up for some of the job losses in manufacturing industry.

A viable banking place for rehabilitating the east

In the beginning there was money, and banks that otherwise had well-equipped outlets did not resent

Tertiary sector drives structural change

Information

Gründungsjahr:
Filialdirektion in Leipzig
1990

Mitarbeiter:
insgesamt 888 davon
83 Mitarbeiter im
Angestellten-
Außendienst
25 Auszubildende
30 Generalagenten
750 freie Partner

Leistungsspektrum:
Versicherungen und Finanzdienstleistungen rund um den privaten und gewerblichen Bereich

---

Year of foundation:
Main branch in Leipzig
1990

Employees:
Total 888, of which
83 full-time field
representatives
25 trainees
30 general agents
750 freelance partners

Range of services:
Insurances and financial services relating to all aspects of private and commercial insurance coverage

□
NÜRNBERGER Versicherungsgruppe, Filialdirektion Leipzig

Seit 1884 ist die NÜRNBERGER mit Schutz und Sicherheit im Zeichen der Burg für ihre Kunden da. Die NÜRNBERGER ist eines der wenigen eigenständigen Assekuranz-Unternehmen am deutschen Versicherungsmarkt und zeichnet sich durch hohe Kernkompetenz in allen Fragen rund um den privaten und gewerblichen Versicherungsbedarf aus. Den gewachsenen Anforderungen am Markt trägt die NÜRNBERGER u. a. durch die in jüngster Zeit in die NÜRNBERGER Versicherungsgruppe aufgenommene Fürst Fugger Privatbank Rechnung.

The NÜRNBERGER castle logo has been a symbol of safety and protection for its customers since the company was founded in 1884. NÜRNBERGER is one of the few independent insurance companies on the German insurance market; it is characterised by high core competency in all questions relating to private and commercial insurance coverage.
Among other things, NÜRNBERGER recently responded to the growing demands of the market by taking over Fürst Fugger Privatbank.

Insgesamt kann sich die Bilanz des Jahres 2002 in der dicht bestückten Dienstleistungslandschaft der Leipziger Region sehen lassen: Geschätzte 65 Prozent aller Beschäftigten sind in den verschiedensten Dienstleistungsbranchen zu finden. Damit konnte ein Teil der Arbeitsplatzverluste im verarbeitenden Gewerbe aufgefangen werden.

Leistungsfähiger Bankenstandort für den Aufbau Ost

Am Anfang war das Geld. An gediegen eingerichtete Geschäftsstellen gewöhnte Banken kümmerte es wenig, dass sie in der Frühphase des abrupten marktwirtschaftlichen Kurswechsels überall in Leipzig und erst recht in den viel kleineren Kreisstädten mit Containerfilialen vorlieb nehmen mussten.

1990 gab es viel zu holen an Neugeschäft. Wo Provisionen locken, stören Provisorien kaum. Über hundert Banken zog es damals nach Leipzig – nicht alle mit operativem Geschäft, aber jede zumindest mit einer Repräsentanz. Angesichts von soviel geldwerter Prominenz lief aufmerksamen Beobachtern der Szene schon mal das Herz über, und sie erkannten in Leipzig bereits das „Bankenzentrum des Ostens". Nominal gewichtet, verbietet sich jeder Einwand gegen diese euphemistische Titulierung. Tatsächlich verfügte damals nur Frankfurt am Main über mehr Firmen im Geldgewerbe. Allerdings muss das bewegte Kapital realistisch bewertet werden, um einzugruppieren, was damals tatsächlich in Leipzig aus dem Boden gestampft wurde.

„Ein Bankenzentrum ist Leipzig nicht gewesen, ein zentraler Bankenstandort für den wirtschaftlichen Aufbau im Osten ist die Stadt aber auf jeden Fall", fasst Hans-Henning von Bischoffshausen, Leipziger Niederlassungsleiter der BHF Bank, seine zehnjährigen Erfahrungen mit diesem Segment der regionalen Wirtschaft zusammen.

Wer im Rückblick die Ausnahmestellung der Banken erfassen will, braucht sich nur zu vergegenwärtigen, welche Alternative es gegeben hätte, um die entgleiste ostdeutsche Planwirtschaft wieder auf Kurs zu bringen. Dazu gehört, dass charismatische Persönlichkeiten des Geldgewerbes in den ersten Aufbaujahren zu überdurchschnittlicher Bekanntheit gelangten. Stellvertretend seien Wolfgang Kellert (Deutsche Bank) und Uwe Spaniol (Dresdner Bank) für den Leipziger Bereich genannt.

Irgendwie steht die Entwicklung ja Kopf. Denn an-

having to operate from containers in the early stages of the abrupt changeover toward a market economy.

There were many such offices in Leipzig and even more in the smaller district towns, but the enormous amount of new business waiting to be done in 1990 attracted over 100 banks to the city. Not all of these branches were fully operational but the important thing was to be represented, leading observers of the scene to speak effusively of "eastern Germany's banking center". Looking at mere numbers, this was not a misnomer as only Frankfurt had more financial institutions at the time. For a realistic assessment, though, one would have to consider the amount of capital actually moved.

"While not a banking center, Leipzig certainly is a central banking place for economic reconstruction in the east." This is how Hans-Henning von Bischoffshausen, manager of the Leipzig branch of BHF Bank, has summarized 10 years of experience gained in the regional economy.

Banks had an exceptional role to play at the time because there was no alternative to their services in putting a derailed planned economy back on track. This gave some of the more charismatic bankers an accentuated degree of popularity in the region, as happened in the case of Wolfgang Kellert (Deutsche Bank) and Uwe Spaniol (Dresdner Bank).

After being extremely successful during the first few years in the eastern part of the country, the financial sector has now returned to the more tedious everyday routines. Some of the names that were familiar in 1990 have disappeared but new ones have replaced them including a number of international addresses, which augurs well for Leipzig's locational qualities and banking future.

The banking business is probably unlike any other industry in that it immediately reflects a wide range of economic developments, from a global to a regional scale. Leipzig has also felt the pinch, and the breathtaking concentration of the past decade has wiped a few names off the commercial register. Competition grants no respite, and German banks have had to slim down their network of outlets, including the closure of some branch offices established in the east only 10 years ago. With real estate and construction financing losing momentum, new fields of activity are needed but will probably not be found in the SMEs that are left after the demise of big industry. And last but not least, now that the Federal Government has moved to Berlin the major banks consider it their duty to send top level

Information

Gründungsjahr: 1992

Mitarbeiter: über 1200

Produktspektrum:
Finanzierungen,
Eigenkapital,
Risikokapital,
Derivate,
Börsengang,
Emissions- und
Konsortialgeschäfte,
Kapitalanlage,
Leasing,
Factoring,
geschlossene Fonds,
Auslandsgeschäft,
Banking,
Exportfinanzierungen,
Kreditkarten,
Versicherungen

Year of foundation:
1992

Employees: over 1,200

Product spectrum:
financing,
equity capital,
venture capital,
derivatives,
flotation,
issuing and
consortium,
transactions,
capital investment,
leasing,
factoring,
closed funds,
foreign business,
banking,
export financing,
credit cards,
insurance policies

□
Sachsen LB
Landesbank Sachsen
Girozentrale

Die 1992 gegründete Landesbank Sachsen Girozentrale (Sachsen LB) ist die einzige Neugründung einer Landesbank in den neuen Ländern. Kontinuierliches Wachstum, eine Bilanzsumme von 65 Milliarden Euro und über 1200 kompetente und engagierte Mitarbeiter im Sachsen LB Konzern sind Beleg dafür, dass sich die junge Bank inzwischen am Markt fest etabliert hat. Sich mit der besonderen Situation in den neuen Ländern intensiv und konstruktiv auseinander zu setzen, an einer nachhaltigen vertrauensvollen Zusammenarbeit mit Kunden und Partnern interessiert sowie Innovationen gegenüber aufgeschlossen zu sein, sind nur einige der Merkmale, die das Handeln der Sachsen LB kennzeichnen. Es ist getragen von der Überzeugung, dass „Sächsisch als Erfolgsprinzip“ wirken wird.

Landesbank Sachsen Girozentrale (Sachsen LB), which was founded in 1992, is the only newly founded State Bank in the regions of former East Germany. Continual growth, a balance sheet sum of 65 billion euros and more than 1,200 competent and dedicated staff members in the Sachsen LB Group are proof that this young bank has since become firmly established on the marketplace. Some characteristic features of the operations of Sachsen LB include a constructive and intensive approach to the special situation in the regions of former East Germany, genuine interest in a sustained and trusting cooperation with customers and partners and an open attitude towards innovation. The bank is carried by the conviction that the "Success Factor Saxony" will be effective.

fangs wurden durch die Banken die lichten Höhen des wirtschaftlichen Erfolgs im Osten genommen, und zehn Jahre später folgen mit gehöriger Verspätung die anstrengenden Mühen der Ebene. Nicht jede Bank, die seit 1990 schon mal in Leipzig aktiv war, ist geblieben. Dafür kommen neue. Dass vor allem internationale Adressen ihre Zeit für gekommen halten, spricht für die Qualität des Standorts und seine erfreulichen Aussichten.

So unvermittelt wie in kaum einer anderen Branche multiplizieren sich im Bankensektor sämtliche Einflüsse in der enormen Spannweite von global bis regional. Das hinterließ Spuren in Leipzig. Weil der Konzentrationsprozess der Geldhäuser in der letzten Dekade schwindelerregend eskalierte, verschwanden „automatisch" einige Namen aus dem Handelsregister. Weil der Wettbewerb keine Schonfrist und Schutzzonen lässt, müssen Geschäftsstellennetze im dicht besetzten deutschen Bankwesen straffer geflochten werden, auch wenn diese Netze in den östlichen Bundesländern gerade erst vor zehn Jahren ausgeworfen wurden. Weil sich das anfangs boomende und weit und breit dominierende Thema Immobilien- und Baufinanzierung vorübergehend abgeschwächt hat, müssen andere Geschäftsfelder besetzt werden. Das bislang eklatante Untergewicht lukrativer industrieller Schwergewichte im Geschäftskundensegment spürt der Mittelstand als Bankkunde ganz besonders. Schließlich, weil die gerade mal 180 Kilometer entfernte deutsche Hauptstadt nach dem Umzug der Bundesregierung ein Pflicht-Parcours für die ersten Adressen des Geldgewerbes ist, wird der Status der jeweiligen Leitungsebene anderenorts nicht selten eine Stufe tiefer gelegt. Leipzig bekommt diesen Trend zu spüren.

Umbrüche, die sich heutzutage weltweit vollziehen, werden dort am sensibelsten empfunden, wo aus voller Überzeugung gerade erst eine besonders hohe Erwartungshaltung gezüchtet wurde. Trotz manch unverhoffter emotionaler Wechselbäder fällt die Bilanz für den Bankenstandort Leipzig am Beginn des 21. Jahrhunderts insgesamt positiv aus. Keine andere Branche betrachtet ihre Geschäftsaussichten im derzeit aufgewühlten konjunkturellen Umfeld ähnlich positiv, konstatierte Anfang des Jahres 2002 die aktuelle Umfrage zu Stimmung und Lage der Unternehmen und Branchen im IHK-Bezirk Leipzig.

Primus im Stimmungsbild zu sein, kann allerdings nicht darüber hinwegtäuschen, dass Banken und Versicherer ihre Lage auch schon günstiger sahen. Die

managers to the capital, often downsizing their presence elsewhere.

The effects of global changes will of course be particularly painful in places that only recently had high-strung expectations, but despite all the ups and downs Leipzig's prospects as a banking place are not bad at the beginning of the 21st century. In a business climate marked by many uncertainties, no other sector responded with similar optimism to a poll of firms and industries conducted by the Leipzig Chamber of Industry and Commerce at the beginning of 2002.

And while they are naturally aware of a recent loss in earnings, banks and insurers, just like the rest of industry, are now waiting for the multiplier effect from the huge investments that have already been made. From Aengevelt, the real estate agents, to BHF, the bank, many remain in Leipzig and foster their ties in the hope of seeing the moment when hope turns into economic growth.

There can be no doubt about the shift of emphasis which has occurred in Saxony's financial sector. Leipzig is home to two institutions that are unique in eastern Germany – the Saxon state bank (SachsenLB), and a central bank for the Free States of Saxony and Thuringia. To this must be added Sparkasse Leipzig, with total assets of 6.72 billion Euro in 2001 making it number one in eastern Germany and a respectable number 17 among Germany's savings banks, Deutsche Bank's high-tech clearing center for money transfers serving large areas in southeastern Germany, and the regional headquarters of Deutsche, Dresdner and Commerzbank.

The Sparkasse has independent units throughout western Saxony in regions such as Leipzig, Muldental, Delitzsch, Torgau-Oschatz and Döbeln. The "bank on your doorstep" maintains a dense network of outlets even after slimming its workforce and structure, and market shares clearly exceeding 60 percent in some cases. Experts tell us, though, that to produce good revenue public institutions need a favorable share of the overall market rather than high-profit segments. Eventually, the Sparkasse yielded to global trends and the pressure on margins with a much publicized, innovative project encouraged by the State Ministry of Finance. Five years ago it proposed that its regional units form a loose voluntary association (Sachsen Finanzverbund) with Sachsen LB in order to bundle routine operations and save costs, an idea passionately advocated by Sparkasse Leipzig. Public opinion was split over the issue, and opponents prevailed in a refe-

Goethestraße 3-5: das Hauptgebäude der Dresdner Bank in Leipzig

Goethestraße 3-5: the main headquarters of Dresdner Bank in Leipzig

Die Dresdner Bank AG am traditionellen Standort Leipzig
Als die Dresdner Bank (gegründet 1872) im Jahre 1909 ihre erste Leipziger Niederlassung gründete, übernahm Dr. jur. Victor von Klemperer die Filialdirektion und initiierte den Aufbau mehrerer Zweigstellen.
Nach dem Zweiten Weltkrieg wurden in der Sowjetischen Besatzungszone sämtliche Bankhäuser geschlossen – so entstand 1957 das Unternehmen als Dresdner Bank AG neu, als deutsche Großbank mit Sitz in Frankfurt am Main und bekannte sich nach der Wiedervereinigung zu ihren sächsischen Wurzeln.
Seit 1996 befindet sich ein Sitz der Geschäftsleitung der Dresdner Bank AG Region Ost im ehemaligen Haupthaus am Augustusplatz, von wo aus das Geschäft in den Bundesländern Sachsen, Sachsen-Anhalt und Thüringen gesteuert wird.
Die Verbundenheit der Bank zu ihrem Herkunftsland Sachsen dokumentiert sich nach wie vor in ihrem werblichen Auftritt, der die traditionellen Farben Grün/Weiß des Königreiches Sachsen stark hervorhebt.

Dresdner Bank AG at the traditional Leipzig site
When Dresdner Bank (founded in 1872) opened its first branch in Leipzig in 1909, Dr. jur. Victor von Klemperer took over as manager and initiated the opening of numerous other branches in the city.
All banking institutions were closed during Soviet occupation after the Second World War. Accordingly, the company was founded once more in 1957 as Dresdner Bank AG, a major German bank with headquarters in Frankfurt am Main. However, it returned to its Saxon roots in the wake of German reunification.
The management headquarters of Dresdner Bank AG Region East has been in former main building on Augustusplatz since 1996, from where business is controlled in the federal states of Saxony, Saxony Anhalt and Thuringia.
The affinity the bank still feels to its state of origin is still clearly documented in its advertising, which emphasises the traditional green and white colours of the Kingdom of Saxony.

Information

Gründungsjahr:
Öffnung der ersten Niederlassung in Leipzig 1909

Geschäftsführung:
- Peter Becker (Berlin)
- Dr. Holger Hatje (Berlin)
- Paul Heimann (Dresden /Leipzig)
- Hans-Kornel Krings (Berlin)
- Dieter Schulte (Leipzig)
- Patrick Tessmann (Dresden/Leipzig)
- Dieter Thomas (Berlin)

Standorte:
- Leipzig
- Dresden
- Berlin

Year of foundation:
Foundation of the first subsidiary in Leipzig 1909

Management:
- Peter Becker (Berlin)
- Dr. Holger Hatje (Berlin)
- Paul Heimann (Dresden /Leipzig)
- Hans-Kornel Krings (Berlin)
- Dieter Schulte (Leipzig)
- Patrick Tessmann (Dresden/Leipzig)
- Dieter Thomas (Berlin)

Locations:
Leipzig
Dresden
Berlin

□
Dresdner Bank AG Region Ost

angespannte Ertragslage machte auch um die Beschäftigten der Geldinstitute keinen Bogen. Analog zur übrigen Wirtschaft setzen die Banken auf die Multiplikatorwirkung der in Gang gekommenen Großinvestitionen. Nicht wenige bleiben in Leipzig gerade deshalb präsent und pflegen ihre Verbindungen, um vor Ort den günstigen Augenblick zu erwischen, wenn Hoffnungswerte in beschleunigtes Wirtschaftswachstum umschlagen. Dieses Handlungsmuster zieht sich vom Immobilienspezialisten Aengevelt bis zur BHF Bank.

Ohne jeden Zweifel fand im Bankensektor eine sächsische Akzentverschiebung statt. Die Landesbank Sachsen (SachsenLB) und die Landeszentralbank für die Freistaaten Sachsen und Thüringen, beide in Leipzig ansässig, sind ostdeutsche Unikate. Die Sparkasse Leipzig, hinsichtlich ihrer Bilanzsumme in Höhe von 6,72 Milliarden Euro (2001) die unangefochtene Nummer 1 in den östlichen Bundesländern, rangiert in der gesamtdeutschen Größenklassenstatistik dieses Zweigs des Geldgewerbes auf dem respektablen Rang 17. Das Technische Zentrum Leipzig der Deutschen Bank ist ein hoch technologisches Glanzstück für die Abrechnung des Zahlungsverkehrs in einem weiten Bogen des südöstlichen Bundesgebiets. Sowohl Deutsche Bank als auch Dresdner und Commerzbank haben Leipzig als Sitz ihrer regionalen Kopfstellen auserkoren.

Die Sparkassenorganisation gliedert sich in der westsächsischen Wirtschaftsregion in die Institute in Leipzig, im Muldental, in Delitzsch, Torgau-Oschatz und Döbeln. Ihr Kennzeichen ist als „Bank vor Ort" trotz aller personellen und strukturellen Rationalisierungsschübe die erhebliche Dichte des Geschäftsstellennetzes. Als „Platzhirsche" verteidigen die Sparkassen Marktanteile von teilweise deutlich über 60 Prozent aller Bankverbindungen. Diese Ausnahmestellung ist offensichtlich.

Alle Fachleute wissen jedoch, dass der prozentuale Anteil der öffentlich-rechtlichen regionalen Geldinstitute am Geschäftsvolumen hoch profitabler Teilsegmente des Marktes keine vergleichbaren Traumwerte wie beim Anteil am Gesamtmarkt produziert. Weil sich die Sparkassen jedoch den globalen Trends der Branche und vor allem dem erheblichen Margendruck nicht entziehen können, fanden die Sachsen vor fünf Jahren unter wohlmeinender ideeller Begleitung durch das Dresdner Finanzministerium ihre Anschlussstelle zur Magistrale der Globalisierung. Ihr Name: Sachsen Finanzverbund. Die viel beachtete

rendum held in October 2001. Under an amended law, and a slightly changed name (Sachsen Finanzverbund), a second start is to be made in 2003.

Financial institutes claiming to care about SMEs will find eastern Germany an ideal environment for honoring their promise. The rating and lending guidelines following Basle II will make such promotion even easier. In the meantime, all banks have become involved in the battle for affluent private clients whose numbers in the Leipzig region are now sufficient to justify offers of up-market products. What is typically needed are consulting services for investing the new wealth at the lowest possible risk with promises of exorbitant (generous) profits.

It took the banking sector only a few years to leave its architectural mark on Leipzig's city center, with buildings ranging in style from converted department stores with cupolas gleaming in dull gold to rational postmodern glass-and-concrete facades as can also be found on the only tall building erected during the 1990s. At the same time, the region's social and cultural life has greatly benefited from banks and leading insurance companies acting as sponsors.

A new economy and new media

Leipzig's claim to being a center of the modern media is often substantiated with a review of past achievements such as the publication of the world's first daily newspaper in 1650. The number of dailies appearing today is down to a paltry two, the Leipziger Volkszeitung and Bild. And whereas before World War II one quarter of Germany's book production came from Leipzig, the list of publishing houses operating from the city today is rather impressive but most of these undertakings are very small. The only exception is Klett, a schoolbook publisher. The Association of German Booksellers once had its head office here, but the building was destroyed by air raids in 1943. The new meeting point for authors and their audiences is Haus des Buches, a literary center which organizes readings and discussions.

The book fair was invented here centuries ago and has since prospered also in Frankfurt, with Leipzig's tradeshow now in second place and trying to catch up again. And while Frankfurt is devoted to the spirit of the age, bestsellers and managing the literary business, Leipzig prides itself on involving more readers – with generous support from the Bertelsmann group of companies. Every March a literary festival features almost

Die Stadt- und Kreissparkasse Leipzig ist der älteste und größte Finanzdienstleister der Region: Das über 175-jährige Bankhaus mit einer Hauptstelle, 73 Geschäftsstellen, fünf BetreuungsCentern, drei ImmobilienCentern, zwei Firmenkundenmarktbereichen und drei Sparkassen-Shops war auch im Jahr 2001 wieder unangefochtener Marktführer in einer zukunftsträchtigen Region.
Die zahlreichen Geschäftsstellen und Shops in der Stadt Leipzig und im Landkreis bieten den kompletten Service rund ums Geld – und das in direkter Nähe zum Kunden. Egal, ob es um ein Girokonto, einen Kredit, Sparanlagen, Wertpapiergeschäfte oder individuelle Vermögensverwaltung geht, die Sparkasse Leipzig ist der richtige Ansprechpartner.
In den Geschäftsstellen und SB-Stellen können die modernen Geldautomaten, Kontoauszugsdrucker und Serviceterminals rund um die Uhr genutzt werden. Extra lange Öffnungszeiten – in der Woche und auch samstags – bietet die Sparkasse im Hauptbahnhof Leipzig sowie in den Einkaufscentern Allee-Center Leipzig-Grünau, Löwencenter Burghausen, Paunsdorf Center, Pösna Park sowie im Stadtzentrum in der Hainstraße. Zusätzlich können die Kunden der Sparkasse ihre Bankgeschäfte ganz bequem über das Internet abwickeln. Mehr als 50 000 Konten werden bereits online geführt – Tendenz steigend.

Stadt- und Kreissparkasse Leipzig is the oldest and largest provider of financial services in the region: Now over 175 years old, this banking institution, which has one main headquarters, 73 branches, five support centres, three property centres, two corporate customer market divisions and three savings bank shops, was once more the undisputed market leader in a promising region during 2001.
The numerous branches and shops in the City of Leipzig and the surrounding region offer full services for anything to do with money – right where the customers are. Regardless of whether it be a current account, a bank loan, savings, securities or individual asset management, Sparkasse Leipzig always has the right people to talk to.
The modern cash machines, bank balance printers and service terminals can be used 24 hours a day in the branches and service points. The Sparkasse branches in the main railway station Leipzig and in the shopping malls Allee-Center Leipzig-Grünau, Löwencenter Burghausen, Paunsdorf Center, Pösna Park and in the city centre branches in the Hainstraße offer very long opening hours, during the week and on Saturdays also. In addition, Sparkasse customers can manage their bank business from home using the Internet. There are already more than 50,000 online customers – and the figures are rising.

Information

Gründungsjahr: 1826
Mitarbeiter:
1.544 Mitarbeiter
130 Auszubildende
Leistungsspektrum:
- Girokonten
- Sparanlagen
- Kredite
- Bausparen
- Versicherungen
- Kreditkarten
- Immobilienservice
- Wertpapiere/Aktien
- Individuelle Vermögensverwaltung
- Geschäftskunden- und Gewerbekundenberatung
- Unterstützung von Existenzgründern

Bilanzsumme:
6,7 Milliarden Euro
Stationäre Vertriebseinheiten:
5 BetreuungsCenter
74 Geschäftsstellen
3 Sparkassen-Shops
3 ImmobilienCenter

Year of foundation:
1826
Employees:
1,544 employees
130 trainees
Range of services:
- Current accounts
- Savings
- Loans
- Building society
- Insurances
- Credit cards
- Real estate service
- Stocks/shares
- Individual asset management
- Consulting for business and commercial customers
- Start-up support

Balance sheet total:
6.7 billion Euro
Stationary distribution units:
5 support centres
74 branches
3 bank shops
3 property centres

□
Stadt- und Kreissparkasse Leipzig

Innovation des regionalen Geldgewerbes war gedacht als lockerer Zusammenschluss interessierter Sparkassen mit der Sachsen LB, um bestimmte Standardgeschäfte zu bündeln und Kosten einzusparen. Leidenschaftlich engagierte sich die Sparkasse Leipzig für diese Lösung.

Die öffentliche Meinung zu dieser Konstruktion blieb gespalten, und bei einem Volksentscheid im Oktober 2001 siegten die Skeptiker. Mit einem modifizierten Gesetz und als so genannter Sachsen Finanzverbund steht ein zweiter Anlauf ab 2003 bevor.

Wer immer sich als Mittelstandsbank versteht, findet im Osten Deutschlands ein ideales Umfeld, um die Stichhaltigkeit seines Werbeversprechens einzulösen. Rating und die kommenden Kreditvergabe-Richtlinien nach Basel II wirken sogar noch verstärkend.

Daneben ist in allen Instituten der Kampf um die vermögenden Privatkunden entbrannt. Es gibt sie inzwischen im Raum Leipzig in solch erklecklicher Zahl, dass sich allmählich anspruchsvolle Produktofferten lohnen. Typisch ist der erhebliche Beratungsbedarf, denn für die frisch erworbenen Geldvermögen suchen die Kunden meist die traumhafte Kombination von besonders profitabler Vermehrung bei spürbar eingegrenztem Risiko.

Die Banken leisten sich eine Menge im Zentrum von Leipzig. Innerhalb weniger Jahre haben sie eine unübersehbar vielgestaltige Architektur ihres geschäftlichen Selbstverständnisses geschaffen. Sie reicht vom umgebauten Kaufhaus mit matt golden glänzenden Kuppeln bis zum kühl-rationalen Glas- und Betoninternationalismus der Postmoderne, der einzige Leipziger Hochhaus-Neubau der 1990er-Jahre eingeschlossen. Als Sponsoren von Rang sind Banken und marktführende Versicherer aus dem gesellschaftlichen und kulturellen Leben dieser Region nicht wegzudenken.

Neue Wirtschaft – neue Medien

Leipzig – die Medienstadt. Gern wird die Metapher in die Leistungsbilanz gestellt. Medienstadt steht für Tradition und für Ambition.

Hier erschien 1650 die erste Tageszeitung der Welt; heute gehören zur spärlichen „Presselandschaft" die Leipziger Volkszeitung und Bild Leipzig. Hier war vor dem Zweiten Weltkrieg ein Viertel der deutschen Buchproduktion versammelt; heute gibt es zwar wieder eine erkleckliche Liste mit Verlagen, die überwiegend jedoch sehr klein sind. Mit einer größeren

Fortsetzung Seite 68

1,000 events in three days, setting a record for the number of authors meeting their audiences. This focus on the reader has been rewarded by endowing the Leipzig organizers with a German Book Award, to be conferred upon authors in seven categories every year on the recommendation of a jury.

Statistics compiled by the city administration say that 34,000 people are employed in Leipzig's media industry, which is an important economic factor. Included are those working in a number of well-equipped printing shops for publishers such as Messedruck Leipzig or Martin Andersen Nexö at Zwenkau, who turn out excellently designed books. The future, however, belongs to the electronic media and the public institution setting the pace in this field is MDR (Mitteldeutscher Rundfunk), the broadcasting corporation providing TV and radio programs for the three states of Saxony, Saxony-Anhalt and Thuringia. Its new headquarters in Leipzig opened in 2000 and include a TV center which is completely digitalized, making it the most advanced in Europe at the time of writing. Laid out on the site of a former slaughterhouse complex and dominated by an office building shaped like a TV screen, the center is home to a multitude of studios, production firms and service providers.

Competing on a small private scale with the giant MDR is Leipzig Fernsehen, a local TV station. More serious competitors in radio broadcasting include Radio PSR established as Saxony's first private station in the early 1990s, Hit Radio Antenne Sachsen, Radio Energy and Mephisto, a radio program aimed at university and college students.

Closely related both to the media and the industries it serves is advertising, an activity engaged in particularly by large companies. They are the ones with the big marketing budgets, regularly employing full-service agencies for nationwide campaigns. Unfortunately, no big players have so far located to Leipzig, and the local pattern of small and medium-sized firms has given rise to a patchwork of small, creative agencies instead.

Business consultants – leading the way to a market economy

Otherwise a normal constituent of a market economy, business consultancies can become vital overnight, particularly for companies requiring consolidation or having to reorganize as a result of structural change. Such situations could be described as times when tested algorithms no longer work, and in that

Continued on page 68

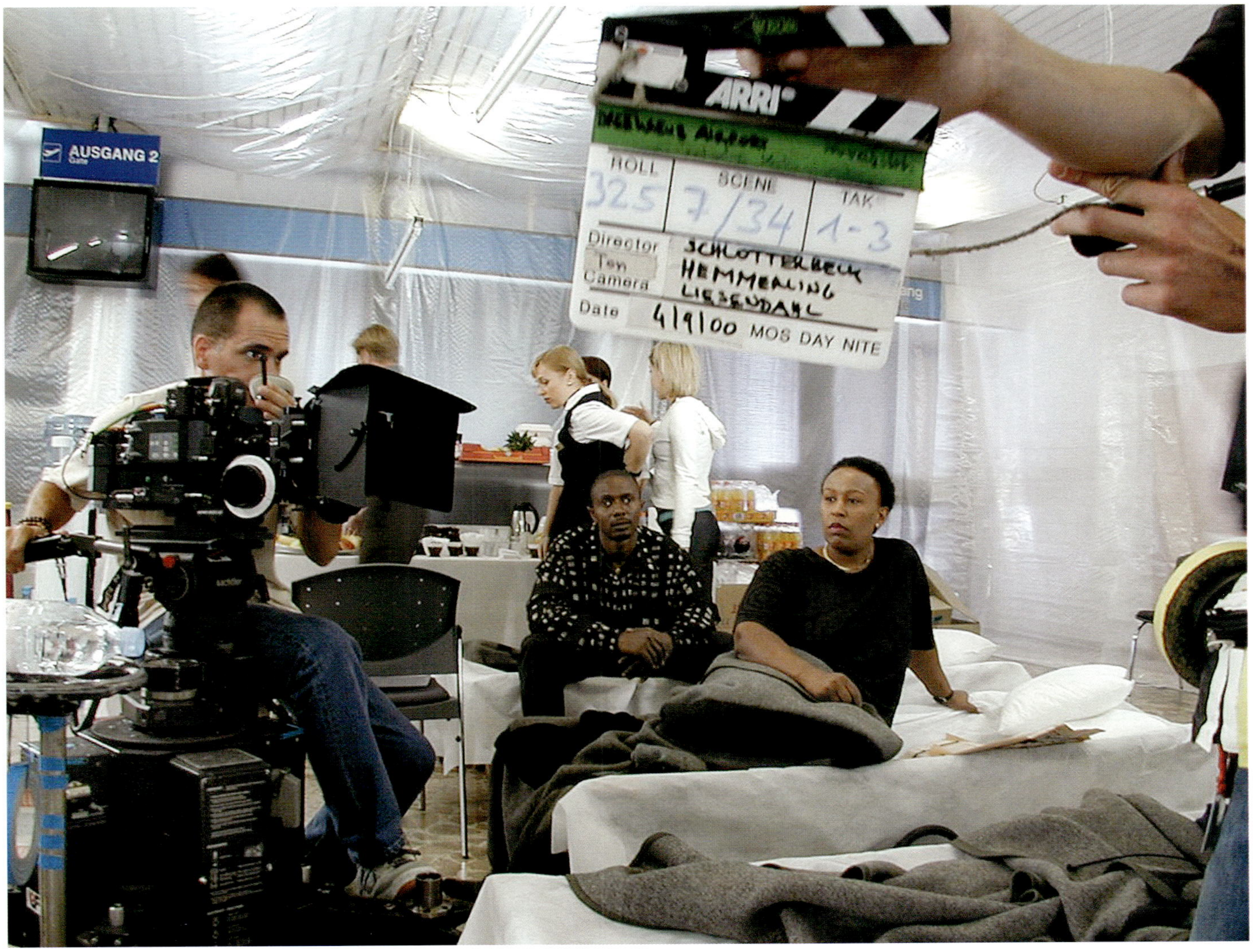

Seitdem das Fernsehen des Mitteldeutschen Rundfunks in Leipzig ansässig ist, zog es zahlreiche Produktionsfirmen hierher. Der Kreis ihrer Auftraggeber ist vielfältig. So entstand für das ZDF eine Folge von „Drehkreuz Airport“ auf dem Flughafen Leipzig/Halle.

Since Mitteldeutscher Rundfunk's television operations have been based in Leipzig, numerous production companies have also moved in. Clients come from all sectors. Thus, ZDF commissioned a sequel to "Drehkreuz Airport" to be shot at Leipzig/Halle airport.

Glanzleistung aus dem Hause Klingenberg Buchkunst Leipzig GmbH: 48 Stunden nach dem Abpfiff des WM-Finales Brasilien-Deutschland überreichte Kundenberaterin Birgit Schwarzbach das fertige WM-Fußballbuch der Beiratsvorsitzenden der Gundlach-Gruppe, Frau Dr. Ingeborg von Schubert.

Superb services from Klingenberg Buchkunst Leipzig GmbH – only 48 hours from the final whistle of the World Cup final between Brazil and Germany, customer consultant Birgit Schwarzbach handed over the finished World Cup Football Book to the Chairman of the Gundlach Group Advisory Board, Dr. Ingeborg von Schubert.

Die Kunst, das Wort in ein gedrucktes Werk zu verwandeln – das ist die Spezialität von Klingenberg Buchkunst Leipzig. Das Unternehmen fühlt sich der Buchkunst in Leipzig verbunden. Es druckt und verarbeitet hochwertige Produkte, die nicht jeder herstellen kann: aufwändige Bücher und aus dem Rahmen fallende Geschäftsberichte, die Wertigkeit und Image transportieren. 3,5 Millionen Zeitschriften drucken und versenden die hoch qualifizierten Mitarbeiter pro Jahr im Auftrag von Verlagen sowie großen Markenartiklern und Dienstleistern. Neben Büchern und Zeitschriften stehen Broschüren, Stadtpläne, Werbedrucke und Kalender auf der Angebotsliste.
Qualität, Service und Zuverlässigkeit, das sind die Grundpfeiler des Erfolges. Klingenberg Buchkunst Leipzig übernimmt für seine Kunden die termingerechte, optimale Produktionsplanung und berät sie bis ins Detail – von der Druckvorlagenherstellung bis zur Auslieferung. Als Tochterunternehmen der Gundlach-Gruppe, Bielefeld, steht den Kunden außerdem die Kompetenz der Schwesterunternehmen in ganz Deutschland zur Verfügung. Displays, Verpackungen, Plakatdruck, Verlags- und Mediendienstleistungen: Mit einem breiten Spektrum ist Gundlach erfahrener Spezialist für alle Anforderungen der Kommunikation. Gundlach macht Marken stark.

The art of turning the spoken word into print – the speciality of Klingenberg Buchkunst Leipzig. The company is intent on continuing the Leipzig tradition of printing and processing the kind of high-quality, expertly crafted products not just any company can produce, including lavish books and unusual business reports conveying status and image. The company's highly skilled workforce prints and dispatches 3.5 million magazines a year for publishers, major manufacturers of branded articles and service providers. Along with books and magazines, the range also includes brochures, maps of towns and cities, advertising materials and calendars.
Quality, service and reliability are what the company's success is based on. Klingenberg Buchkunst Leipzig helps its customers to plan production, on time and to best effect, and provides them with detailed advice – all the way from producing print copy to delivery. As a subsidiary of the Gundlach Group, Bielefeld, customers are also availed of the expertise of affiliated companies right across Germany. Displays, packaging materials, poster printing, publishing and media services – Gundlach broad range makes it an experienced specialist in all matters of communication. Gundlach makes for strong brands.

Information

Gründungsjahr: 1991
Leistungsspektrum:
- Komplettservice im Vorstufenbereich mit Computer-to-Plate
- Vier- und mehrfarbiger Offsetdruck bis zum Format 72 cm x 104 cm
- Buchbinderische Weiterverarbeitung mit Sammelheftung, Klebebindung oder Wire-O-Bindung
- Etikettierung und Presse-Post-Versand

Produkte:
- Zeitschriften
- Geschäftsberichte
- Bücher und Broschüren
- Kunstkataloge
- Bildkalender
- Werbedrucksachen
- Poster
- Touristische Straßenkarten
- Stadtpläne

Year of foundation: 1991
Range of services:
- full pre-production service using computer-to-plate
- four-colour and multi-colour offset printing in formats up to 72 cm x 104 cm
- bookbinding, including saddle-stitch, unsewn binding and wire-o-binding
- labelling and press-post-dispatch

Products:
- magazines
- business reports
- books and brochures
- art catalogues
- pictorial calendars
- advertising materials
- posters
- tourist street maps
- maps of towns/cities

□
Klingenberg Buchkunst Leipzig GmbH

Die G. BRAUN TELEFON-BUCHVERLAGE bieten vielfältige Möglichkeiten der Informationsverarbeitung und -verbreitung an. Das Kerngeschäft bilden dabei über 40 Telefonbücher, die zusammen mit der DeTeMedien GmbH, einer hundertprozentigen Tochter der Deutschen Telekom AG herausgegeben und verlegt werden.

Im Jahr 1991 wurde in Leipzig eine Zweigniederlassung und die TVL Telefonbuchverlagsgesellschaft mbH gegründet.

G. BRAUN TELEFON-BUCHVERLAGE (publishers of telephone directories) provide a wide range of services for processing and disseminating information. The company's core business is editing and publishing 40 telephone directories in association with DeTe-Medien GmbH, a one hundred percent subsidiary of Deutsche Telekom AG.
The year 1991 saw the setting up of a branch in Leipzig, where TVL Telefonbuchverlagsgesellschaft mbH was also founded.

Information

Gründungsjahr:
G. BRAUN 1813,
1991 in Leipzig

Mitarbeiter: 141

Leistungsspektrum:
- Herausgabe von Telefonverzeichnissen für Sachsen und Baden-Württemberg
- Herausgabe vom Behördenverzeichnis Baden-Württemberg
- Dienstleistungen von administrativen Vertriebconsultans
- Stadtmagazine.de-Leipzig
- Online Publikationen
- Content Management Systeme
- Projektmanagement Multimedia

Year of foundation:
G. BRAUN 1813,
1991 in Leipzig

Employees: 141

Range of services:
- publication of telephone directories for Saxony and Baden-Württemberg
- publication of the Baden Württemberg public authority directory
- services provided by administrative marketing consultants
- Stadtmagazine.de-Leipzig
- online publications
- content management systems
- multimedia project management

☐
G. BRAUN TELEFON-BUCHVERLAGE GmbH & Co. KG

Niederlassung macht der Schulbuchverlag Klett auf sich aufmerksam. Hier befand sich die Deutsche Buchhändlerbörse; heute pflegt anstelle des 1943 zerstörten Lesestoff-Umschlagplatzes das Haus des Buches als einmalige Literaten-Leser-Arena die gutbürgerliche Tradition anspruchsvoller Lektüre und der Konversation über das gedruckte Wort. Hier entstand vor Jahrhunderten die Praxis einer Buchmesse; heute arbeitet sich die Leipziger Buchmesse neben Frankfurt hoch.

Die Mainhattaner punkten als Profis des zeitgeistigen Bestseller-Business, was Literaturmanager schwärmen lässt. Die Sachsen brillieren mit ihrem kurzen Draht zum Leser. Buchhändler sind entzückt, und Bertelsmann fördert großzügig. Jedes Jahr im März glänzt das Literaturfestival „Leipzig liest" mit knapp tausend Veranstaltungen an drei Tagen und würde sich damit wohl die Palme in der Kategorie massenhafte Qualität beim hautnahen Kontakt zwischen Autoren und Leser im Guinness-Buch der Rekorde verdienen.

Einen Deutschen Bücherpreis gibt es in sieben verschiedenen Kategorien erst seit dem Jahr 2002. Vergeben wird der „Bücher-Oscar" nach dem Ratschluss einer fachkompetenten Jury anlässlich der Leipziger Buchmesse. Ein wichtiger Punktsieg und eine Reverenz an die konsequente Leser-Orientierung der Messe.

Medienstadt Leipzig – in den Angaben, die vom Rathaus ermittelt werden, erscheinen 34 000 Menschen im Bereich Medien. Das ist ein erstrangiger Wirtschaftsfaktor. Der Bereich Print gehört selbstverständlich dazu – mit einer Reihe hervorragend ausgestatteter Druckereien, die Spaß am Herstellen hochwertig ausgestatteter Bücher haben, wie Messedruck Leipzig oder Martin Andersen Nexö in Zwenkau.

Die Zukunft, die längst begonnen hat, steht jedoch im Zeichen der elektronischen Medienstadt. Dominante ist der Mitteldeutsche Rundfunk (MDR) als öffentlich-rechtliche Anstalt für die Freistaaten Sachsen und Thüringen sowie Sachsen-Anhalt. Im Süden von Leipzig gingen im Jahr 2000 die Fernsehzentrale für die drei Bundesländer auf Sendung und der neue Hauptsitz des MDR in Betrieb.

Die Sendezentrale ist komplett digitalisiert und im Moment die modernste in Europa. Auf einem ehemaligen Schlachthofgelände breiten sich zu Füßen des als Riesenbildschirm geformten MDR-Hochhauses die Firmensitze und Studios einer Vielzahl von Produktionsgesellschaften und Mediendienstleistern in der

Fortsetzung Seite 70

sense the consulting services required by firms in eastern Germany over the past 12 years have been absolutely essential.

No wonder, therefore, that Leipzig has attracted all the big names in the consulting and auditing business, such as PwC Deutsche Revision AG, KPMG, Ernst & Young, and Deloitte Touche. It was not until East Germany reverted to a market economy in 1990 that these service providers came here. PriceWaterhouse-Coopers, the biggest of them all, has one of its three Saxon branch offices in Leipzig, the main difference from a west German environment being the large number of small and medium-sized clients. Which is not surprising in a region that learned its first free-market lessons only 12 years ago and, for the time being, can boast only a handful of large enterprises that do not belong to a group of companies.

This means that a consultancy has often worked for a company from its inception, initially providing specific coaching services and giving professional advice that had to make up for a shortage of startup capital. In these exceptional circumstances, a consultant also had to answer a wide range of general questions, giving him and his client profound expertise. Municipal authorities just released from the constraints of centralism were particularly appreciative of the wealth of information passed on to them. In the words of auditors working for KPMG, the experience gathered in the east has for some time now been of interest to municipalities in the west, too. □

Als öffentlich-rechtliche Rundfunkanstalt produziert der MITTELDEUTSCHE RUNDFUNK (MDR) innerhalb der ARD ein Fernsehvollprogramm und acht Hörfunkprogramme für sein Sendegebiet in Sachsen-Anhalt, Thüringen und Sachsen. Neben der Sendezentrale in Leipzig bestehen eine Hörfunkzentrale in Halle/Saale und drei Landesfunkhäuser in Magdeburg, Erfurt und Dresden. Im Internet ist der MDR mit dem Online-Portal „mdr.de" präsent.

MITTELDEUTSCHER RUNDFUNK (MDR) is a public radio and television company within ARD. It broadcasts a full television programme and eight radio programmes in its broadcasting region of Saxony Anhalt, Thuringia and Saxony. In addition to the broadcasting headquarters in Leipzig, there is a radio broadcaster in Halle/Saale and three regional radio houses in Magdeburg, Erfurt and Dresden. MDR is accessible by Internet under the online portal "mdr.de".

Information

Gründungsjahr:
1992

Mitarbeiter:
insgesamt 2010 festangestellte und ca. 2000 feste freie Mitarbeiter in Leipzig, Halle/Saale, Magdeburg, Erfurt und Dresden

Leistungsspektrum:
- öffentlich-rechtliche Rundfunkanstalt
- Fernsehvollprogramm
- 8 Hörfunkprogramme
- Online-Portal mdr.de

Year of foundation:
1992

Employees:
a total of 2,010 employees in full contracts and approx. 2,000 regular freelancers in Leipzig, Halle/Saale, Magdeburg, Erfurt and Dresden

Range of services:
- Public radio and television company
- Full television programme
- 8 radio programmes
- Online portal mdr.de

MITTELDEUTSCHER RUNDFUNK

Media City Leipzig aus. Im Mai 2000 öffnete sie ihre Pforten. Leipzig Fernsehen sendet als kleiner privater lokaler Wettbewerber des MDR. Im Bereich des Hörfunks gibt es neben der großen öffentlich-rechtlichen Anstalt außerdem Radio PSR – Anfang der 1990er-Jahre als erster privater Sender in Sachsen gefeiert –, Hit Radio Antenne Sachsen, Radio Energy und das von Studenten gemachte Rundfunkprogramm Mephisto.

Bestandteil des Medienspektrums ist die Werbewirtschaft. Schon ihrer Bestimmung nach lebt sie in Symbiose mit den übrigen Bereichen der Wirtschaft, denen sie dient. Prächtig gedeiht sie ohnehin erst im Biotop der Konzernzentralen. Denn wo die Wirtschaft kleinteilig ist, sind es die Etats auch. Diese Grundkonstellation hat in Leipzig zwar eine bunte Landschaft kleiner, kreativer Agenturen hervorgebracht. Allein der Nährboden für üppig ausgestattete Full-Service-Agenturen, die große Etats an sich binden und regelmäßig bundesweite Kampagnen aufziehen, fehlt bislang.

Wirtschaftsberatungsgesellschaften – Kompass der Marktwirtschaft

Die Normalität der Wirtschaftsberatung im marktwirtschaftlichen Gefüge kann akute Züge annehmen. Vor allem für Unternehmen, die im Zuge des Strukturwandels dringend reorganisiert oder erst noch konsolidiert werden müssen. Erprobte Algorithmen funktionieren dann nicht mehr automatisch. Man könnte es dringenden Sonderbedarf nennen, was in den vergangenen zwölf Jahren an Wirtschaftsberatung seitens vieler ostdeutscher Unternehmen nachgefragt wurde.

Deshalb sind besonders in Leipzig alle erfahrenen Großen aus der Branche der Wirtschaftsprüfer und -berater präsent – PwC Deutsche Revision AG, KPMG, Ernst & Young und DeloitteTouche. Verglichen mit der Zeit vor 1990, sind alle neu an diesem Standort. Erst die Rückkehr zur Marktwirtschaft in Ostdeutschland erzeugte Nachfrage nach entsprechenden unternehmensnahen Dienstleistungen.

PriceWaterhouseCoopers als international größter Dienstleister auf den Gebieten Wirtschaftsprüfung, Steuer-, Finanz- und Unternehmensberatung unterhält heute in Leipzig eine seiner drei sächsischen Niederlassungen. Ein Unterschied zu den westdeutschen Dependancen von PwC fällt auf: Zur Mandantschaft gehören überdurchschnittlich viele kleine und mittelständische Unternehmen. Das kann noch gar nicht anders sein in einer Region, die ihren marktwirtschaftlichen Urknall vor gerade zwölf Jahren erlebte und vorläufig zumindest nur wenige konzernunabhängige Großunternehmen zählt.

Damit ist die bisherige Dauer des Mandats häufig identisch mit dem Alter des Unternehmens, das beraten wird. Lange Zeitreihen der Bilanzanalyse lassen sich schwerlich aufstellen für Unternehmen, die sich am Anfang ihres Marktauftritts befinden. Das drängt Wirtschaftsberater in die Rolle von Trainern mit einem ganz speziellen Anforderungsprofil. Professioneller Rat gilt dann nicht selten als Kompensation für geringes Startkapital. Talentierte Generalisten aus der Beraterszene werden vor allem gewünscht, weil Sachfragen in außergewöhnlicher Breite zu beantworten sind. Was nicht heißen soll, dass die unter außergewöhnlichen Umständen akkumulierte Expertise nur für die Wirtschaft im Osten Deutschlands nützlich ist. Vor allem das weite Feld der Kommunalberatung für die aus den Fesseln des Zentralismus entlassenen Städte und Gemeinden hat perspektivreiche Ansätze hervorgebracht, an denen längst auch Kommunen aus den westlichen Bundesländern Interesse zeigen, heißt es bei den Wirtschaftsprüfern im Hause KPMG. □

Information

Jahresumsatz Deutschland 2001:
ca.1,5 Mrd. Euro

Leistungen:
Assurance: Attestation, Advisory Services;

Financial Advisory Services: Corporate Finance, Transaction Services, Corporate Restructuring, Forensic;

Tax: Corporate Tax Services, Global Economic Consulting/ Transfer Pricing, Indirect Tax & Custom Services, International Executive Services, Mergers & Acquisitions Tax, eTax;

Legal: in Kooperation mit KPMG Beiten Burkhardt

Annual Turnover (Germany 2001):
approx. 1.5 billion Euro

Services:
Assurance: Attestation, Advisory Services

Financial Advisory Services: Corporate Finance, Transaction Services, Corporate Restructuring, Forensic

Tax: Corporate Tax Services, Global Economic Consulting / Transfer Pricing, Indirect Tax & Custom Services, International Executive Services, Mergers & Acquisitions Tax, eTax

Legal: in cooperation with KPMG Beiten Burkhardt

□
KPMG Deutsche Treuhand-Gesellschaft Aktiengesellschaft Wirtschaftsprüfungs-gesellschaft

Mit Partnern in 152 Ländern gehört KPMG zu den führenden Wirtschaftsprüfungsunternehmen. Allein in Deutschland sind über 9000 hoch qualifizierte Mitarbeiter für KPMG tätig. Mit den Geschäftsbereichen Assurance, Financial Advisory Services, Tax sowie Legal (in Kooperation mit KPMG Beiten Burkhardt) bietet KPMG Unternehmen der unterschiedlichsten Branchen umfassende Prüfungs- und Beratungsleistungen aus einer Hand.
Bei KPMG wird spezialisiertes Branchenwissen aus den jeweiligen Geschäftsbereichen in so genannten Lines of Business gebündelt. Entsprechend den individuellen Anforderungen werden die bestmöglichen Teams zusammengestellt – eine wichtige Voraussetzung dafür, dass Lösungen und Konzepte exakt auf die branchenspezifischen Bedürfnisse des Auftraggebers zugeschnitten werden können.
Die weltweite Vernetzung ermöglicht KPMG darüber hinaus einen internationalen Service – auf der Grundlage einheitlicher Qualitätsstandards und durch den Einsatz modernster Technologien.
Ziel von KPMG ist es, der Zukunft immer einen Schritt voraus zu sein, neue Ansätze auf hohem Qualitätsniveau zu entwickeln und diese gemeinsam mit unseren Mandanten zu messbarem Erfolg umzuwandeln. Dieses Konzept erlaubt es KPMG – über den Abschluss von Prüfungen und Projekten hinaus – dauerhafte und effektive Beziehungen zu internationalen Konzernen, mittelständischen Unternehmen und öffentlichen Verwaltungen aufzubauen.

Am Standort Leipzig ist KPMG bereits seit dem 1. Juni 1990 aktiv. Mit insgesamt über 150 Mitarbeitern bietet KPMG auch hier das gesamte Servicespektrum. Zu den betreuten Unternehmen gehören vorrangig mittelständische und kommunale Unternehmen sowie öffentliche Verwaltungen und Verbände.

With partners in 152 countries, KPMG is one of the world's leading auditing companies. In Germany alone, KPMG has more than 9,000 highly qualified employees. Within its Assurance, Financial Advisory Services, Tax and Legal functions (the latter undertaken in cooperation with KPMG Beiten Burkhardt), KPMG provides companies in a great variety of sectors with comprehensive auditing and advisory services.
KPMG combines specialist sector knowledge in the relevant business areas to form so-called Lines of Business. Optimal teams are compiled in accordance with individual requirements – a basic prerequisite for customizing our solutions and concepts precisely to meet the specific requirements of our clients.
Furthermore, its global network enables KPMG to provide international service – based on uniform quality standards and making use of the most modern technology. KPMG aims always to be one step ahead of the future by developing new high-quality approaches and by transforming these, in cooperation with its clients, into tangible success. Looking beyond the completion of individual audits and projects, this philosophy enables KPMG to build up lasting and effective relationships with large international companies, medium-sized companies and public sector organizations.
KPMG has been providing services in Leipzig since June 1, 1990. With a total of more than 150 employees at this location, KPMG is able to offer its entire range of services. The clients advised are predominantly medium-sized and municipal companies, as well as public sector organizations and associations.

Warenströme strategisch gehandelt

Einzelhandel auf neuen Wegen

☐ Die Krone der Investitionsgeschwindigkeit ließen sich der Einzelhandel und die Gastronomie vielleicht nur von Banken und Versicherungen streitig machen. Weil die Ostdeutschen Marktwirtschaft erleben wollten, floss am Anfang des wirtschaftlichen Wandels Kapital zügig in glanzvolle Ladeneinrichtungen, elektronische Kassen und attraktive Ladenlokale. Sie machten den Wandel bis in die kleinste Gemeinde hinein spürbar.

Gänzlich neue Wettbewerbsteilnehmer waren die durchrationalisierten Einzelhandelsketten, die marktführenden Warenhauskonzerne und die Projektentwickler, denen gigantische Einkaufszentren vorschwebten. Die dafür benötigten Flächen standen im Weichbild der Stadt Leipzig reichlich zur Verfügung, und die mit zweifelhaften Kompromissen überladene Raumordnung aus der Agonie-Phase der DDR legte den Investoren kaum Steine in den Weg. Proportional zur Einwohnerschaft und Größe wiederholte sich dieses Expansionsmuster des Einzelhandels in allen Städten und Gemeinden.

Letztlich waren die großflächigen Einzelhändler viel mutiger in ihren Investitionsentscheidungen, als die Einkommensentwicklung der umworbenen Kundschaft an Dynamik überhaupt hergab. Deshalb signalisierte die IHK zu Leipzig mit Blick auf sieben riesige Einkaufszentren rund um die Großstadt frühzeitig: „Die Grüne Wiese ist voll."

So bleibt zu den Koordinaten des Einzelhandels in der westsächsischen Wirtschaftsregion im Jahr 2002 festzuhalten: Der allmähliche wirtschaftliche Aufholprozess und konjunkturelle Einflüsse verschaffen den hier lebenden Menschen eine um 20 Prozent geringere Kaufkraft als im Durchschnitt der westlichen Bundesländer und dem Einzelhandel eine Konkurrenzsituation mit intensivem Preiswettbewerb, der strategisch aber nur mit Qualität beizukommen ist. Denn die gerade erst abgeebbten Boomjahre der Flächenexpansion brachten weit über 1,6 Quadratmeter Einzelhandelsfläche pro Kopf im IHK-Bezirk Leipzig, und

Fortsetzung Seite 75

A new beginning for retailers

☐ *The retail and catering trades were probably the two sectors attracting most capital after the changeover to a market economy. In the early 1990s the people of eastern Germany felt they had been denied glittering shops and related fittings such as electronic checkout terminals for too long, and even the smallest village store was modernized.*

Local shops now had to face a completely new type of competition from streamlined retail chains, big department stores and developers planning gigantic shopping centers. Leipzig had sufficient space for such expansion, and the regional planning policies left over by a moribund state contained few legal impediments. Similar patterns of investment followed in towns and cities of all sizes, with large chain stores creating much more selling space than required considering the modest growth in their customers' earnings. After a total of seven shopping centers had been built on the outskirts of the city, Leipzig's Chamber of Industry and Commerce issued an early warning that no more greenfield sites were needed.

The overall picture for the west Saxon region in 2002 then is one of a slow economic catching-up process and cyclical factors limiting people's purchasing power to 80 percent of the west German average, and of fierce competition and price wars in the retail sector. Strategically, the only way out of this dilemma is to improve the quality of retail outlets presently offering over 1.6 square meters of sales area per head in the district served by Leipzig's Chamber of Commerce. This is way above the 1.2 square meters available in the western part of the country where incomes are higher.

One gratifying development of the recent past is that some purchasing power has been redirected from outlying megastores to the inner city. The trend reversal began in 1997 when Leipzig's Central Station had been renovated and converted into a place for shopping, catering and entertainment by ECE Projektmanagement GmbH, a subsidiary of Otto, the mail-

Continued on page 75

Handling the flow of goods

1997 öffneten die Promenaden Leipzig Hauptbahnhof nach zweijährigen erheblichen Umbauarbeiten. 140 Einrichtungen des Handels und der Gastronomie mit einem Gesamtumsatz von 160 Millionen Euro pro Jahr locken Besucher aus nah und fern an. Geschätzte 80 Millionen waren es nach drei Jahren.

The promenades at Leipzig's main station opened in 1997 following two years of extensive conversion work. 140 shops, restaurants and eating places with a total sales volume of 160 million Euro per year attract visitors from near and far. The numbers have been estimated at 80 million over a three year period.

Londa ist ein international angesehenes Unternehmen der Beauty-Branche. Als starker Partner für Friseure und Endverbraucher entwickelt das Haarkosmetikunternehmen Londa qualitativ hochwertige, umweltfreundliche Produkte in den Bereichen Farbe, Welle, Pflege und Styling, die stets dem neuesten Stand der Wissenschaft entsprechen. Sie präsentieren sich in jungem, kosmetischem Design und sind exakt auf die Kundenwünsche zugeschnitten. Professioneller Full Service, zu dem auch Schulungen und Seminare im neuen, modernen Fachstudio gehören, stellt den Kunden in den Mittelpunkt des Denkens. Doch Londa ist nicht nur ein erfolgreicher Markenartikelhersteller einer breiten Palette hochwertiger Haarkosmetik. Londa ist vielmehr eine eigenständige, lebendige, emotional erlebbare Marke, die für ganzheitliche Ästhetik und besonderen Service steht. Sie spricht Menschen an, die offen, selbstbewußt, authentisch und anspruchsvoll sind – Menschen mit individueller Ausstrahlung und eigenem Stil. Denn: Schönes Haar hat einen Namen.

Londa is an internationally renowned company in the beauty sector. As a competent partner to hairdressers and consumers, Londa produces high-quality, environmentally-friendly state-of-the-art hair cosmetics products, including hair colouring and waving products as well as care and styling products. These come in youthful designs, exactly tailored to the requirements of the cosmetics market and customer tastes. The professional full service, which includes training courses and seminars held in new, modern studios, is designed with the customer in mind.
But Londa is more than just a successful producer of a broad range of branded articles in the high-quality hair cosmetics sector. Londa is an independent, lively, emotionally attractive brand which stands for all-inclusive aesthetic appeal and special service. Londa appeals to people of open, self-confident, genuine and discerning nature – people with individual charisma and their own personal style. Because beautiful hair has a name – Londa.

Stil

Information

Historie:
entstanden 1956 aus der 1880 gegründeten Ströher-Gruppe

Mitarbeiter: 293

Leistungspektrum:
modernes, internationales Haarkosmetikunternehmen für den Friseur und Endverbraucher

Standorte:
- Leipzig (Zentrale)
- Rothenkirchen (Zweigstelle)

Tochtergesellschaften:
Ungarn, Rumänien, Russland, Tschechien, Polen mit Sitz in der jeweiligen Hauptstadt

Export:
in ca. 30 Länder, vorwiegend Osteuropa und Asien

History:
developed 1956 from the 1880 founded Ströher Group

Employees: 293

Range of services:
modern, international hair cosmetics company serving hairdressers and consumers

Locations:
Leipzig (headquarters)
Rothenkirchen (branch)

Subsidiary companies in:
Hungary, Rumania, Russia, Czech Republic and Poland, with headquarters in the capital city of each

Export:
to approx. 30 countries, primarily within eastern Europe and Asia

□
Londa GmbH, Leipzig

Information

Gründungsjahr:
1993

Leistungsspektrum:
- Lohnarbeit für Damenoberbekleidung
- Eigenmarke EDITION LOTZMANN
- Corporate Fashion
- Industrie- und Osteuropa-Beratung

Year of foundation:
1993

Range of services:
- way labour in the women´s fashion sector
- own EDITION LOTZMANN brand
- corporate fashion
- consulting for industry and for those doing business in Eastern Europe

☐
Unternehmensgruppe LOTZMANN

MODE TRIFFT QUALITÄT UND KOMPLEXITÄT

Die Unternehmensgruppe LOTZMANN befasst sich gesamtheitlich mit hochwertiger Damenoberbekleidung.
Dabei reicht das Spektrum von Produktion in Lohnarbeit über Entwicklung und Produktion von Corporate Fashion bzw. Eigenmarken in fremdem Auftrag bis hin zu Entwicklung, Produktion und Vertrieb der Eigenkollektion EDITION LOTZMANN.
Beratungsleistungen in den Segmenten Marketing, Unternehmensgründung/-sanierung und Osteuropa-Handel bzw. Osteuropa-Industrieengagement sind weitere Schwerpunkte der Unternehmensgruppe.

FASHION TEAMS UP WITH QUALITY AND COMPLEXITY

The LOTZMANN Group is entirely concerned with high-quality women´s fashion. This involves wage labour production, designing and producing corporate fashion/contracted-out company-own brands, all the way to developing, producing and marketing the company's own brand LOTZMANN collection.
The LOTZMANN Group also concentrates on providing consulting services in the areas of marketing, establishing new companies, rehabilitation of companies and commitment of companies in Eastern Europe.

das ist erheblich mehr als die 1,2 Quadratmeter pro Kopf in den westlichen Bundesländern, die obendrein von höheren Einkommen profitieren.

Erfreulich ist, dass sich für den Geldfluss im Einzelhandel ein Gezeitenwechsel abzeichnet. Nach anfänglich massiver Sogwirkung des dezentralen großflächigen Einzelhandels strömt Kaufkraft in die Großstadt zurück. Die Signalwirkung ging vom 1997 abgeschlossenen Umbau des Leipziger Hauptbahnhofs zu einem Einkaufs-, Gastronomie- und Unterhaltungszentrum aus. Initiator und Betreiber ist die ECE Projektmanagement GmbH, eine Tochtergesellschaft des Versandhandelskonzerns Otto.

140 Läden mit günstigen Öffnungszeiten und einem attraktiven Branchen-Mix ziehen Kaufkraft wieder von der „Grünen Wiese" ab und strahlen positiv auch auf den übrigen innerstädtischen Einzelhandel aus. Einige Jahre schien es, dass in Leipzigs City der Einkaufspalast von Peek & Cloppenburg der einzige Kauf-

order firm. The complex now houses 140 shops with convenient opening hours. In the nearby city center, Peek & Cloppenburg's new department store appeared to be the only major investment project for a couple of years, but in the meantime Kaufhof has followed suit and Breuninger is to build an outlet with outstanding architectural features for its range of clothing in a prestigious location adjoining the Market in 2003. Karstadt, another major retailer, is presently looking for a suitable building site. All are, of course, thinking of the rise in incomes expected after the BMW plant comes on stream.

While these are more recent statistics, the earliest, and leading, investor in Leipzig's retail sector was and is Quelle (Europe's largest mail-order company), who between 1992 and 1995 pumped some 500 million Euro into a new warehouse in the north of Leipzig which is among the biggest and most modern worldwide. It has long become Quelle's logistic backbone,

Großflächiger Einzelhandel auf der „Grünen Wiese.“ Am Saale Park an der Landesgrenze zwischen Sachsen und Sachsen-Anhalt lässt sich ablesen, was das für Handels- und Käuferströme bedeutet. Mittlerweile locken renovierte und modernisierte Innenstädte mit attraktiven Handelseinrichtungen einen Teil der Kaufkraft wieder zurück.

Large scale retail on a green field site. Saale Park, located on the border between the federal states of Saxony and Saxony-Anhalt, demonstrates the importance of such sites to sales and to shoppers. But, renovated, modernized inner cities offering attractive outlets are now enticing some shoppers back.

haus-Neubau bleiben wird, doch inzwischen hat im Herzen der Stadt auch Kaufhof gebaut, und Breuninger will ab 2003 am Ausnahmestandort Markt nicht nur mit seinem Textilsortiment, sondern auch architektonisch glänzen. Wird Karstadt mit einem Grundstück fündig, will sich auch dieser Kaufhausriese eine passende Hülle in Leipzig geben. Den Wohlstandsfaktor BMW-Ansiedlung haben all diese Investitionen unausgesprochen längst einkalkuliert.

So verständlich die Fixierung der Verbraucher auf ihre geliebte Leipziger Innenstadt ist, so eindeutig ist in der Investitionsstatistik des Leipziger Einzelhandels die frühzeitig errungene Führerschaft von Quelle. Rund 500 Millionen Euro investierte der Versandhandelskonzern zwischen 1992 und 1995 in sein logis-

employing over 2,000 people during seasonal peaks and shipping 25 million parcels per year.

To round off the picture, mention should be made of Leipzig's wholesale sector, which, according to the Saxon Association of Wholesalers and Export Trading Companies, numbers 619 firms, with a total workforce of 5,950. Its scope has long extended beyond traditional markets in eastern Europe, particularly through the efforts of MaxiCom, a center supported by the organizers of the Leipzig trade fairs and seeking wholesale ties with China and other countries in east and southeast Asia. MaxiCom's building already accommodates a number of Chinese company agents, indicating the desire to become a hub of German-Chinese trade.

Information

Gründungsjahr:
Dezember 1993

Mitarbeiter:
450

Leistungspektrum:
- 220 000 Quadratmeter Grundfläche
- 36 000 Quadratmeter Nettoverkaufsfläche
- über 60 Geschäfte
- über 250 000 Haushalte im Einzugsgebiet, je zur Hälfte in Leipzig und im Umland

Year of foundation:
December 1993

Employees: 450

Range of services:
- 220,000 square metres of floor space
- 36,000 square metres of net sales area
- more than 60 shops
- more than 250,000 households in catchment area, half in Leipzig and half in surrounding area

Right from the outset, the Pösna Park shopping center was set on becoming the largest service provision and supply center for southeast Leipzig, for a large part of the surrounding area and for the Muldental district. Pösna Park has excellent transport links, appealing architecture expressed in the angular design of the mall, two glass domes covering pleasant green areas and open, much frequented shops offering an attractive mix of goods.
The diverse range includes textiles and shoes, attractively priced discount food shops, furniture, interior design, cosmetics, books etc. Various eating places round off the enjoyable shopping experience. Customers appreciate Pösna Park as a pleasant place to shop, with everything under one roof, and enjoy the regular promotional initiatives and events.

Das Einkaufszentrum Pösna Park entwickelte sich vom Start weg zum größten Dienstleistungs- und Versorgungszentrum für den Südosten von Leipzig und ein weites Einzugsgebiet im Leipziger Land sowie im Muldentalkreis. Pluspunkte, die für den Pösna Park sprechen, sind die ausgezeichnete Verkehrsanbindung, die ansprechende Architektur mit einer gewinkelten Mall, offenen, hoch frequentierten Läden und zwei Glaskuppeln mit Grünzonen als gestalterische Zeichen sowie der attraktive Branchenmix.
Vom gut vertretenen Textil- und Schuhbereich über preisaktive Lebensmitteldiscounter bis zu den Sortimenten Möbel, Wohnraumgestaltung, Kosmetika und Bücher erwartet die Kunden ein breit gefächertes Angebot. Gastronomische Einrichtungen runden das Einkaufserlebnis ab. Kunden schätzen den Pösna Park als vollständig überdachtes „Center der kurzen Wege“ und lassen sich von den regelmäßigen Aktionen und Veranstaltungen verzaubern.

□
Pösna Park Centerverwaltung GmbH

Information

Gründungsjahr:
1992

Mitarbeiter:
über 500 in 16 Beteiligungsunternehmen im In- und Ausland

Leistungsspektrum:
- Schrottrecycling und Entsorgung von Abfällen
- über 50 Stahlwerke und Gießereien werden regelmäßig mit Sekundärstoffen versorgt
- über eine Million Tonnen Eisenschrott werden jährlich umgeschlagen

Gruppenumsatz:
über 150 Millionen Euro jährlich

Year of foundation:
1992

Employees:
over 500 in 16 subsidiaries and affiliated companies in Germany and abroad

Range of services:
- Scrap recycling and waste disposal
- More than 50 steel plants and foundries are supplied regularly with secondary materials
- Over a million tonnes of iron scrap are handled each year

Group turnover:
More than 150 million Euro each year

□
Scholz Recycling GmbH, Leipzig

Die Scholz Recycling GmbH verarbeitet Schrott an verschiedenen Standorten mittels Großscheren, Shredderanlagen und Schienenbrechern. Großstückiger Schrott muss vor der maschinellen Verarbeitung manuell vorbereitet werden.

In its various locations, Scholz Recycling GmbH uses large-scale shears, shredder systems and rail breakers to handle scrap. Bulky scrap has to be dealt manually before machine processing.

Großshredderanlage zur Aufbereitung von Konsumschrott

Large shredder system for the processing of consumer scrap

Zerlegung von ausgesonderten Schienenfahrzeugen

Dismantling decommissioned track vehicles

Das MaxiCom an der Leipziger Messe gewinnt zunehmend an Profil für den Handel mit Ostasien und osteuropäischen Staaten. Zahlreiche Großhandelsfirmen haben sich dort bereits niedergelassen.

At the Leipzig exhibition center, the MaxiCom is becoming ever more important in terms of trade with East Asia and the eastern European states. A number of wholesale companies have already taken up residence there.

tisch auf dem neuesten Stand durchorganisiertes Versandzentrum im Norden von Leipzig. Es zählt in seiner Branche zu den größten und modernsten weltweit. Mit weit über 2000 Mitarbeitern während der saisonalen Nachfragespitzen und einer Jahresleistung von 25 Millionen Kundenpaketen ist Leipzig für Quelle längst zum logistischen Rückgrat aufgestiegen.

Ohne einen Blick auf den Großhandel bliebe das Bild vom Leipziger Handel fragmentarisch. 619 Betriebe mit insgesamt 5950 Beschäftigten zählt in Leipzig der Landesverband des Sächsischen Groß- und Außenhandels/Dienstleistungen e. V. Ihre Aktivitäten reichen längst über das klassische Kompetenzfeld Osteuropa hinaus. Eine besondere Rolle spielt dabei mit aktiver Förderung durch die benachbarte Leipziger Messe das Handelszentrum MaxiCom. Sein Name steht für maximale Kommunikation, sein Profil für Großhandel über Kontinente hinweg. Insbesondere im Wirtschaftsaustausch mit China und anderen Ländern in Ost- und Südostasien punktet das MaxiCom, das zu einer Drehscheibe des deutschen China-Handels aufsteigen will und bereits zahlreiche Firmenrepräsentanzen aus dem Reich der Mitte beherbergt.

Leipziger Messe – Forum des Handels, Motor des Wandels

Denken die Deutschen an Leipzig, assoziieren sie mit dieser Stadt zuallererst die Messe. Das geht immer wieder aus Umfragen des Leipziger Instituts für Marktforschung hervor. Zugleich beschreibt dieses Meinungsbild einen geradezu einmalig günstigen Ausgangswert auf dem Gebiet der Markenbekanntheit für die älteste Messe der Welt.

Fortsetzung Seite 82

The Leipzig trade fairs – encouraging commerce and change

Germans who think of Leipzig will first associate the city with its trade fairs, as has been found in repeated polls undertaken by the local Market Research Institute. In terms of an awareness test, this would augur extremely well for the world's oldest sample fair, which since 1990 has gone through the dramatic experience of redefining its position among competing events the world over. All of these are now tradeshows specializing in a particular range of products or services, and finding the right niche in Germany's highly competitive market required a good feel for emerging trends.

Continued on page 82

700 Apotheken in den Bundesländern Sachsen, Thüringen, Sachsen-Anhalt und Brandenburg bestellen drei- bis sechsmal täglich mittels Datenfernübertragung nach vereinbarten Bestellzeiten.

700 pharmacies in the Federal states of Saxony, Thuringia, Saxony Anhalt and Brandenburg place their orders three to six times a day by data transmission on the basis of agreed ordering times.

Hochmoderner Neubau des pharmazeutischen Großhandels, seit April 1998 in Betrieb

State of the art new construction of the pharmaceutical wholesaler, in operation since April 1998

Modernste Kommissioniertechnik mit über 70 Prozent Automatisierung ermöglicht die tourenplanmäßige Auslieferung bereits 20 Minuten nach Bestelleingang. Dabei legen ca. 130 Fahrzeuge eine tägliche Fahrstrecke von 40 000 km zurück.

State of the art making out of production orders with over 70 percent automation enables the scheduled delivery as early as 20 minutes after the receipt of the order. In this, approximately 130 vehicles cover a daily route of 40,000 km.

Information

Gründungsjahr: In Rechtsnachfolge seit 1919 als pharmazeutische Großhandlung etabliert, Mitte 1994 Überleitung in die PHOENIX Pharmahandel AG & Co KG Mannheim

Mitarbeiter: 185

Produktspektrum:
- apothekenexklusives Handelssortiment
- Arzneimittel und gleichgestellte Erzeugnisse
- medizintechnische Verbrauchsmaterialien
- Mittel zur Körper- und Gesundheitspflege

Standorte: neben dem Vertriebszentrum Leipzig weitere 18 Niederlassungen allein in Deutschland

Umsatz: ca. 350 Millionen Euro

Year of foundation: Established as a legal succession in 1919 as a pharmaceutical wholesaler; take over by PHOENIX Pharmahandel AG & Co KG Mannheim in the middle of 1994.

Employees: 185

Range of products:
- Range of trade products, sold exclusively in pharmacies
- Medicaments and products of identical status
- Technical medical expendables
- Body care products and health products

Locations: 18 outlets in Germany alone in addition to the Leipzig distribution centre

Sales volume: Approx. 350 million Euro

□

PHOENIX Pharmahandel AG & Co KG Mannheim, Vertriebszentrum Leipzig

Die Jahre seit 1990 waren für Leipzig eine Phase intensiver und zeitlich atemberaubend dichter Standortbestimmung in der internationalen Messelandschaft. Die heutigen Marktplätze für Waren und Ideen bieten für nahezu jedes Spezialthema die passende Veranstaltung am geeigneten Ort. Das gilt in besonderem Maße für den extrem kompetitiven Messestandort Deutschland. Wer sich hier behaupten will, muss ein sicheres Gespür für Trends beweisen.

Die Leipziger Messe hat sich in kurzer Zeit vom kompakten Generalisten mit den früheren Traditionsveranstaltungen Frühjahrs- und Herbstmesse zu einem innovativen Anbieter wichtiger Themen entwickelt. Das geschah unter dem Druck des wirtschaftlichen Wettbewerbs ungefähr so, als müsste – passend zum Schwung heutiger unternehmerischer Abläufe – inmitten einer tosenden See von zwei träge schwimmenden Supertankern auf eine Armada höchst mobiler Schnellboote gewechselt werden. Ihr Spezialauftrag: Kurs halten und trotzdem neue Ziele ansteuern.

Das Leipziger Messeprogramm mit inzwischen über dreißig eigenen Veranstaltungen in jedem Jahr reicht von Publikumsmessen im Bereich Freizeit und Reisen über die langsam in ein Europaformat wachsende Messe Automobil International, die sich in ihrem Fach im bundesweiten Vergleich schon auf Rang zwei hochgearbeitet hat, bis zu Fachmessen auf Gebieten wie Energie, Umwelt, Medizin- und Rehatechnik. Letztere ist sogar Weltleitmesse auf ihrem Gebiet.

Attraktive, ausbaufähige Nischen, so zum Beispiel Denkmalpflege und Sanierung historischer Bausubstanz, wurden zu eigenen Messethemen entwickelt, die – im Fall der „denkmal" – inzwischen sogar als Exportgut angeboten werden.

Für den radikalen Umbau des Leipziger Messekalenders stehen vor allem zwei Namen: Den Anfang vollzog Kurt Schoop. Er kam mit einigen Jahrzehnten Berufserfahrung im internationalen Messewesen im deutschen Einheitsjahr aus Düsseldorf an die Pleiße. Und er sprach schonungslos aus, was die Leipziger heimlich zwar längst ahnten, indes als bittere Erkenntnis öffentlich noch verschwiegen – mit den Universalmessen ist es auf den heutigen schnellen und hoch spezialisierten Märkten unwiderruflich vorbei.

Eine Frischzellenkur wurde verordnet. So wie hundert Jahre zuvor, als den Leipzigern mit ihrem scharfen Schwenk von der klassischen Waren- zur Mustermesse die passende Innovation glückte.

Fortsetzung Seite 86

Within a short period, the previous pattern of holding general-purpose fairs in the spring and fall of each year was abandoned in favor of a multitude of innovative and specialist events. Expressed in nautical terms, it was like leaving two sluggish supertankers rolling in heavy seas for a fleet of speedboats which had to hold course and then head for new destinations. In the meantime, the annual program has been expanded to include more than 30 events, some attracting general audiences with such themes as leisure, travel and a motor show (Automobil International) now about to reach a European dimension and the second largest of its kind in Germany. Others are devoted to specialist subjects including energy, the environment and medical and rehabilitation equipment, the latter being the world's leading tradeshow in the field.

One promising niche, the preservation of monuments and the rehabilitation of historical buildings, has been exploited by organizing separate fairs on either subject, with the one devoted to the protection of monuments now offered for export.

This radical change was basically the work of two people, the first being Kurt Schoop, who came to Leipzig in 1990 with several decades of experience in organizing international fairs. He frankly stated in public what the locals had long suspected but never dared to admit – general-purpose fairs had outlived their usefulness for a market that demanded instant action and a high degree of specialization. Schoop ordered a sharp turnabout similar to the one performed by the locals a hundred years earlier when they changed from staple fairs to sample fairs.

To provide the infrastructure for a wide variety of new tradeshows, the existing fairground, which was basically 70 years old, would have needed conversion, causing delays and a number of makeshift arrangements that would have sealed Leipzig's fate as a center of trade. In this situation, Schoop proposed to abandon the old concept of holding fairs in or near the city center with its restrictions on space. Instead, he helped bring about a decision to invest 650 million Euro in the erection of a state-of-the-art Exhibition Center to the north of Leipzig.

The project, which came as something of a culture shock for those who had been proud of a long commercial tradition, was implemented between 1992 and 1996. It consisted of five exhibition halls with a combined floor space of 120,000 square meters, a huge glass pavilion designed as an architectural landmark, a conference center, office building and high-

Continued on page 86

Information

Gründungsjahr:
2002 hervorgegangen aus den traditionsreichen Firmen Jütte Druck GmbH (gegründet 1873) und Messedruck Leipzig GmbH (gegründet 1906)

Mitarbeiter: 80

Leistungsspektrum:
- Druck und Logistik
- Weiterverarbeitung
- Repro, Layout und ctp-Belichtung
- Neue Medien

Year of foundation:
2002, through the fusion of the long-standing companies Jütte Druck GmbH (founded in 1873) and Messedruck Leipzig GmbH (founded in 1906)

Employees: 80

Range of services:
- Printing and logistics
- Further processing
- Repro, layout and ctp exposure
- New media

□
Jütte-Messedruck Leipzig GmbH

Jeder möchte sich seinen Kunden optimal und professionell präsentieren. Aber wie? Da ist man bei der Jütte-Messedruck Leipzig GmbH genau richtig. Das Unternehmen bietet neben der Herstellung von Druckerzeugnissen auch Dienstleistungen rund um Daten an. Dazu gehört das Geschäftsfeld Neue Medien mit der Erstellung von Datenbanken oder die Programmierung von Internetauftritten. Im Mittelpunkt steht aber immer noch der Druck von Broschuren, Zeitschriften, Büchern und Plakaten. Die printmäßige Begleitung von Werbekampagnen stellt durch die vorhandenen Druckkapazitäten kein Problem dar. Von der Beratung bis zur Fertigstellung erhalten die Kunden alles aus einer Hand, denn so verkürzen sich Wege und Herstellungszeiten und man erhält individuelle und qualitativ hochwertige Informationsmaterialien in kürzester Zeit.

All of us want to present ourselves to our customers in an optimum and professional manner. But how? Well, this is where Jütte-Messedruck Leipzig GmbH comes in. In addition to the production of printed products, the company offers services relating to data. These include the business field of new media with the creation of databases and programming Internet websites. However, the company still focuses mainly on printing brochures, magazines, books and posters. The existing printer capacities are sufficient to deal with all printing requirements relating to advertising campaigns. Customers get all they need from one source from preliminary advice through to fulfilment, as this is the best way to speed up processes and manufacturing times while guaranteeing individual and high-quality information material in the blink of an eye.

Information

Gründungsjahr:
1990

Mitarbeiter:
270

Leistungsspektrum:
Durchführung von Messen, Kongressen und Events

Tochtergesellschaften:
- DMA – Messe-Marketing und Ausstellungsgesellschaft mbH
- MaxicoM GmbH – Euro-Asia Business Center Leipzig
- Liegenschaftsgesellschaft mbH Facility and Event Management
- Fairnet – Gesellschaft für Messe-, Ausstellungs- und Veranstaltungsservice mbH
- Leipziger Messe Gastronomie GmbH
- Leipziger Messe Verlag und Vertriebsgesellschaft mbH

Umsatz:
56,2 Millionen Euro (2001)

Auslandsvertretungen:
29

Die Glashalle im Zentrum des neuen Leipziger Messegeländes. Insgesamt stehen den rund 11 000 Ausstellern im Jahr 102 500 Quadratmeter Fläche in fünf Hallen und 30 000 Quadratmeter auf dem Freigelände zur Verfügung.

The Glass Hall in the centre of the new Leipzig Trade Fair grounds. In total, the 11,000 exhibitors that come here each year have at their disposal 102,500 sq. m. of space in five halls and 30,000 sq. m. outside in the grounds.

Jährlich finden rund 130 Konzerte, Sportveranstaltungen, Ausstellungen, Galas, Bälle und Gastmessen statt, die rund 700 000 Besucher in ihren Bann ziehen.

Each year, 130 concerts, sporting events, exhibitions, galas, balls and guest trade fairs are held here, attracting roughly 700,000 visitors.

Werner M. Dornscheidt leitet seit 1999 mit neuem Schwung die Geschicke der achtgrößten deutschen Messe.

Since 1999, Werner M. Dornscheidt has breathed new life into the workings of Germany's eighth largest trade fair.

□ **Leipziger Messe GmbH**

Prunkstück im Messekalender: Auf der „Auto Mobil International“ bieten rund 400 Aussteller einen kompletten Überblick zu Entwicklung und Trends der internationalen Automobilwirtschaft.

The highlight of the trade fair calendar: at the "Auto Mobil International", roughly 400 exhibitors offer a comprehensive overview of the development and trends in the international automobile business.

Die Kunden der Leipziger Messe erwartet eine faszinierende Stadt ohne Sperrstunde: Über 1000 Kneipen und Restaurants machen die Nacht zum Tage.

Customers at the Leipzig Trade Fair can expect to find a fascinating city that never sleeps. More than 1,000 bars and restaurants turn night into day.

Das Congress Center Leipzig (CCL) auf dem Messegelände verbindet höchste architektonische und ästhetische Ansprüche mit modernster Multimedia- und Telekommunikationstechnologie.

The Congress Center Leipzig (CCL) on the trade fair grounds combines highest architectural and aesthetic standards with state of the art multimedia and telecommunications technology.

Information

Year of foundation: 1990

Employees: 270

Range of products: Holding of trade fairs, congresses and events

Subsidiaries:
- DMA – Messe-Marketing und Ausstellungsgesellschaft mbH
- MaxicoM GmbH – Euro-Asia Business Center Leipzig
- Liegenschaftsgesellschaft mbH
- Facility and Event Management
- Fairnet – Gesellschaft für Messe-, Ausstellungs- und Veranstaltungsservice mbH
- Leipziger Messe Gastronomie GmbH
- Leipziger Messe Verlag und Vertriebsgesellschaft mbH

Sales volume: 56.2 million Euro (2001)

Representations abroad: 29

Leipziger Messe GmbH

Information

Gründungsjahr: 1991
Mitarbeiter: 75
Niederlassungen: Berlin, Dresden, München, Potsdam, Jena, Kiew
Umsatz: 12,5 Millionen Euro (2001)

Year of foundation: 1991
Employees: 75
Branches: Berlin, Dresden, Munich, Potsdam, Jena, Kiev
Sales volume: 12.5 million Euro (2001)

□
Messeprojekt GmbH
Leipzig

Messeprojekt is a full service provider for the idea, the draft, the project management and the realisation of trade fair booths. The company also uses its professional Fairnet network partners to offer the full range of services, from corporation consulting through to event management. Messeprojekt not only supports its customers in Germany and Europe, but throughout the world as well.
Picture: Mercedes-Benz trade fair booth at the Motor Show Essen (2001) - realised by Messeprojekt GmbH

Messeprojekt ist ein Fullserviceunternehmen für die Idee, den Entwurf, die Projektierung und Realisierung von Messeständen. Über seine professionellen Fairnet-Netzwerkpartner bietet das Unternehmen auch die gesamte Dienstleistungspalette vom Corporation Consulting bis zum Eventmanagement an. Messeprojekt begleitet seine Kunden nicht nur in Deutschland oder Europa, sondern weltweit.
Bild: Messestand Mercedes-Benz zur Motorshow Essen (2001) - realisiert von der Messeprojekt GmbH

Für das durchlüftete und aufgefrischte Programm von Fachmessen musste zugleich eine komplett neue Infrastruktur her. Ein Umbau des vorhandenen, im Kern siebzig Jahre alten Messegeländes hätte während der Bauzeit Provisorien erzwungen und die Leipziger chancenlos ins Abseits gedrängt. Kurt Schoop setzte die Entscheidung durch, für 650 Millionen Euro im Norden von Leipzig ein völlig neues Messegelände auf dem neuesten Stand der Technik zu bauen und bewusst die lange Traditionslinie der innerstädtischen, aber räumlich beengten Messen aufzugeben. Das ging zunächst an den Nerv der stolzen Leipziger, denen fast ein Kulturschock zugemutet wurde.

Zwischen Spätsommer 1992 und April 1996 wuchsen die fünf Ausstellungshallen mit zusammen 120 000 Quadratmeter Fläche, die zentrale Glashalle als architektonische Marke, das Congress Center und das Messehaus nebst strahlendem Turm in die Höhe. Dieses Messegelände bildet die Ausgangsbasis für den mutigen Schritt der fast 840 Jahre zählenden Leipziger Messe in das 21. Jahrhundert.

rise tower, all providing a new home in the 21st century for a trade fair that looked back on a history of almost 840 years.

In the fall of 1999, Kurt Schoop was succeeded by Werner Matthias Dornscheidt, who preferred the post in Leipzig to that of managing director for the trade fair in Düsseldorf. His main concern has been to open up new markets and reinforce ties with east European countries, thus giving managers a clear and promising geographic orientation. In addition, he has generated business for the conference center by attracting conventions and gatherings of marketing experts, political parties, military commanders, the Association of German Municipal Corporations and the general meetings of leading companies. Apart from its practical layout, efficient organization and excellent communications the new Exhibition Center has another strong point, or "soft" factor speaking in its favor. This is the motivation of its staff as regularly measured by independent and anonymous tests, which is extremely helpful in the strenuous job of organizing trade fairs. □

Steuermann an der Spitze der Geschäftsführung des Unternehmens Leipziger Messe ist seit Herbst 1999 Werner Matthias Dornscheidt. Ihn reizte die Herausforderung in Sachsen mehr als ein Geschäftsführerposten bei der Messe Düsseldorf. Dornscheidt brilliert mit einem engmaschigen Netz von Wegen und Pfaden auf neue Märkte. Daneben steht er glaubwürdig für den energischen Wandel der Osteuropa-Kompetenz der Leipziger von einem zwischenzeitlichen Lippenbekenntnis in reale Geschäftspolitik. Entschlossen hat der Messe-Profi die geografische Kompassnadel der Geschäftsentwicklung wieder in eine ausbaufähige Richtung gedreht. Außerdem wandelte sich die Entschlüsselung des weltweit bekannten Doppel-M von ursprünglich „Mustermesse“ zu jetzt „Messen und mehr“. Insbesondere das Kongressgeschäft wird angekurbelt. Vom Deutschen Marketing-Verband über die politischen Parteien bis zu den Kommandeuren der Bundeswehr, dem Deutschen Städte- und Gemeindetag und den Hauptversammlungen bedeutender Konzerne tagte hier bereits so ziemlich jede Körperschaft, die Rang und Namen hat.

Was die Leipziger Messe heute stark macht, ist neben ihrer praktischen und damit der Effizienz des Auftritts dienlichen Architektur und ihrer exzellenten Kommunikations-Infrastruktur vor allem die hohe Dienstleistungsbereitschaft aller Mitarbeiter. Regelmäßige anonyme und unabhängige Tests würdigen diesen angeblich „weichen“ Faktor, der über den Erfolg im harten Messe-Alltag entscheidet, ganz besonders. □

Die Leipziger Buchmesse – in jedem Frühjahr zusammen mit dem Literatur-Festival „Leipzig liest“ und der Verleihung des Deutschen Bücherpreises der ganz große Magnet für das Lesepublikum.

The Leipzig book fair, held every spring along with the "Leipzig reads" literary festival and the German Book Prize awards, is a mega magnet to the reading public.

Industrie - neu strukturiert

Zündendes Spannungsfeld von Stimmung und Lage

☐ Auch in Westsachsen gilt: Die Ungeduld der Menschen vor Ort, die endlich wieder mehr produzierende Unternehmen mit attraktiven Arbeitsplätzen sehen wollen, ist verständlich. Denn Geduld ist eine rare Tugend, wenn quer durch dir gesamte Bevölkerung spürbare Fortschritte in der Angleichung der Lebensverhältnisse erwartet werden.

Unter dem Strich kann sich die Leipziger Wirtschaftsregion seit 1990 nicht über mangelnde Investitionen beklagen. Anfangs waren sie jedoch – bedingt durch Abschreibungsmöglichkeiten und die Fördersystematik des Bundes – seitens privater Anleger zunächst auf Wohnungsbau und Stadtsanierung fixiert. Und von Seiten des Staates und privater Unternehmen natürlich auf den allseitigen Ausbau der Infrastruktur auf den Gebieten Verkehr, Telekommunikation und Energie.

Doch es erweist sich als eine Seite der Medaille, die Voraussetzungen für Unternehmensansiedlungen überall gedeihen zu sehen, und eine andere, die neuen Unternehmen als Erwerbsquelle, Rückgrat der Steuerkraft und Imageträger der Region auch tatsächlich schon in Betrieb zu erleben.

Der Aufholprozess ist ein zähes Geschäft. Unter maßgeblichem Einfluss des schrumpfenden Bausektors gerieten die Wachstumsraten der ostdeutschen Wirtschaft seit 1997 unter Druck. Die ambivalente Leipziger Situation drückt sich darin aus, dass diese Region vergleichsweise günstig dasteht, aber eigentlich viel höhere Ziele angepeilt hat. Man könnte es „Skeptimismus" nennen. Praktischen Anschauungsunterricht, wie schlagartig die Stimmung zu purem Optimismus umschlagen kann, erlebten im Sommer 2001 alle an dieser Region Interessierten, als sich BMW für sein Engagement in Sachsen entschied.

Da lag sie wieder in der Luft – die zündende Auf-

Two sides of a coin

☐ It is a matter of course for people who have been told to expect the location of manufacturing industries bringing attractive jobs to grow impatient over time, and western Saxony is no exception. The same is true of the appreciable harmonization of living conditions that has been expected by people in all walks of life for some time.

While there has been no shortage of investment in the Leipzig region since 1990, most of the funds made available by individuals initially went into housing and urban redevelopment projects benefiting from depreciation allowances and subsidies granted by the Federal Government. The state and private companies, on the other hand, preferred to improve the infrastructure by pumping capital into the transport and communication systems, and the energy sector.

If making it easy for firms to locate to a particular region is one side of the coin, then seeing these companies work as a source of income, taxes and prestige for that region is another.

Catching up with the western part of the country is hard work, and a shrinking construction sector has slowed down growth rates in the east since 1997. Leipzig's situation is ambivalent insofar as the region is comparatively well off but has not reached the ambitious goals it has set itself. These mixed feelings, which could be described as skepticism, abruptly changed to outright optimism in the summer of 2001 when BMW announced it would build a plant in Saxony.

The get-up-and-go mood of 1989 and 1990 was in the air again, this time as the welcome side effect of a major investment project telling a skilled and motivated workforce that things were getting better and it was worthwhile staying in the region. Or, even better, attracting experienced and open-minded people who

Continued on page 90

A new structure for industry

bruchstimmung der Jahre 1989 und 1990. Es ist eben mehr als der willkommene Nebeneffekt einer Großinvestition, dass gut ausgebildete und motivierte Arbeitskräfte darin ein Signal erkennen, wie spürbar es mit ihrer Region aufwärts geht und dass es sich lohnt, hier zu bleiben oder – noch besser – mit Erfahrungen und Neugier hierher zu kommen und den Lebensmittelpunkt in oder um Leipzig zu suchen. Festzuhalten bleibt, dass im Moment der Regierungsbezirk Leipzig und damit der gleichnamige Kammerbezirk als Einziger in den östlichen Bundesländern einen positiven Wanderungssaldo aufweist.

Die Papierfabrik des skandinavischen Konzerns StoraEnso in Eilenburg ist ein herausragender Produzent für Zeitungspapier – darunter für die Leipziger Volkszeitung – und ein ökologischer Schrittmacher. Wenn das Brauchwasser nach mehreren Reinigungsstufen in die Mulde zurückfließt, ist von seiner zwischenzeitlichen Verwendung für die Papierproduktion nichts mehr zu spüren.

The paper factory in Eilenburg, belonging to the Scandinavian StoraEnso Group, is a renowned producer of paper for the newspaper industry, including the Leipziger Volkszeitung, as well as a ground breaker when it comes to ecology. When the water used in production returns to the Mulde river after several cleaning phases, it no longer bears any traces of use.

Kurswechsel zu einem zukunftsfähigen Branchen-Mix

Wirtschaftlicher Strukturwandel bedeutet Einschnitte. Würde er als Nullsummenspiel von Produktivität und Effizienz betrieben, wäre seine Mission verfehlt. Ein zeitlich beispiellos gedrängter Strukturwandel verdichtet Chancen und Risiken auf kurze Phasen. Einschnitte in gewohnte Strukturen bekommen fast zwangsläufig das Attribut „schmerzhaft". So geschehen mit der verarbeitenden Industrie in der westsächsischen Wirtschaftsregion. Die Jahre seit 1990 waren eine Zeit des Umbruchs, und doch fehlte es für den Umbruch an nichts so sehr wie an Zeit, weil nirgendwo in der Welt wirtschaftliche Entwicklungen währenddessen angehalten wurden.

Nach der Privatisierung durch die Treuhandanstalt zwischen 1990 und 1993, nach der einschneidenden Änderung angestammter Exportmärkte und der Schließung zahlreicher Betriebe, die dem neuen Wettbewerbsdruck nicht standhielten, präsentiert sich die verarbeitende Industrie in der Leipziger Wirtschaftsregion heute als Vielfalt von grundlegend modernisierten Traditionsunternehmen und einer Reihe von Neuansiedlungen.

Insgesamt liegt der Besatz an industriellen Arbeitsplätzen in der Region heute zwar deutlich unter dem Stand der späten 1980er-Jahre, und der Anteil des verarbeitenden Gewerbes an der Bruttowertschöpfung ist prozentual weit von Industrieregionen in den westlichen Bundesländern entfernt. Doch ein anderer Gesichtspunkt ist entscheidend für die Beurteilung von Chancen im globalen Wirtschaftsgefüge: Die Region verfügt am Beginn des 21. Jahrhunderts durchgängig über restrukturierte oder neu entstandene Unternehmen, die zunehmend überregional antreten und im globalisierten Wettbewerb bestehen. Dass der Mix stimmt, ist ablesbar am raschen Anstieg der Arbeitsproduktivität.

Auf einen Nenner gebracht, lautet das Fazit: Eine so umfangreiche und weithin verästelte Industrie wie bis 1990 kann unter heutigen Branchen- und Kostenaspekten nicht mehr das Profil einer einzelnen Region prägen. Doch nach einem so drastischen Aderlass der Beschäftigung wie im letzten Jahrzehnt müssen ausreichend Alternativen folgen. An dieser allenfalls mittelfristig lösbaren Aufgabe arbeiten viele Wirtschaftsförderer beharrlich. Überzeugende Ansätze sind bereits für Jedermann sichtbar.

would make Leipzig or the surrounding area their home. The important thing is that the administrative district of Leipzig, which is the area served by the local Chamber of Industry and Commerce, is presently the only one in eastern Germany reporting a migration gain.

Wanted – an industrial base to safeguard the future

Structural change is far from being a zero sum game based on productivity and efficiency, and inevitably brings painful cuts, particularly if it takes place over a short period with equally condensed risks and opportunities. The transformation of Saxony's manufacturing industry, brought about in only a few years, clearly suffered from a lack of time. While economic development elsewhere proceeded at its normal pace, the Treuhandanstalt, a government agency established to privatize East Germany's state-owned enterprises, completed its job in the three years from 1990 to 1993. Companies had to close down because they were not competitive in the new economic environment, and those who survived found they had lost their previous markets.

What remains after the changes and thorough modernization is a mix of long-established firms and companies that have located to the region. The overall number of industrial jobs has dropped considerably from the level of the late 1980s, and the share of manufacturing in gross value added is far from the percentages reported for the western part of the country. However, the key factor giving the region a good chance of success in a global economy is a network of restructured or newly established firms, many of them now entering competition beyond regional borders which makes them fit for taking on the rest of the world. The rapid rise in productivity confirms that this is the right mix.

In summary, it may be said that the present industrial climate and prevailing cost pressures make it impossible for a region such as Leipzig to support the kind of highly diversified manufacturing that existed prior to 1990. On the other hand, the drastic job losses of the past decade call for the creation of alternative employment, a task which even massive business promotion can solve only in the medium term. A determined effort is underway, and first results can be seen.

Continued on page 94

Porsche gibt das Tempo vor

Die Zukunft der verarbeitenden Industrie in der westsächsischen Wirtschaftsregion rund um Leipzig geht vom Nukleus Automobilbau aus. Diese Branche ist neu für die Region. Zwar gab es vor hundert Jahren wie in fast allen deutschen Städten, so auch in Leipzig oder in Markranstädt, einige kleine Automobilmanufakturen, die heute nur noch Spezialisten kennen. Schon bald verlagerte die Branche ihre Schwerpunkte an andere Standorte in Südwestsachsen, in Süd- und Westdeutschland.

Deshalb mutete es als eine Sensation an, als Porsche im September 1999 bekannt gab, seine von der Auto-Fachwelt seit langem erwartete dritte Baureihe, die exklusive, sportliche Geländelimousine „Cayenne", ab dem Jahr 2002 in Leipzig bauen zu wollen. Das empfanden die Mitteldeutschen in und um Leipzig etwa so, als hätte die Deutsche Bank Pläne veröffentlicht, mit ihrem Hauptquartier aus Frankfurt nach Berlin zu ziehen.

260 Arbeitsplätze zählt die Fabrik. Der sensationelle Imagefaktor des Autobauers wirkt wie ein zusätzlicher Turbo. Porsche begründete sein 150-Millionen-Euro-Investment stets mit der Verfügbarkeit vieler hervorragend qualifizierter Arbeitskräfte, einem äußerst verkehrsgünstig gelegenen künftigen Werksareal und dem hohen Imagewert von Leipzig, der neben einem überzeugend vorgetragenen „Made in Germany" für Porsche besonders in Amerika ein gewichtiges Verkaufsargument und die Begründung für die Werthaltigkeit der hochpreisigen Produkte ist. Alle einschlägigen Umfragen unter aktuellen und potenziellen Kunden brachten ein Ergebnis: Der Name der Stadt transportiert ein positives Image für die Qualität des Produkts. Aus solchen Zutaten entstehen Erfolgsgeschichten.

Porsche zelebriert seine Kundenbeziehung als Ereignis. Wer will, kann das Entstehen seines Autos in Leipzig persönlich verfolgen und – unter fachkundiger Aufsicht – auch mal eine Schraube anziehen. Zum Einfahren des „Cayenne" steht neben dem Werk ein speziell angelegter Parcours zur Verfügung.

Die Porsche-Entscheidung markierte damit vor aller Welt, dass rund um Leipzig der Strukturwandel der Wirtschaft weit vorangekommen ist und dass sich die Milliardeninvestionen in die Infrastruktur als Vorleistung für gewichtige Unternehmensansiedlungen nun massiv auszuzahlen beginnen.

Fortsetzung Seite 94

Der 316 Meter hohe Collm bei Oschatz ist die höchste Erhebung im westsächsischen Regierungsbezirk Leipzig. Mit Funkantennen reich gespickt ist der 64 Meter hohe Sendeturm auf der Erhebung zwischen Mulde, Elbe und Dahlener Heide.

The 316 meter high Collm, near Oschatz, is the highest elevation in the Leipzig administrative district in western Saxony, between the rivers Mulde, Elbe and Dahlener Heide. The 64 meter transmission tower bristles with radio antennae.

Information

Gründungsjahr:
1931; hervorgegangen aus dem von Prof. Ferdinand Porsche in Stuttgart gegründeten Konstruktionsbüro

Mitarbeiter:
9989

Leistungsspektrum:
- Automobilentwicklung und -produktion
- Entwicklungsdienstleistungen für andere Unternehmen

Produkte:
911 GT2,
911 Turbo,
911 Carrera,
911 Carrera Cabriolet,
911 Carrera 4,
911 Carrera 4 Cabriolet,
911 Carrera 4S,
911 Targa,
Boxster,
Boxster S,
Cayenne S und
Cayenne Turbo als
3. Baureihe ab Geschäftsjahr 2002/2003

Standorte:
Verwaltung und Produktion: Stuttgart

Entwicklung: Weissach

Vertrieb/Marketing: Ludwigsburg

Produktion „Cayenne“: Porsche Leipzig GmbH

Porsche Engineering Group GmbH (PEG): Weissach

Umsatz:
Geschäftsjahr 2000/2001
4,44 Milliarden Euro
(Vorjahr 3,65 Milliarden Euro)

Absatz:
54 586 Neufahrzeuge weltweit

□
Dr. Ing. h. c. F. Porsche Aktiengesellschaft

Mythos Porsche – seit mehr als einem halben Jahrhundert ist der erfolgreiche Sportwagenhersteller aus Stuttgart-Zuffenhausen der Inbegriff für Faszination, Emotion und Innovation im internationalen Automobilbau.
Porsche ist der größte Hersteller reinrassiger Sportwagen und zugleich das kleinste selbstständige, aber auch das profitabelste Automobilunternehmen der Welt.
Um den Wert des Unternehmens weiter steigern zu können und seine Unabhängigkeit dauerhaft zu sichern, entschied der Porsche-Vorstand Ende der neunziger Jahre, neben den beiden erfolgreichen Sportwagen-Baureihen 911 und Boxster, eine dritte Baureihe aufzulegen: den sportlichen Geländewagen Cayenne. Für seine Fertigung hat sich Porsche als erstes weltweit bedeutendes Automobilunternehmen für Leipzig als neuen Produktionsstandort entschieden. Porsche will in Leipzig aber nicht nur Fahrzeuge bauen, sondern auch aktiv am sozialen und kulturellen Leben der Stadt und ihrer Bürger teilnehmen. Dieses Anliegen unterstreicht das Unternehmen durch seine vielfältigen Sponsoring-Aktivitäten am Standort. Porsche versteht sich als ein Unternehmen, das seine gesellschaftliche Verantwortung bewusst wahrnimmt und darüber hinaus bereit ist, auch praktisch nach diesem Maßstab zu handeln. Zu diesem grundlegenden Selbstverständnis gehört ebenfalls, dass die Porsche AG bei ihrer Ansiedlung in Leipzig auf ihr eigentlich zustehende staatliche Subventionen verzichtet hat. Zugleich wird damit eine breite soziale Akzeptanz für die Marke, das Unternehmen und seine Produkte erreicht.

The Porsche Legend – The successful manufacturer of sports cars from Stuttgart-Zuffenhausen has been synonymous with fascination, emotion and innovation in international automobile construction for more than fifty years. Porsche is the largest manufacturer of thoroughbred sports cars. It is also the smallest independent automobile manufacturers in the world, but also the most profitable.
In order to increase the value of the company and to ensure its independence on a permanent basis, the Porsche board decided at the end of the nineteen nineties to establish a third line in addition to the 911 and Boxster series: the sporty off-road vehicle Cayenne. As the world's first major automobile company, Porsche decided to locate its new production plant in Leipzig. Porsche does not only intend to construct vehicles in Leipzig, but will also play an active part in the social and cultural life of the city and its citizens. The company emphasises this concern by its numerous sponsoring activities in Leipzig. Porsche sees itself as a company that consciously approaches its social responsibility and, in addition, is prepared to take practical courses of action in this direction. An integral part of this fundamental philosophy is also that Porsche AG waived the state subsidies to which it was actually entitled when deciding to move to Leipzig. This creates a broad acceptance of the brand, the company and its products.

Auerochsen grasen vor dem neuen Porsche-Kundenzentrum in Leipzig.

Aurochses are grazing in front of the new Porsche customer centre in Leipzig.

Information

Year of foundation:
1931; emerging from the construction office established in Stuttgart by Prof. Ferdinand Porsche

Employees: 9,989

Range of services:
- Development and production of automobiles
- Development services for other companies

Products:
911 GT2
911 Turbo
911 Carrera
911 Carrera Cabriolet,
911 Carrera 4,
911 Carrera 4 Cabriolet
911 Carrera 4S
911 Targa,
Boxster
Boxster S,
Cayenne S and Cayenne Turbo as the 3rd series, starting in financial year 2002/ 2003

Locations:
Administration and production: Stuttgart

Development: Weissach

Distribution/Marketing: Ludwigsburg

Production "Cayenne": Porsche Leipzig GmbH

Porsche Engineering Group GmbH (PEG): Weissach

Sales volume:
Financial year 2000/ 2001
4.44 billion Euro (previous year 3.65 billion Euro)

Sales:
54,586 new vehicles around the world

☐
Dr. Ing. h. c. F. Porsche Aktiengesellschaft

„Porsche war das Gesellenstück, nun wird BMW das Meisterstück", verkündete der Leipziger Beigeordnete für Stadtentwicklung und Bau, Dr. Engelbert Lütke Daldrup, noch ganz unter dem Eindruck des gerade Geschehenen unmittelbar nach Bekanntgabe der BMW-Entscheidung für Leipzig. Der Chefplaner muss es wissen – in seinem Ressort laufen die Planungen für den fast 400 Hektar großen, neu entstehenden Industriepark Nord rund um das Autowerk, für das Netz sämtlicher Versorgungs- und Entsorgungsleitungen und die Verkehrsinfrastruktur auf Straße und Schiene zusammen. Alle umweltrechtlichen Genehmigungsverfahren durchlaufen indes das Regierungspräsidium. Der Marathon geht weiter. Nach Quelle, dem Flughafen, der Neuen Messe, dem Kraftwerk Lippendorf und Porsche heißt die Herausforderung jetzt BMW.

BMW: Freude am Fahren – Freude an Leipzig

Die Bedeutung der Investitionen von BMW und Porsche gilt nicht schlechthin als Lichtblick, sondern als regelrechter Quantensprung für die überwiegend mittelständische Struktur der westsächsischen Wirtschaft nach dem Niedergang des ererbten, früheren Branchen-Mix der Wirtschaft. Jetzt bekommt die vorhandene kleinteilige Unternehmenslandschaft die lange erwartete Ergänzung in Gestalt einiger großer und gewichtiger Akteure. Sie sind am ehesten in der Lage, das Potenzial angebotener unternehmensnaher Vorleistungen auszuschöpfen, Zuliefer-Netzwerke engmaschiger zu knüpfen und als bedeutender Nachfrager industrieller Dienstleistungen aufzutreten.

Warum Sachsen als Standort des ersten nichtbayerischen, inländischen Autowerkes im internationalen Verbund des BMW-Konzerns? Großzügige öffentliche Fördermöglichkeiten offerierten auch die anderen Kandidaten, die sich mit Leipzig bis auf der Zielgerade ein atemberaubendes Kopf-an-Kopf-Rennen lieferten. Infrastruktur-Qualitäten differierten stellenweise nur in Nuancen. Doch die Sachsen legten die Flexibiltät des Arbeitskräfteeinsatzes in die Waagschale und erzielten damit den alles entscheidenden Vorsprung. Für eine zyklisch pulsierende Branche ist dieser Faktor nicht zu unterschätzen.

Der Paukenschlag BMW fand international Gehör. In einem Interview mit der Leipziger Volkszeitung verwies Christoph von Rohr, der Vorsitzende des International Investment Council, mit dem die Bundesregierung industrielle Ansiedlungen in den östlichen

Porsche sets the pace

The future of manufacturing in the west Saxon region is built around the car. It is a new industry, even though Leipzig and Markranstädt, a town in the vicinity, had small shops building cars about a hundred years ago. Large-scale production thereafter moved to southwestern Saxony and locations in the south and west of Germany.

Porsche's announcement in September 1999 that production of the long-awaited third series, a prestigious sports utility vehicle called Cayenne, would start at a plant near Leipzig in 2002 therefore came as a sensation. Deutsche Bank could not have caused a greater stir by saying that their headquarters would move from Frankfurt to Berlin.

In view of Porsche's exceptional image, the car factory with a workforce of 260 will have the effect of a turbocharger speeding up the region's industrialization.

The reasons given by the company for investing 150 million Euro included the availability of a large pool of skilled labor, a strategically located site, and Leipzig's excellent reputation which will be a good selling point, particularly in the U.S, where German-made up-market products of lasting value are greatly appreciated. Polls of present and potential customers have given one consistent result: Leipzig's name conveys the positive image of a high-quality product. So the ingredients for a success story are all there.

Porsche will celebrate the making of its cars by inviting future owners to watch production and tighten a bolt here and there under competent supervision. Next to the plant, customers may go for a test drive on a specially landscaped course. The automaker's decision can be taken as proof that structural change around Leipzig has made good progress and the billions invested into the region's infrastructure are now beginning to pay off in a big way.

As said by Dr. Lütke Daldrup, deputy mayor for urban development, in a comment shortly after BMW's announcement to locate to Leipzig, "Porsche was the journeyman's piece and BMW will now be the masterpiece". He should know as the city's chief planner coordinating the layout of a new industrial estate around the plant, complete with supply lines, services, disposal facilities, and road and rail links. Meanwhile, the regional administration authority is dealing with the environmental approval procedures for the BMW site, after doing the same for Quelle, Leipzig-Halle airport,

Mit temperamentvoller Hand vollzog Bundeskanzler Gerhard Schröder am 7. Mai 2002 den ersten Spatenstich für das künftige BMW-Werk im Norden von Leipzig. Das Ereignis am Beginn der 1,35-Milliarden-Euro-Investition wurde gesäumt von Peter Claussen, designierter Werksleiter, Wolfgang Tiefensee, Oberbürgermeister der Stadt Leipzig, Bundeskanzler Gerhard Schröder, Helmut Panke, damals designierter und inzwischen gewählter Vorstandsvorsitzender von BMW, Professor Georg Milbradt, Ministerpräsident des Freistaates Sachsen, Professor Joachim Milberg, damals Vorstandsvorsitzender von BMW, und Edmund Stoiber, Ministerpräsident des Freistaates Bayern. Rechts im Hintergrund der sächsische Staatsminister für Wirtschaft und Arbeit, Martin Gillo.

On the 7th of May 2002 Chancellor Gerhard Schröder energetically dug the first turf for the future BMW factory in the north of Leipzig. Also present at the ceremony to mark the start of the 1.35 billion Euro investment project were Peter Claussen, designated Factory Manager, Wolfgang Tiefensee, Senior Mayor of the City of Leipzig, Helmut Panke, the then designated (now elected) Chairman of the Board of BMW, Prof. Georg Milbradt, Minister President of the Free State of Saxony, Prof. Joachim Milberg, the then Chairman of the Board of BMW, and Edmund Stoiber, Minister President of the Free State of Bavaria. In the right background is Saxony's Minister of Trade and Employment, Martin Gillo.

Bundesländern unterstützt, darauf, dass zahlreiche Konzerne anerkennend und erstaunt registriert haben, welche Flexibilität der Produktionsorganisation BMW in seinem neuen Werk erreichen wird. Sie könnte Beispiel und Zielmarke für weitere Investoren werden. Der Industriepark Nord ist vorausschauend für solch willkommenen Zuwachs eingerichtet.

Zulieferer werden auf dem denkbar kürzesten Weg im rechten Winkel zu den Produktionsbändern angedockt. Ende 2004 startet die Fertigung der 3er-Baureihe von BMW in Leipzig. Ab 2005 wird die Produktion zügig hochgefahren.

Leipzig spielt nach dem Umpflügen der gesamten früheren Unternehmenslandschaft jetzt bereits wieder in einer anderen wirtschaftlichen Liga. Nur Stuttgart und Leipzig haben in Deutschland Produktionsstätten gleich zweier Automarken in ihren Mauern. Und es

the New Exhibition Center, Lippendorf power station, and Porsche.

How BMW was won

The plants to be built in Leipzig by BMW and Porsche were more than a ray of hope. For a region deprived of its former heavy industry and relying mainly on small and medium-sized firms, the big players with their need for goods, services and a close-knit network of suppliers will bring a quantum leap. Why, then, did BMW choose to have its first German car factory outside Bavaria in Saxony? Subsidies were not critical and offered generously by all the other candidates engaged in what was a neck-and-neck race up to the finishing line. Nor was infrastructure, with only minimal differences from one site to another. The decisive

sind Marken mit phänomenalem Ansehen. Der Ansiedlungsgewinn von Porsche und BMW hat die Messlatte für künftige Aktivitäten sehr hoch gelegt.

Siemens modernisiert die Kommunikation

Mehr als 20 namhafte Unternehmen des Wirtschaftsbereichs Telekommunikation haben sich in Leipzig niedergelassen. Dazu gehören die Deutsche Telekom mit ihren Milliardeninvestitionen in eines der international modernsten Telekommunikationsnetze ebenso wie Primacom oder Tenovis. Lokalmatador ist die HL komm Telekommunikations GmbH, die zur Mitte des Jahres 2000 durch Fusion lokaler und regionaler Telekommunikationsgesellschaften in Leipzig, Halle/Saale und Sachsen-Anhalt entstand. Zielgruppe sind Geschäftskunden in der mitteldeutschen Wirtschaftsregion. Zum Angebot gehören Sprach- und Internetdienstleistungen und das Geschäft mit Datenleitungen.

Siemens nutzt mit seiner für 75 Millionen Euro entstandenen, weltweit einzigen Fabrik für ISDN-Geräte die Messestadt als Produktionsstandort. Hinzu kommt im Ortsteil Böhlitz-Ehrenberg der Schaltanlagenbau, der im Rahmen der globalen Strategie des Elektrokonzerns die Aufgabe des weltweiten Kompetenzzentrums für Niederspannungs-Schaltanlagen übernahm. Die Komplexität des Anlagengeschäfts schlägt sich in bedeutender Wertschöpfung nieder. 1997, zum hundertsten Jahrestag der Leipziger Siemens-Zweigniederlassung, war das Unternehmen der größte industrielle Arbeitgeber der Stadt.

Ausländisches Kapital entdeckt einen neuen Wirtschaftsraum

Neben dem erheblichen Engagement deutscher Unternehmen sind die verstärkten Investitionen ausländischen Kapitals ein deutlicher Indikator für die zunehmende Attraktivität der Leipziger Wirtschaftsregion. Dafür steht seit 1995 ganz vorn Dow Chemical aus den USA mit seinem Einstieg in den Buna-SOW-Leuna Olefinverbund. Das Kürzel SOW entschlüsselt sich als Sächsische Olefinwerke in Böhlen südlich von Leipzig, die sächsische Ecke des mitteldeutschen Chemiedreiecks und zugleich der größte Standort der Chemieindustrie im Freistaat. Der traditionell hoch integrierte Standort der Grundstoffchemie erfuhr bis Mitte des Jahres 2000 eine deutliche Aufwertung durch die Investitionen von Dow im Gesamtumfang

factor was the flexibility of the local workforce, which was felt to be vital to an industry with ups and downs following the business cycle.

The resulting flexibility of BMW's manufacturing process was the key word in an interview given to Leipziger Volkszeitung by Christoph von Rohr, chairman of the Federal Government's International Investment Council established to encourage the reindustrialization of eastern Germany. He said a number of big companies had been amazed at the extent of flexible production engineering to be practiced in the new plant, which they praised as a model for other investors. The nearby industrial estate is of course fully equipped to accommodate such growth.

At the BMW factory, suppliers dock with assembly lines at right angles to save space and time, thus enabling production of 3 series cars to start at the end of 2004, followed by full-scale operation in 2005. The plant means that Leipzig is now playing in a new league along with Stuttgart, the only other city in Germany that is home to two carmakers. Attracting these two prestigious brands is bound to set high standards for the future.

Siemens – working to improve communications

To date, Leipzig has attracted over 20 leading telecommunications companies, including Deutsche Telekom, who have invested billions into modernizing their systems, as well as Primacom and Tenovis. The local favorite is HL komm Telekommunikations GmbH, the result of a merger of local firms from Leipzig, Halle and the state of Saxony-Anhalt, which took place in mid-2000. The company provides voice and Internet services, and data lines for clients in the region.

Siemens has chosen Leipzig as the site of its only plant making ISDN terminals worldwide, at a capital cost of 75 million Euro. In addition, it has a factory in the borough of Böhlitz-Ehrenberg which acts as a center of excellence in the global production of low-voltage switchgear. The enormous amount of value addition in the systems business was reflected in 1997 when Siemens marked the 100th anniversary of establishing a branch in Leipzig with the announcement that it was the city's largest industrial employer.

Attracting foreign capital

Leipzig's growing appeal as a business location can be measured in terms of capital invested both by

Information

Neubau und Inbetriebnahme: 1999

Mitarbeiter:
600 bis 800

Produkte:
- systemgebundene Telefone
- Handys
- Kunststoffteile
- Flachbaugruppen

Produktionsvolumen:
3,7 Mill. schnurgebundene Systemtelefone und Handys;
9,1 Mill. Kunststoffteile und Flachbaugruppen

Investitionsvolumen bis 31.12. 2000:
Gebäude: 15 Mill. Euro
Maschinen/Anlagen: 51 Mill. Euro

Umsatz:
550 bis 650 Mill. Euro

New construction and commissioning: 1999

Employees:
600 to 800

Products:
- System-based telephones
- Mobile phones
- Plastic parts
- Flat assemblies

Production volume:
- 3.7 million corded system telephones and mobile phones
- 9.1 million plastic parts and flat assemblies

Investment volume up to 31.12. 2000:
Building: 15 million Euro
Machines/systems: 51 million Euro

Sales volume:
550 to 650 million Euro

□
Siemens AG, ICM CP SCM - Werk Leipzig

Das Leipziger Werk für Kommunikationssysteme des Siemens-Unternehmensbereiches Information and Communication Mobile (ICM) fertigt systemgebundene Telefone und ISDN Telefone. Ein wesentlicher Bestandteil des Produktionsvolumens sind die Kunststoffteile, Flachbaugruppen und Zubehörteile, die an andere ICM-Standorte geliefert werden. Die Fertigung lässt sich in drei wesentliche Hauptbereiche unterteilen: Flachbaugruppenfertigung, Kunststoffverarbeitung und Telefonendmontage.
Der wichtigste Erfolgsfaktor für das Werk Leipzig sind die hoch motivierten und qualifizierten Mitarbeiter. Das zeigt sich auch durch diverse Auszeichnungen. So erreichten die Mitarbeiter der Leipziger Telefonfertigung unter 71 Mitstreitern den zweiten Platz beim Siemens-internen top+ award in der Kategorie Kostensenkung. Hinzu kommt die Auszeichnung im Wettbewerb „GEO/Die Fabrik des Jahres“ als „Bester Serienfertiger 2001“ unter deutschlandweit 60 Teilnehmern.

The Leipzig plant for communication systems within the Siemens corporate division Information and Communication Mobile (ICM) manufactures system-based telephones and ISDN telephones. The plastic parts, flat assemblies and accessories that are manufactured at other ICM sites account for a considerable proportion of the production volume. Effectively, the production can be divided into three main areas of focus: production of flat assemblies, plastic processing and final telephone assembly. The highly motivated and qualified staff is the most important contributing factor to the success of the Leipzig plant. Various awards confirm this. For example, the staff in the Leipzig-based telephone production secured second place in a competition of 71 for the internal Siemens top+ award, category cost cutting. They also won the award "Best Series Producer 2001", seeing off 60 competitors from all over Germany in the competition "GEO/ Factory of the Year".

von 1,1 Milliarden Euro für den Neubau und 700 Millionen Euro für die Restrukturierung bestehender Anlagen, in erster Linie der Cracker zur Herstellung von Olefinen und Aromaten auf neuester technologischer Grundlage.

Aus Amerika stammt auch PowerGen, Hauptinvestor bei der Mitteldeutschen Braunkohle AG (MIBRAG), die bis in den Leipziger Südraum hinein Kohle fördert. Der amerikanische Mittelständler World Ressources Company ist mit einem Recyclingbetrieb im Mittelstandszentrum Wurzen präsent. Bell Flavors & Fragrances aus den USA steuert von Miltitz bei Leipzig die Produktion von Düften und Aromen.

Breit gefächert sind Investitionen aus Skandinavien: Sie reichen von der Zeitungspapierfabrik des schwedisch-finnischen Konzerns StoraEnso in Eilenburg über den schwedischen Hersteller automobiler Fahrgast-Sicherheitssysteme Autoliv in Döbeln bis zum neuerdings zu Vattenfall Europe gehörenden Kraftwerk Lippendorf und zur Beteiligung der marktführenden skandinavischen Strombörse North Pool an ihrem Leipziger Pendant EEX. Energie treibt auch den Anteil von Statoil aus Norwegen sowie die Schachtelbeteiligungen von Gaz de France und der russischen Gazprom an der VNG – Verbundnetz Gas AG.

Im Zuge verschlungener Privatisierungsschritte gelangte das Aluminiumwerk Rackwitz im Kreis Delitzsch schließlich zum norwegischen Energie- und Rohstoffkonzern Norsk Hydro.

Im Konzernverbund von Saint Gobain aus Frankreich wird in Torgau Glas produziert. Ein Hauptabnehmer ist die Automobilindustrie. Der französische Weltmarktführer Chargeurs Wool reinigt in der Leipziger Wollkämmerei Rohwolle zur Herstellung von Garnen. Die Produktion geht je zur Hälfte an deutsche Spinnereien und an Kunden in der ganzen Welt. Für Chargeurs ist Leipzig ein strategischer Standort.

In zwei Unternehmen der Leipziger Gießereiindustrie arbeitet schweizerisches beziehungsweise französisches Kapital – in der aus Schaffhausen gekommenen Georg Fischer AG und über eine deutsche Tochtergesellschaft bei Halberg Guss. Der aus Frankreich stammende Weltkonzern Air Liquide betreibt am Chemiestandort Böhlen einen Luftzerleger und versorgt die gesamte Region mit technischen Gasen.

Im Moment tasten sich weitere ausländische Unternehmen auf diesen regionalen Markt vor. Schweizerische Großbanken sondieren das kommerzielle Terrain in Leipzig, mehrere Großhandelsfirmen aus

German companies and their foreign counterparts. Among the latter, pride of place goes to Dow Chemical, who in 1995 became a partner of the Buna-SOW-Leuna consortium of companies engaged in olefin production and processing. Whereas Buna and Leuna are chemical factories in the neighboring state of Saxony-Anhalt, SOW stands for a plant located at Böhlen, Saxony's largest chemical industry site, south of Leipzig. Into this place, which had long produced key chemicals, Dow pumped capital worth 1.1 billion Euro for new installations and 700 million Euro for modernizing existing facilities such as crackers producing olefins and aromatics.

Another large U.S. company, PowerGen, is the main investor in MIBRAG, a company mining brown coal south of Leipzig. To the east of the city, in the town of Wurzen, a medium-sized firm (World Resources Company) operates a recycling plant, and at Miltitz near Leipzig Bell Flavors & Fragrances makes exactly these substances.

Scandinavian investors include Stora Enso, a Swedish-Finnish group who have a newsprint factory at Eilenburg, Autoliv from Sweden, with a manufacturing site for automotive passenger safety systems at Döbeln, the Vattenfall Europe group, who recently acquired the power plant at Lippendorf. Also represented are North Pool, Scandinavia's leading power exchange, with a share in EEX, its Leipzig counterpart, Statoil from Norway, who own part of VNG (Verbundnetz Gas AG), as well as Gaz de France and Gazprom from Russia, each with interlocking interests in VNG. After a complicated privatization effort, a plant making aluminum at Rackwitz in the district of Delitzsch now belongs to Norsk Hydro, a Norwegian group of companies generating power and producing raw materials.

At Torgau, Saint Gobain from France has invested in glassmaking particularly for the automotive industry, and Chargeurs Wool, a world market leader and also from France, now owns part of Leipziger Wollkämmerei, where raw wool is cleaned for use in yarn production. Of the final product, 50 percent goes to German spinning mills and the other half to clients the world over, making Leipzig a strategic location for Chargeurs.

Of two local foundries, one uses Swiss capital (Georg Fischer AG, who came here from Schaffhausen) and the other (Halberg Guss) has been modernized with money from France via a German subsidiary. Air Liquide, a world market leader from

Bell Flavors & Fragrances ist ein globaler Anbieter von Aromen, Düften, Pflanzenextrakten, Sonnenschutzprodukten und Aromachemikalien. Zu den Kunden zählen die führende Nahrungsmittelindustrie, Hersteller von Getränken, Kosmetik und Haushaltsprodukten sowie pharmazeutische Firmen. Technologie fordert Veränderung und Verbesserung. Bell arbeitet daher mit seinen Kunden online, um den höchsten Level an Kundenservice zu sichern. Bells direkter Anschluss bietet einen Reichtum an Produktinformationen und die Möglichkeit, einfach und schnell Muster zu ordern und Bestellungen zu erledigen.

Bell Flavors & Fragrances is a global provider of flavors, fragrances, botanical extracts, sunscreen agents and aroma chemicals. Customers include leading companies in the food industry, manufacturers of beverages, cosmetics and household products as well as pharmaceutical products.
Technology promotes change and improvement. Accordingly, Bell supports its customers online in order to guarantee the highest level of customer service. Bell's direct connection offers a wealth of product information and the possibility to order samples and products quickly and simply.

Information

Gründungsjahr:
1829 als Schimmel & Co., 1993 von Bell Flavors & Fragrances erworben

Mitarbeiter:
700 weltweit,
in Leipzig 120

Leistungsspektrum:
- Getränkegrundstoffe
- Aromen
- Düfte
- Pflanzenextrakte
- Sonnenschutzfilter
- Aromachemikalien

Standorte:
7 Werke in China, Deutschland, Kanada, Mexiko, USA

zertifiert nach DIN EN ISO 9001

Year of foundation:
1829 as Schimmel & Co., 1993 taken over by Bell Flavors & Fragrances

Employees:
700 worldwide, 120 in Leipzig

Range of services:
- Beverage compounds
- Flavors
- Fragrances
- Botanical extracts
- Sunscreen agents
- Aroma chemicals

Locations:
7 Plants in China, Germany, Canada, Mexico and USA

Certified according to DIN EN ISO 9001

☐
Bell Flavors & Fragrances Duft und Aroma GmbH

asiatischen Ländern bearbeiten vom Handelszentrum MaxiCom aus den Markt, und die in Fahrt kommende Liberalisierung des Fernverkehrs auf der Schiene lockt die neu gegründete Bahngesellschaft Connex und damit den französischen Mischkonzern Vivendi in den dicht besiedelten und mit einem engmaschigen Verkehrsnetz überzogenen Wirtschaftsraum. Am 1. März 2002 startete der erste private, von Connex betriebene Fernzug in ein neues deutsches Eisenbahnzeitalter. In seinem Zuglauf von Gera nach Rostock berührt er auch Leipzig.

Übrigens wird das Engagement ausländischer Unternehmen nicht zuletzt durch die Generalkonsulate Russlands und der USA sowie die Konsulate Finnlands, Griechenlands, Italiens, Norwegens, der Philippinen, Polens, Schwedens und der Türkei in Leipzig begleitet. Belarus, Frankreich und Großbritannien unterhalten staatliche Handelsvertretungen.

Koordinatensystem der Wirtschaftsansiedlung – die Gewerbegebiete

Gleich am Beginn des wirtschaftlichen Umbruchs trugen die hoch gesteckten wirtschaftlichen Erwartungen wie überall in den östlichen Bundesländern so auch in der westsächsischen Wirtschaftsregion einen Namen – Gewerbegebiete. Das war nur zu verständlich, eigneten sich doch die Grundstücke der ehemaligen Kombinate – wenn überhaupt – nur eingeschränkt für Neuansiedlungen von Unternehmen. Neue raumordnerische Grundsätze taten ein Übriges, um einen Schub in Richtung neuer Gewerbegebietsflächen im Umkreis nahezu jeder Stadt oder Gemeinde auszulösen.

Innerhalb von zehn Jahren wurden bis zum Jahr 2000 im IHK-Bezirk Leipzig insgesamt 112 Industrie- und Gewerbegebiete mit einem Fördermittelzuschuss von zusammen rund 340 Millionen Euro aus der Gemeinschaftsaufgabe Verbesserung der regionalen Wirtschaftsstruktur erschlossen oder revitalisiert. Gut angelegt ist dieses Geld immer dann, wenn es wie im Fall des ehemaligen Maschinen- und Apparatebaus (MAB) in Schkeuditz einem Altstandort neuen Schwung verleiht und Perspektiven für die lokale Wirtschaft eröffnet.

Jede Aufzählung der Gewerbegebiete in der Leipziger Wirtschaftsregion würde Seiten füllen. Entscheidend für die eingeleitete wirtschaftliche Entwicklung ist jedoch, dass Gewerbegebiete im gesamten Regierungsbezirk entwickelt wurden und weitere

France, has an air separation plant at Böhlen and supplies industrial gases to the entire region.

Other companies have put out feelers, including major Swiss banks exploring regional market potentials and wholesalers from Asia operating from the Maxicom trade center. The liberalization of long-distance rail transport has encouraged Vivendi, a French conglomerate, to enter competition in the densely populated region boasting an excellent rail network. Connex, a subsidiary, opened its first long-distance link from Gera to Rostock via Leipzig on March 1, 2002.

Support for these undertakings also comes from the Russian and American consulates general, and the consulates of Finland, Greece, Italy, Norway, the Philippines, Poland, Sweden and Turkey, all located in Leipzig. Belarus, France and Britain are represented by trade offices.

Industrial estates and business parks

The early years of economic transformation in eastern Germany were marked by high expectations which all crystallized in one single concept – laying out industrial estates. This was partly due to the fact that there was little, if any, room for emerging firms and companies on the sites occupied by East Germany's industrial combines. In addition, new regional planning policies made it possible for almost every municipality to earmark land for these purposes. As a result, a total of 112 industrial estates and business parks were either developed or revitalized in the district served by the Leipzig Chamber of Industry and Commerce over the 10 years from 1990 to 2000. Subsidies worth a total of about 340 million Euro from the EC's fund for improving regional economic structures were pumped into these projects. This money was well spent in cases where it helped rehabilitate an existing enterprise and at the same time encouraged local firms to relocate, as happened on the site of MAB, a mechanical engineering firm at Schkeuditz.

While a list of estates in the region would fill many pages, the important economic factor was their even distribution across the area. For example, the number of industrial parks established was two with a combined area of 26 hectares at Borna, three providing a total of 200 jobs at Rosswein, and six accommodating 180 firms at Grimma. Nearby motorways are a strategic advantage, as in the case of Mutzschen, which is situated on the A 14 and now hoping to attract

Information

Gründungsjahr: 1902, in Böhlen 1994

Mitarbeiter:
Konzern: 30 800,
in Böhlen ca. 100

Leistungsspektrum:
- Produktion, Abfüllung und Distribution von Gasen, Prüfung von Zylindern
- Kundenbetreuung, Verkauf
- Kundendienst

Standorte:
in über 65 Ländern,
in Deutschland:
- Düsseldorf (Hauptverwaltung)
- 14 Kunden-Service-Center
- 550 Lieferstellen

Jahresumsatz (2001) Gruppe:
8,34 Mrd. Euro

Year of foundation:
1902, and 1994 in Böhlen

Employees:
entire group: 30,800
approx. 100 in Böhlen

Range of services:
- producing gases, filling them into vessels and distributing them, inspecting cylinders
- customer care, sales
- customer service

Locations:
Present in more than 65 countries,
in Germany:
- Düsseldorf (headquarters)
- 14 customer service centers
- 550 delivery depots

Annual sales volume (2001), entire group:
8.34 billion Euro

□
AIR LIQUIDE GmbH
Kunden-Service-Center
Böhlen

Die AIR LIQUIDE ist ein weltweit tätiger Anbieter von technischen und medizinischen Gasen. Sie versteht sich als Lösungsanbieter für alle gasrelevanten Herausforderungen. Weltweit werden über eine Million Kunden mit ihren Produkten und Serviceleistungen bedient. Die AIR LIQUIDE wurde 1902 gegründet beschäftigt heute in über 65 Ländern mehr als 30 000 Mitarbeiter. Um den verschiedensten Ansprüchen der heterogenen Käuferschaft gerecht zu werden, bietet das Unternehmen kundenspezifische Lösungen quer durch alle Industrien, in Medizin, Forschung und Entwicklung – ob für den Handwerker vor Ort oder für multinationale Großkonzerne.

AIR LIQUIDE is a globally active provider of gases for the technical and medical sectors. The company regards itself as a provider of solutions for all gas-related challenges. More than one million customers, worldwide, benefit from the company's products and services. Founded in 1902, AIR LIQUIDE today employs a workforce of more than 30,000 in more than 65 countries. In order to meet the wide variety of requirements from its diverse customer base, the company provides customer-specific solutions for all manner of industries, for the medical sector and for research and development institutions – be it for local craftsmen or for multinational company groups.

Investoren einladen, hierher zu kommen. Episodisch mögen dafür die Stadt Borna mit zwei Gewerbegebieten von insgesamt 26 Hektar Fläche, drei Gewerbegebiete mit insgesamt 200 Arbeitsplätzen im mittelsächsischen Rosswein und die sechs Gewerbeparks mit insgesamt 180 Mietern in Grimma stehen. Wer ein „Gewerbegebiet mit Autobahnanschluss" hat, wie zum Beispiel an der A 14 in Mutzschen, geht in die Offensive, um von Ansiedlungen des entstehenden BMW-Zuliefer- und Logistikkomplexes zu profitieren.

Aus dem Abstand eines ganzen Aufbau-Jahrzehnts betrachtet, gingen nicht alle hoch fliegenden Pläne in Erfüllung. Erfreuliche Flächenbelegungen von weit über 70 Prozent bis hin zur Komplettauslastung heben vor allem jene Gewerbegebiete heraus, die günstig an den bestehenden oder künftigen überregionalen Verkehrsachsen – allen voran den Autobahnen – ausgewiesen wurden. Dort werfen die Investitionen in die Infrastruktur bereits einen ordentlichen Ertrag ab, ablesbar vor allem am Anteil industrieller Fertigung am Gesamtprofil.

Beispiel Gewerbegebiet Döbeln Nord. Die Erschließung begann 1991. Bis zur Autobahn A 14 ist es nur ein Kilometer. Die mittelsächsische Kreisstadt liegt im Zentrum des Dreiecks der herausragenden Oberzentren Leipzig, Dresden und Chemnitz.

Eine wichtige Ansiedlung ist Partzsch Elektromotoren. Das Unternehmen arbeitete sich vom klassischen ortsansässigen Handwerksbetrieb zu einem industriellen Profil hoch. Mit einer ganzen Reihe patentierter Innovationen auf dem Gebiet der Motorentwicklungen, darunter für die ICEs der Deutschen Bahn, forciert der mittelständische Betrieb seine Produktentwicklung. Er hat seine Mitarbeiterzahl auf inzwischen über 120 aufgestockt und schrittweise in immer neue Produktions- und Lagergebäude investiert. Parallel dazu dehnte sich der Kundenkreis auch international aus.

Häufig genügt bereits die Ankündigung künftiger Autobahntrassen, um Erfolgsgeschichten zu beginnen. So profitiert das Gewerbegebiet Zwenkau im Kreis Leipziger Land schon geraume Zeit von der im Bau befindlichen Autobahn A 38, die von Göttingen über Halle/Saale heranführen wird und nach ihrer Fertigstellung eine Lücke zwischen Ost und West schließt. Das schätzt die Wirtschaft. Im Gewerbegebiet Zwenkau siedeln schon geraume Zeit die aus Leipzig hierher gekommene Druckerei Offizin Andersen Nexö, das Software-Unternehmen Stratos, eine Niederlas-

suppliers and logistics firms catering for the BMW plant.

Some of the ambitious plans made over the past decade have, of course, fallen through and utilization rates between 70 and 100 percent will be found mainly on sites that are strategically located near existing or planned transport routes of national importance, such as motorways. Here investment in the infrastructure has begun to pay off, as shown primarily by the percentage of manufacturing firms which have rented space. A case in point is the industrial estate at Döbeln-Nord, only 1 km away from the A 14 motorway and located at the heart of a triangle formed by regional centers – Leipzig, Dresden and Chemnitz.

Development started in 1991, and one of the most successful firms is Partzsch, a manufacturer of electric motors which has grown from a small business to a large-scale producer. The company holds a number of patents for innovative motors as used in the Intercity Express trains of Deutsche Bahn. It has gradually increased its workforce to over 120 and invested in new production buildings and warehouses and is now also selling to customers abroad.

In some cases, the mere announcement that a motorway is to be built may start a success story. For example, the industrial estate at Zwenkau near Leipzig has benefited from the A 38 now under construction and running from Göttingen via Halle and past Zwenkau, thus closing a gap between Germany's eastern and western regions. In anticipation of this road link, a printing shop (Offizin Andersen Nexö) moved here from Leipzig years ago, as did a software firm (Stratos), the subsidiary of a company making electrical components for cars (Hella), a number of specialist building contractors, and many others.

SMEs – pillars of the economy

The one common feature characterizing the region's industry, trade and services is the capacity of its enterprises - most are small or medium-sized. Unlike their counterparts in the state of Baden-Württemberg, for example, these SMEs were never allowed to grow in a balanced way and to accumulate sufficient capital for lean periods under the planned economy which prevailed in the east for almost 50 years. This is shown by equity ratios which rarely exceed 10 percent.

Nor could the two generations who lived through the drab experience of a system that at best tolerated private capital produce dynasties such as Reclam,

Gewerbezentrum Heiterblick

Die Stadt Leipzig, die Industrie- und Handelskammer sowie Handwerkskammer zu Leipzig gründeten 1994 die Leipziger Gewerbehofgesellschaft mbH (LGH) als Bauherren- und Betreibergesellschaft von Gewerbehöfen bzw. -zentren. Aufgabe der LGH ist es, die Rahmenbedingungen für kleine und mittelständische Unternehmen zu verbessern und damit die Wirtschaft in Leipzig zu fördern.
Insgesamt sind von der LGH acht Gewerbeimmobilien mit einer Gesamtfläche von 95 000 Quadratmetern Mietfläche errichtet worden. Die Nutzer von LGH-Flächen bestimmen Aufteilung, Nutzungsart und Ausstattung aller Räume und Hallen selbst – ob Produktions-, Werkstatt-, Service-, Labor- oder Büroflächen. Über 260 Unternehmen haben in den Immobilien der LGH ihren Firmensitz gewählt.
Mit der media city leipzig, die im Jahre 2000 fertig gestellt wurde, errichtete die LGH in unmittelbarer Nachbarschaft zum MDR ein Gewerbezentrum mit drei Film- und Fernsehstudios, Werkstattflächen sowie Mediengewerbeflächen.
Das jüngste Projekt, die Bio City Leipzig (Biotechnologisch-Biomedizinisches Zentrum) ein Gemeinschaftsprojekt mit der Universität Leipzig, wird am Deutschen Platz bis Mitte 2003 fertig gestellt. Auf rund 20 000 Quadratmetern werden sechs neue biotechnologisch-biomedizinisch ausgerichtete Professuren der Universität Leipzig gemeinsam mit jungen Unternehmen forschen und arbeiten.

In 1994, the City of Leipzig, the Chamber of Industry and Commerce and the Leipzig Chamber of Handicrafts founded Leipziger Gewerbehofgesellschaft mbH (LGH) as an investor and operator of commercial properties and centres. LGH's objective is to improve the conditions for small and medium-sized companies, thus strengthening the economy in Leipzig.
In total, LGH has constructed eight commercial properties with a total of 95,000 sq. m. of rented surface. The tenants of LGH space define the layout, degree of use and equipment of all rooms and halls – whether as production, workshop, service, laboratory or office space. More than 260 firms have chosen properties owned by LGH as business premises.
Media city leipzig, which LGH completed in 2000 right next to MDR, is a commercial centre with 3 film and television studios, workshop space and media space.
The latest project, Bio City Leipzig (biotechnology – biomedicine centre) is a joint project with the University of Leipzig. It will be completed on Deutsche Platz by the middle of 2003. It will offer roughly 20,000 sq. m. for 6 new chairs in biotechnology and biomedicine at the University of Leipzig to cooperate in research and ongoing work with young companies.

Information

Gründungsjahr:
1994

Mitarbeiter:
8

Leistungsspektrum:
Bauherren- und Betreibergesellschaft von Gewerbehöfen und -zentren, diese bieten
- einen repräsentativen Firmensitz
- sehr gute Lagen mit excellenter Anbindung
- flexible Raumgestaltung
- Synergien mit anderen Unternehmen
- kompetentes Facility-Management
- langfristig günstige und stabile Preise

Year of foundation:
1994

Employees: 8

Range of services:
Investor and operator firm for commercial properties and centres that offer
- Representative company premises
- Very good locations and excellent connections
- Flexible room design
- Synergy with other companies
- Competent facility management
- Long-term inexpensive and stable prices

LGH Leipziger Gewerbehofgesellschaft mbH

Information

Gründungsjahr: 1990
Leistungsspektrum:
- Hochbau
- Leitungsbau
- Landschaftsbau
- Fernmelde/ Glasfasertechnik
- Elektromontagen
- Tiefbau
- Straßenbau

Year of foundation: 1990
Range of services:
- construction
- line construction
- landscaping
- telecommunications engineering / fibre optic technology
- electrical assembly installation
- civil engineering
- road building

☐
Windolph Bauunternehmung GmbH

Die Windolph Bauunternehmung GmbH führt als Komplettleister im Bereich des Kabelleitungsbaues Tiefbauarbeiten in Verbindung mit Kabelverlegung, Kabelzug und Kabelmontage im Elektrobereich sowie im Fernmeldebereich aus. Zusätzlich erweitert sich das Profil mit der Windolph Elektromontagen GmbH um Elektromontagen und -installationen.

Windolph Bauunternehmung GmbH provides a full range of services to the cable laying sector, including public works and foundation work in conjunction with cable laying, pulling-in and cable assembly in the electrical and telecommunications sectors. In addition, Windolph Elektromontagen GmbH extends activities into the fields of electrical assembly and installation.

sung des Autoelektrik-Zulieferers Hella, Spezialbaufirmen und zahlreiche weitere Unternehmen.

Der Mittelstand – hoch beanspruchter Pfeiler der Wirtschaft

Ein überragendes Strukturmerkmal zieht sich durch die gesamte Wirtschaft der Leipziger Region und vor allem durch die Industrie – sie ist mittelständisch dominiert. Doch anders als der Mittelstand im meist als Maßstab und Ansporn genommenen Baden-Württemberg konnte dieser Pfeiler der Wirtschaft wegen der fast 50 Jahre währenden staatswirtschaftlichen Phase im Osten Deutschlands nicht organisch wachsen und ausreichend Kapital für konjunkturelle Durststrecken akkumulieren. Ablesen lässt sich dieser Befund an der überwiegend geringen Eigenkapitalquote der Unternehmen. Nur vereinzelt erreicht sie über zehn Prozent.

Brockhaus, Bleichert, Baedeker, Kiepenheuer and Witsch, all of them entrepreneurs who had been successful in Leipzig but left the city later. While some of these names can now be found in commercial registers elsewhere, others have returned to Leipzig with branch offices.

Some of the entrepreneurs who started out in 1990 were assistant lecturers from the local university or technical colleges, others had worked as engineers for the R&D departments of moribund industrial combines. All had more willpower than management skills, a thorough technical background which had to make up for a shortage of capital, and an indomitable desire to be independent or self-employed after years of seeing private initiative paralyzed. This is why the technical training of most new entrepreneurs from the Leipzig region outweighs their managerial skills. "Learning by doing" was their method of acquiring marketing knowledge and negotiating skills in dealing with banks.

Mit weltweit über 60 000 ausgelieferten, installierten und in Betrieb befindlichen Klima- und Kälteanlagen ist Faiveley einer der Marktführer im Bereich Klimatisierung von Schienenfahrzeugen. Aus den sich ergänzenden Kompetenzbereichen und Erfahrungen der Firmen Hagenuk und Faiveley schöpft das Unternehmen sein unübertroffenes Know-how in den Bereichen Klimatisierung, Belüftung und Luftheizung. Von Hagenuk und Faiveley entwickelte Klimasysteme werden überall auf der Welt in sämtlichen Fahrzeugarten eingesetzt: Hochgeschwindigkeitszüge, Fernverkehrszüge, S-Bahnzüge, U-Bahnen und Straßenbahnen – auch in den Führerständen. Das Unternehmen zählt heute über 100 Kunden auf allen Kontinenten.

Hagenuk-Faiveley has supplied, installed and commissioned more than 60,000 air conditioning systems around the world, and is therefore one of market leaders in the field of air conditioning in rail vehicles. The company taps its unbeatable know how in the fields of air conditioning, heating and ventilation from the complementary competencies and experiences of the firms Hagenuk and Faiveley. Air conditioning systems developed by Hagenuk and Faiveley are used in all kinds of vehicles all over the world: high-speed trains, long-distance trains, regional express trains, underground trains and trams – also in the drivers' cabins. The company now has more than 100 customers spread over all continents.

Information

Gründungsjahr: 1919

Mitarbeiter:
etwa 275

Leistungsspektrum:
- Klimatechnik für Schienenfahrzeuge
- Stromabnahme
- Türsysteme
- Bahnsteigtüren
- Elektronik
- Fahrgastkomfort

weitere Standorte der Gruppe:
Brasilien, VR China/ Hongkong, Frankreich, Großbritannien, Italien, Japan, Spanien, USA

Year of foundation:
1919

Employees: 275

Range of services:
- Air conditioning systems for rail vehicles
- Pantographs
- Door systems
- Platform doors
- Electronics
- Passenger comfort

Locations of the group:
Brazil, PR China/Hong Kong, France, Great Britain, Italy, Japan, Spain, USA

☐
HFG HVAC Faiveley GmbH & Co. KG, Schkeuditz

Zufriedene Kunden auf sicherem Boden – unter diesem Leitspruch lösen die Mitarbeiter der FCB GmbH unter Anwendung von geotechnischen und geowissenschaftlichen Kenntnissen Kundenprobleme am Baugrund. Um die geotechnische Sicherheit auch unter schwierigen Bedingungen zu sichern, werden Recherchen, Baugrunduntersuchungen und bodenmechanische Laboranalysen einschließlich modernster Triaxialscherversuche mit ingenieurtechnischem Wissen und Berechnungen komplex eingesetzt.

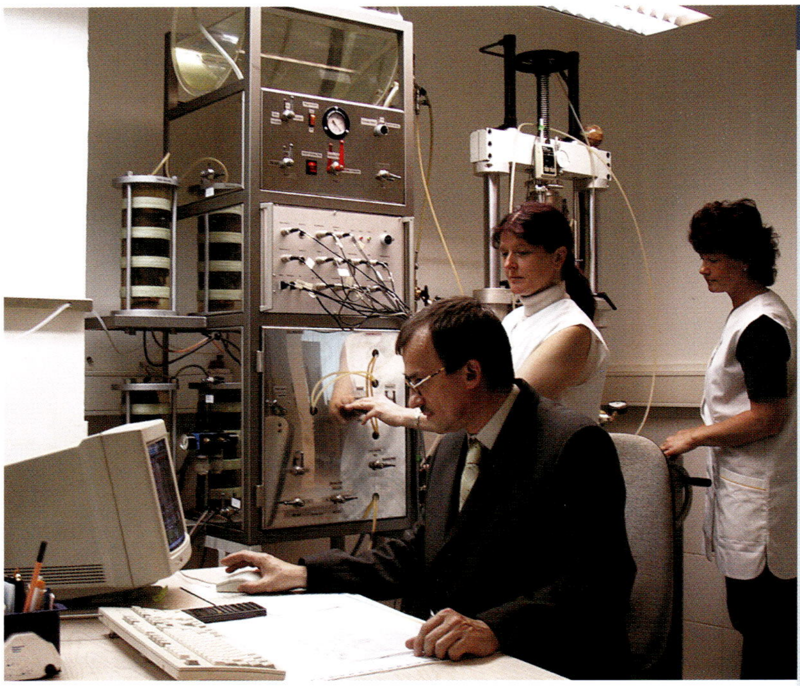

Satisfied customers on safe ground – this is the motto of the FCB GmbH staff when they use their skills in geo-engineering and geo-sciences to solve customer problems relating to building land. In order to ensure geo-engineering safety even under difficult conditions, the company uses research, soil analysis and geo-mechanical laboratory analysis with state of the art triaxial shearing tests, engineering skills and complex calculations.

Information

Gründungsjahr: 1975, 2001 als GmbH

Mitarbeiter: 23

Leistungsspektrum:
- Baugrund
- Geotechnik
- Planung
- Umwelt

Year of foundation: 1975, 2001 as GmbH

Employees: 23

Range of services:
- Construction sites
- Geo-engineering
- Planning
- Environment

FCB Fachbüro für Consulting und Bodenmechanik GmbH, Espenhain

Die Besonderheiten der Wirtschaftsentwicklung schlagen sich zwangsläufig auch in Spezifika des Personals der mitteldeutschen Wirtschaft nieder. Wo über zwei Generationen hinweg privates Kapital im Wirtschaftskreislauf bestenfalls ein mehr oder weniger geduldetes Schattendasein führen durfte, fehlen klassische Unternehmerdynastien. Reclam, Brockhaus, Bleichert, Baedeker, Kiepenheuer und Witsch waren Leipziger. Deutsche Zeitläufe im 20. Jahrhundert brachten es mit sich, dass deren Unternehmen heute anderenorts im Handelsregister stehen – in einigen Fällen zum Glück wieder mit Leipziger Dependancen.

Deshalb fällt die Suche nach einem Leipziger „Großen Bellheim" als unternehmerisches Urgestein in der x-ten Generation im Moment vergeblich aus. Doch sie fördert erstaunliche Ergebnisse zutage beim Erkunden von Karrieren, die 1990 mit wenig mehr als

Careers like these were not unusual at the time: Dr. Knut Löschke (born 1950), a crystallographer at Leipzig University, established a software firm (PC-Ware) in early 1990; Klaus Dieter Lindemeyer (born 1953), a mathematician at the university, founded a computer company (Lintec) in the same year. Starting from the proverbial garage, these two ventures first became closed corporations, then stock corporations and finally went public in less than 10 years.

Matthias Kunisch (born 1953), a mathematics graduate working in the computer center of a big industrial combine, teamed up with others in 1990 to approach IXOS, a software firm with headquarters in Munich, for permission to set up a branch office in Leipzig. IXOS went public, survived the ups and downs of Nasdaq and Germany's new market and later was forced into consolidation. The Leipzig branch office,

Information

Gründungsjahr:
2000, fusioniert aus drei Unternehmen:
- 3H Telekommunikation GmbH (Halle)
- Lkomm Telekommunikations GmbH & Co. KG (Leipzig)
- TelSA Telekommunikationsgesellschaft mbH Sachsen-Anhalt (Halle)

Mitarbeiter:
60 in Leipzig und Halle

Leistungsspektrum:
- Bandbreite
- Internet-Services
- Sprach-Services
- Carrier- und Provider-Services
- Netzmanagement

Year of foundation:
2000, following the merger of three companies:
- 3H Telekommunikation GmbH (Halle)
- Lkomm Telekommunikations GmbH & Co. KG (Leipzig)
- TelSA Telekommunikationsgesellschaft mbH Sachsen-Anhalt (Halle)

Employees:
60 in Leipzig and Halle

Range of services:
- Bandwidth
- Internet services
- Voice services
- Carrier and provider services
- Network management

HL komm Telekommunikations GmbH

HL komm Telekommunikations GmbH . . . weil es nahe liegt.
Als Telekommunikationspartner im Raum Westsachsen und dem südlichen Sachsen-Anhalt mit den Ballungszentren Leipzig und Halle bietet das Unternehmen eine große Bandbreite an Telekommunikationsdienstleistungen die ganz speziell auf die Bedürfnisse des ansässigen Mittelstandes abgestimmt sind. Über den direkten Anschluss an das eigene, von anderen unabhängige HL komm-Netz, gewährleistet das Unternehmen hohe Sicherheit und absolute Servicequalität zu günstigen Preisen. Es ist damit die Nummer eins im regionalen Telekommunikations- und Internetmarkt.

HL komm Telekommunikations GmbH . . . because it is right next door.
As a telecommunications partner in the region of West Saxony and the Southern Saxony Anhalt with the conurbations of Leipzig and Halle, the company offers a wide range of telecommunication services tailored to suit the needs of the local medium-sized firms. The company offers direct connection to its own independent, high performance telecommunications network in order to guarantee high security and absolute service quality at favourable rates. It is therefore the number one in the regional telecommunication and Internet market.

einem entschlossenen „Ich will“ begannen. Wissenschaftliche Assistenten der Universität und der Hochschulen oder Entwicklungsingenieure aus den überlebten Kombinaten wurden quasi über Nacht Unternehmer. Mit mehr Enthusiasmus als betriebswirtschaftlichem Know-how oder gar Kapital. In die Waagschale warfen sie eine grundsolide fachliche Ausbildung und den unbändigen Willen zur Selbstständigkeit nach Jahren des verordneten Staus von Privatinitiative. Deshalb dominiert unter den Neuunternehmern aus der Leipziger Wirtschaftsregion eine naturwissenschaftlich-technische Prägung recht deutlich über den betriebswirtschaftlichen Werdegang. Vertriebswissen und Verhandlungsgeschick beim Umgang mit den Geldhäusern lieferte das ganz pragmatische „learning by doing“.

Beispielhafte Karrieren sehen hier so aus: Dr. Knut Löschke, Jahrgang 1950, war Kristallograf an der Leipziger Universität, bevor er gleich im Frühjahr 1990 sein Software-Unternehmen PC-Ware gründete. Klaus Dieter Lindemeyer, Jahrgang 1953, kam als Mathematiker aus dem selben akademischen Umfeld, als er sich im deutschen Einheitsjahr auf den unternehmerischen Aspekt der Computerwelt verlegte und Lintec schuf. Der Weg vom so genannten Garagenunternehmen über die GmbH und die Aktiengesellschaft bis zum Börsengang dauerte bei Lintec und ähnlich bei PC-Ware keine zehn Jahre – Aufbruch in der Leipziger Wirtschaft.

Matthias Kunisch (Jahrgang 1953) brachte als Diplom-Mathematiker Praxiswissen aus dem Rechenzentrum eines großen Kombinats mit. 1990 ging er mit einigen Gleichgesinnten auf das Münchner Software-Unternehmen IXOS zu und betrieb die Gründung einer Leipziger Niederlassung. IXOS ging an die Börse, durchlebte die Achterbahnfahrt der amerikanischen Technologiebörse Nasdaq und des deutschen Neuen Marktes. Der High-Tech-Konzern war zur Konsolidierung gezwungen. Weil sie nicht zu Lasten der stets profitablen Leipziger Niederlassung gehen sollte, emanzipierte sich die Leipziger Tochter von der Münchner Mutter und wandelte sich als einstige Niederlassung zur selbstständigen forcont GmbH. Matthias Kunisch und die Diplom-Physikerin Christa Gaudlitz führen seither ein Software-Unternehmen, das Erfolge auf dem Gebiet des Content Management feiert.

Zur Soziologie vieler Neu-Unternehmer gehört, dass sie in einem früheren Abschnitt ihres Arbeitslebens bereits ausreichend Erfahrungen im Unternehmensalltag gesammelt hatten. Es gibt keinen Zweifel,

Fortsetzung Seite 112

which had always been profitable, broke away from the parent company and changed its name to forcont GmbH. Matthias Kunisch has since managed the software firm together with Christa Gaudlitz, a physics graduate, and been quite successful in the field of content management.

At some point in their previous careers, many of these startups had gathered some kind of managerial experience. But none of them ever restricted their operations to the Leipzig region.

For PC-Ware, expansion means opening up markets in western Europe, with founder-CEO Löschke envisioning further growth to become a leading software licenser. In Lintec's case, growth is equivalent to fostering ties with emerging market economies in eastern Europe. Both Lintec and PC-Ware have learned their lesson and went through the turbulences of the New Market which began in 2000, after being celebrated as the first two companies from the region to go public. PC-Ware got off lightly thanks to a wealth of know-how and mainly because it had operated at a profit ever since its foundation twelve years earlier.

A company expecting to remain small or medium-sized for some time could be successful with a spectacular product, innovative process or by finding a market niche. The fields in which young enterprises from the Leipzig region have excelled are software, biotechnology and medical equipment. Time for them has been a precious resource, with management having to make complicated decisions quickly and the workforce becoming extremely flexible in the course of transformation. This flexibility is an asset which potential investors are beginning to appreciate.

In view of the radical change of industrial structure, the strict distinction made by many between an Old Economy and a New Economy would, at best, appear over-subtle when applied to the region. A number of local firms may well be much older than their start-up counterparts, but they would not have succeeded without adapting their ranges to market requirements and reorganizing their manufacturing process.

A case in point is Kirow, a long-established mechanical engineering company taken over by the medium-sized Koehne group 10 years ago. Now as before, Kirow specializes in railway slewing cranes versatile enough for work under extreme climatic conditions, on rails of all gauges and even in the narrow tunnels of mountain railways. Other examples include Brehmer (bookbinding machines), Pittler Tornos and Mikrosa (machine tools), BBG (farm machinery now

Continued on page 112

Gute Konzepte brauchen helle Köpfe
Helle Köpfe brauchen gute Konzepte
Das Ingenieurbüro für Kommunikations- und Gefahrenmeldesysteme Dr. Michaelis Consult ist der Partner in Sachen Kommunikation – von der Idee bis zur fertigen Systemlösung. In der heutigen Informationsgesellschaft wird es immer wichtiger, die richtige Technik zum richtigen Zeitpunkt zu haben. Aber welche ist jeweils die Beste? Unter Beachtung der Entwicklungstrends hilft das Unternehmen bei der Modernisierung oder Neukonzeption von Kommunikationstechnik. Dabei bietet die Dr. Michaelis Consult GmbH außer Beratung, Planung und Bauüberwachung auch die Systembetreuung durch ein eigenes Serviceteam an – rund um die Uhr an 365 Tagen im Jahr.

Good concepts need bright minds
Bright minds need good concepts
Ingenieurbüro für Kommunikations- und Gefahrenmeldesysteme Dr. Michaelis Consult is your partner for everything to do with communication – from the idea to the finished system solution. In our modern information society, it is becoming increasingly important to have the right technology at the right time. But what is the best in each case? Closely monitoring emerging trends, the company helps in modernising or redesigning communication technology. In addition to planning and construction supervision, Dr. Michaelis Consult GmbH also has its own service team to offer system support – 24/7, 365 days a year.

Information

Gründungsjahr:
1991

Mitarbeiter:
22

Leistungsspektrum:
Fachberatung, Systemplanung, Bauüberwachung, Systembetreuung und Systemlösungen bei
- Telekommunikationssystemen
- Datentechnik
- Inhouseverkabelungen
- Funknetzen
- Videosystemen
- Gefahrenmeldeanlagen
- Zutritts- und Zeiterfassungssystemen
- Gebäudeleitsystemen
- Elektroanlagen
- USV- und Netzersatzanlagen

Year of foundation:
1991

Employees: 22

Range of services:
Specialist consulting, system planning, construction supervision, system support and system solutions for
- Telecommunications systems
- Data technology
- Inhouse wiring
- Radio networks
- Video systems
- Alarm systems
- Access and time recording systems
- Building management systems
- Electrical systems
- SBP and redunadant network systems

☐
Dr. Michaelis Consult GmbH

Die Erfolgsgeschichte der PC-Ware AG begann 1990 in Leipzig mit nur drei Mitarbeitern und einem kleinen Kundenkreis bestehend aus regionalen Firmen.
In nur 12 Jahren entwickelte sich der lokale Softwarehändler zum europäischen IT-Konzern mit rund 550 Mitarbeitern und Tochtergesellschaften in sechs europäischen Ländern. In Deutschland ist PC-Ware inzwischen marktführender Lizenzierer von Standardsoftware und gehört zu den Top 5 der führenden Systemhäuser überhaupt.
Kerngeschäftsfeld des IT-Dienstleisters ist das Software-Management und -Lizenzierung. Darüber hinaus bietet PC-Ware umfangreiche Serviceleistungen wie kundenspezifische Anpassungen von Standard-Software, Support, Consulting und Projektmanagement sowie Schulungen und Trainings an.
Das Firmenverständnis als Dienstleister, der sich an den Bedürfnissen der Kunden orientiert, wird bei PC-Ware wörtlich genommen. Das beweisen zahlreiche internationale Auszeichnungen von zufriedenen Firmenkunden. Für Furore in der IT-Branche sorgte das Leipziger Unternehmen zuletzt durch seine neuartige Technologie zur elektronischen Lizenzierung von Software (eLicensing), das Firmen und Privatanwendern die nutzungsabhängige Bezahlung von Software nach dem „Pay per use"-Prinzip ermöglicht.
Die bisherigen Erfolge lassen PC-Ware jedoch nicht ruhen. In einem nächsten Schritt möchte das Unternehmen bis zum Jahr 2005 mit einem Umsatzvolumen von annähernd 500 Millionen Euro zu den führenden europäischen IT-Dienstleistern gehören.

Information

Gründungsjahr:
1990

Mitarbeiter:
etwa 550

Leistungsspektrum:
- Software- und Lizenzmanagement
- Consulting und Softwaresupport
- Integrierte Systemlösungen

Kunden:
45 000 Kunden in ganz Europa in den Segmenten
- Mittelstand (12 %)
- Industrie (40 %)
- Öffentlicher Dienst (48 %)

Year of foundation:
1990

Employees:
around 550

Range of services:
- software and licence management
- consulting and software support
- integrated system solutions

Customers:
45,000 customers throughout Europe in the following categories
- small to medium-sized businesses (12 %)
- industry (40 %)
- public sector (48 %)

PC-Ware Information Technologies AG, Leipzig

The PC-Ware AG success story began in Leipzig in 1990 with just three employees plus a small number of local companies as customers. In the space of only 12 years this local software dealer developed into a European IT group employing around 550 people, with subsidiary companies in six different European countries. PC-Ware is now the German market's leading standard software licensor and is one of the world's 5 leading system suppliers. This IT service provider's core business is software management and licensing. In addition, PC-Ware also provides extensive service packages such as custom-made standard software, support services, consulting and project management services as well as training courses. PC-Ware's vision of itself as a service provider intent on shaping itself in line with customer requirements is something it takes seriously, as evidenced by the numerous international accolades from satisfied customers. This Leipzig company is also causing a stir in the IT sector with its recent innovative technological advance in the field of electronic software licensing (eLicensing), enabling companies and home users to utilize software on a "pay per use" basis.

But PC-Ware is not resting on its laurels. The company's intended next step is to become one of Europe's leading IT service providers by the year 2005, achieving a sales volume of approximately 500 million Euro.

dass abgeklärte Existenzgründer mit dem Kapital Lebensklugheit ein Gewinn für die Region sind.

Eine Konstante prägt alle Start-ups aus dem Leipziger Wirtschaftsraum. Sie beschränken sich nicht auf ein regionales Refugium, sondern streben längst auf neue, immer weiter entfernte Märkte. Expansion heißt im Fall PC-Ware Westeuropa, wofür Gründer-Vorstand Löschke in seinen Visionen den Weg zu einem der führenden Software-Lizenzierer des Kontinents entwirft, und sie heißt im Falle Lintec, gute Kontakte in aufstrebende Marktwirtschaften in Osteuropa zu pflegen.

Dass die Konsequenzen manchmal hart sein können, gehört ebenfalls zum unternehmerischen Lehrstoff. Euphorisch gefeiert als die beiden ersten Börsengänger aus der Leipziger Region, konnten sich sowohl Lintec als auch PC-Ware den im Jahr 2000 begonnenen Turbulenzen des Neuen Marktes nicht entziehen. Wenn besonders PC-Ware glimpflich davonkam, so lag das an der mit Know-how ausgestatteten, soliden Substanz des Unternehmens und an den schwarzen Zahlen, und zwar lückenlos seit der Gründung vor zwölf Jahren.

Wer – zumindest noch für einen überschaubaren Zeitraum – als Unternehmen klein oder bestenfalls mittelgroß ist, braucht zur Untermauerung seines Erfolgs spektakuläre Produkt- oder Verfahrensideen oder attraktive Marktnischen. Software, Biotechnologie und Medizintechnik sind einige der Gebiete, auf denen junge Unternehmen aus der Leipziger Wirtschaftsregion Erfolge einfahren.

Jahre zählen in solchen Umbruchphasen doppelt. Sie verlangen Unternehmern außergewöhnliche Leistungen ab, und sie lassen Arbeitnehmer enorm viel von dem akkumulieren, was Soziologen als Transformationserfahrung klassifizieren. Darauf können Investoren bauen, die diese Region als höchst attraktiv zu erkennen beginnen.

Angesichts der komplett aufgefrischten Branchenstruktur im IHK-Bezirk Leipzig mutet die eine Zeitlang fast zum Glaubensbekenntnis hochgeschriebene Unterscheidung in Old und New Economy eigenartig oder bestenfalls spitzfindig an. Mag sein, dass eine ganze Reihe der in der regionalen Wirtschaft verwurzelten Unternehmen um ein Vielfaches älter ist als die Gründer aus den Start-ups. Ohne einen marktgerechten Wandel ihrer Produktpalette und die Reorganisation der Fertigung hätten sie allerdings ihre heutige Stellung auf dem Markt nicht erringen können.

Kirow Leipzig ist ein solches Traditionsunterneh-

Fortsetzung Seite 115

made under the roof of Amazone), and Maschinen- und Anlagenbau Grimma, who make apparatus for chemical plants in eastern Germany and recently supplied complete equipment to a site at Leuna. Each of them experienced structural change during the 1990s, which meant shrinking to a medium size, investing heavily in product development, and working hard to open up new markets. Essential to their survival, however, was the preservation of proven skills and know-how.

A company assembling purchased parts can never be as successful and profitable as a specialist manufacturer who has found the right market niche. One of these companies is Profiroll, a maker of roll forming machines from Bad Düben in the district of Delitzsch. In the words of managing director Manfred Walther, clients can expect "equipment, tools and processes from one source", including the reconditioning of worn tools where required. With such a wide range, the company can secure good prices even in fiercely contested markets in Europe, North America and Japan. At the same time, Profiroll is winning back former clients in the Czech Republic and Poland. According to Germany's Association of Engineering and Plant Construction Companies, Profiroll is one of its most profitable members. An employee profit-sharing scheme and flexible working hours have added to its competitive strength.

Building networks

In a region where economic structures have been disrupted, small companies that otherwise would be sharp competitors can act quite differently and start building networks to compensate deficits resulting from their size. Such promising cooperation has arisen in a number of cases across the district served by Leipzig's Chamber of Industry and Commerce.

Under a project entitled Biosystem Engineering in Central Saxony, the Kurt Schwabe Institute at Meinsberg has designed a network showing local research potentials and the commercial strengths of a large number of firms who could cooperate in the development of modular sensor systems customized to their own needs.

Networking has also helped to pool resources and coordinate the training of skilled labor for foundries that once made heavy castings for the machinery used in brown coal strip mines.

MEGU, a manufacturer in Leipzig, had new ma-

Continued on page 116

Information

Gründungsjahr:
1962, seit 1996 ist die RAB GmbH Teil der Koop-Gruppe

Mitarbeiter:
etwa 350

Leistungsspektrum:
Planung, Errichtung, Wartung, Havariebeseitigung und Sanierung von:
- Überregionalen Pipelines für Gas, Wasser, Öl, Produkte und Fernwärme
- Rohrleitungssystemen innerstädtischer Bereich für Gas, Wasser, Fernwärme
- Kabelsystemen, Telekommunikation
- Anlagen für Gas, Wasser, Abwasser, Wärme- und Stromerzeugung, Umwelttechnik
- Industrieobjekten

Year of foundation:
1962, RAB GmbH has been part of the Koop Group since 1996

Employees:
approximately 350

Range of services:
Planning, construction, servicing, accident repair and overhaul of:
- National pipelines for gas, water, oil, products and district heating
- City centre pipel ne systems for gas, water and district heating
- Cable systems, telecommunications
- Systems for gas, water, wastewater, heat and electricity generation and environmental engineering
- Industrial objects

☐

RAB Rohrleitungs- und Anlagenbau GmbH

Bedeutendster Geschäftsbereich der RAB GmbH ist der Rohrleitungsbau von kleinen bis hin zu sehr komplexen Großprojekten. Das Unternehmen verfügt über jahrelange Erfahrungen, qualifizierte Mitarbeiter, bewährte Managementtechniken und das erforderliche technische Equipment um alle Facetten des Rohrleitungsbaus abzudecken. Die Errichtung von Industrieanlagen sowie von modernen Energieerzeugungs- und Versorgungstechnikanlagen wie Blockheizkraftwerken und Gasanlagen können als Beispiele angeführt werden.
Effiziente und kreative Gesamtlösungen, wie die Vertragsformen Engineering, Procurement & Construction (EPC) und Management (EPCM) können auf Wunsch angeboten werden.

RAB GmbH focuses mainly on the construction of pipelines with orders ranging from small to very complex, major projects. The company can draw on years of experience, a qualified workforce, tried and tested management techniques and the required technical equipment in order to cover all facets of pipeline construction. Examples of the company's experience include the construction of industrial systems and modern power production and supply engineering systems such as combined heat and power plants and gas systems.
Efficient and creative overall solutions such as the contractual forms of engineering, procurement and construction (EPC) and management (EPCM) can be offered on request.

Information

Gründungsjahr:
1991

Mitarbeiter: 59,
6 Auszubildende

Leistungsspektrum:
- Spann-, Montage- und Prüfvorrichtungen
- Messlehren
- Lastaufnahmen
- Schweißkonstruktionen
- Sondermaschinen
- Werkzeuge
- Konstruktionsleistungen

zertifiziert nach DIN EN ISO 9001

Year of foundation:
1991

Employees: 59,
6 trainees

Range of services:
- Workholding, assembly and test appliances
- Gages
- Load bearing equipment
- Welding constructions
- Special machines
- Tools
- Construction services

Certified according to DIN EN ISO 9001

☐
Aloys Bockholt Schkeuditz GmbH, Schkeuditz

Die Aloys Bockholt Schkeuditz GmbH ist ein Unternehmen mit langjährigen Erfahrungen im Vorrichtungs-, Sondermaschinen- und Werkzeugbau. Mit eigener Konstruktion und Montage erbringt sie Komplettleistungen. Das Unternehmen fertigt spezielle Maschinen wie Montageeinrichtungen für die Automobil- und Schienenfahrzeugindustrie, Spannvorrichtungen für zerspanende Bearbeitungsmaschinen und vieles mehr. Der Maschinenpark umfasst dementsprechend modernste CNC-gesteuerte und konventionelle Bearbeitungsmaschinen.

Aloys Bockholt Schkeuditz GmbH is a company with many years of experience in the construction of appliances, special machines and tools. It provides full service with its own construction and assembly departments. The company manufactures special machines such as assembly apparatus for the automobile and track vehicle industries, workholding devices for cutting machines and much more. Accordingly, the fleet of machines includes state of the art CNC-controlled and traditional processing machines.

Betonkörperform (Montage beim Kunden)

Concrete shell (to be erected on site)

men. Es gehört seit zehn Jahren zur mittelständischen Unternehmensgruppe Köhne. Kirow vertraut auf seine Spezialität – Eisenbahndrehkrane, die sich den jeweiligen Verhältnissen auf den Schienen der Welt anpassen, egal ob es sich um die klimatischen Extremwerte am Einsatzort, die Spurweite oder eng begrenzten Profile bei der anspruchsvollen Arbeit in Tunnels bekannter Gebirgsbahnen handelt.

Kirow Leipzig ist ein wichtiger Teil des traditionsreichen Leipziger Maschinenbaus. Andere sind Brehmer Buchbindereimaschinen oder die Werkzeugmaschinenbauer Pittler Tornos und Mikrosa als Teil des Branchenverbunds Schleifring. Der Landmaschinenbauer BBG hat seine Produktlinien in das Programm der neuen Unternehmensmutter Amazone eingebracht. Die Maschinen- und Anlagenbau Grimma GmbH stellt ihre Apparaturen überall dort auf, wo die Großchemie in den östlichen Bundesländern heimisch ist, jüngst wieder eine neue Großanlage in Leuna.

Jedes einzelne dieser Unternehmen vollzog in den 1990er-Jahren seinen Teil des Strukturwandels über anfängliche Schrumpfung auf mittelständisches Format, erheblichen Entwicklungsaufwand und intensive Arbeit auf neuen Märkten. Doch das eigentliche Erfolgsmuster heißt, möglichst viel von der umfassenden Kernkompetenz zu bewahren. Wer nur zugekaufte Komponenten montiert, kann kaum so erfolgreich und rentabel sein wie ein Spezialist, der in seiner Marktnische ein stimmiges Kompetenzbündel festhält.

Den Beweis liefert Profiroll Bad Düben aus dem Kreis Delitzsch. Geschäftsführer Manfred Walther bringt den Erfolg des Profilwalzmaschinenherstellers auf die Formel „Maschinen, Werkzeuge und Verfahren aus einer Hand.“ Und wenn es gilt, abgenutzte Werkzeuge aufzuarbeiten, leisten die Bad Dübener das natürlich auch. Mit solcher Angebotsbreite lassen sich gute Preise auch auf hart umkämpften Märkten erzielen.

Prominente Kunden der Bad Dübener Spezialmaschinenbauer sitzen überall in der globalen Triade – in Europa, Nordamerika und in Japan. Intensive Marktarbeit zielt außerdem auf die angestammten und nun wieder aufsteigenden Märkte in Tschechien und Polen. Für Profiroll geht die Kalkulation auf. Das Unternehmen gehört bundesweit zu den ertragsstärksten der Branche, bestätigt der Verband Deutscher Maschinen- und Anlagenbauer. Mitarbeiterbeteiligung am Unternehmenserfolg und ein flexibles Arbeitszeitmodell sichern Profiroll die erforderliche Flexibilität im weltwirtschaftlichen Konjunkturverlauf.

Werkzeugfertigung in der Profiroll Technologies GmbH, Bad Düben, einem auf vielen internationalen Märkten erfolgreichen Spezialisten des Werkzeugmaschinenbaus aus dem Nordwesten von Sachsen. Zerspanungsmechaniker Marcus Fuchs bedient eine Drahterodiermaschine. Im Vordergrund sind Walzspindeln zu sehen.

Tool manufacturing at Profiroll Technologies GmbH, Bad Düben, a specialist in machine tool manufacture working in north-western Saxony, successful in many an international market. Machining operative Marcus Fuchs operates a wire erosion machine. Roll spindles can be seen in the foreground.

Grundgedanke: Netzwerke flechten

Wenn wirtschaftliche Strukturen aus eingefahrenen Gleisen geraten, modifiziert sich auch das Wechselverhältnis der Akteure. Branchennachbarn, die nach allen gängigen Schemen glasklar Konkurrenten sein müssten, flechten Netzwerke, um im Verbund vorhandene Defizite ihrer jeweils geringen Unternehmensgröße zu kompensieren. Dafür existieren im IHK-Bezirk Leipzig einige erfolgreiche Ansätze auf ganz verschiedenen Gebieten.

Das Kurt-Schwabe-Institut für Mess- und Sensortechnik e. V. in Meinsberg macht sich für Sensorentwicklungen stark, die als modulares System optimal auf die Bedürfnisse der mittelständischen Anwenderfirmen zugeschnitten sind. Unter dem Titel Biosystemtechnik Mittelsachsen entstand ein Netzwerk-Modell als Kombination regionaler Vorzüge. Dazu zählen das Anknüpfen an regionale Stärken – sowohl in der Forschung als auch im unternehmerischen Mittelstand – und die Vielzahl der Verbündeten, um ein so komplexes Thema wie Biosystemtechnik abzudecken.

Bemerkenswert funktioniert die Vernetzung der unternehmerischen Potenziale in der Gießereiindustrie. Diese Branche entstammt in Westsachsen ursprünglich der Massenproduktion schwerer Gussteile für den benachbarten Braunkohlebergbau. Sie wurde vor zwanzig Jahren schrittweise auch für die Bedürfnisse des Kraftfahrzeugbaus ergänzt und modernisiert. Dafür steht der Traditionsname MEGU – das ehemalige Metallgusswerk Leipzig, das nach der Privatisierung zum sächsischen Standbein der Halberg Guss GmbH ausgebaut wurde. Mehr als 400 Mitarbeiter – annähernd doppelt so viele wie zum Zeitpunkt der Privatisierung 1993 – fertigen hier auf hohem fertigungstechnischem Niveau die Motorenblöcke für den 1,9-Liter-Turbodiesel von VW und den Premium-Motorblock für den 16-Liter V8 des schwedischen LKW-Herstellers Scania. Ein weiterer Kunde ist Opel. In die Aluminium-Kokillen-Gießerei für Corsa- und Astra-Motoren floss ein bedeutender Teil der seit 1993 investierten 40 Millionen Euro.

Über den prognostizierten BMW-Zulieferkomplex hinaus ist auch das Leipziger Werk der Georg Fischer AG tätig. Mit modernster Gießereitechnik entstehen in diesem Betrieb anspruchsvolle Gussteile für den Motoren- und Traktorenbau. Zum Gießerei-Netzwerk und seinen Perspektiven in Westsachsen gehören vor allem koordinierte Aktivitäten auf dem Gebiet der Facharbeiterausbildung.

chinery installed twenty years ago so that automotive parts could gradually be added to the range. The plant was later taken over by Halberg Guss and now employs 400 people, almost twice the number who worked there at the time of privatization in 1993. Using advanced equipment, the foundry now turns out 1.9-liter engine blocks for Volkswagen's turbocharged diesel and a 16-liter V8 engine for trucks made by Scania, a Swedish manufacturer. For the production of Corsa and Astra engines (Opel), the bulk of a 40 million Euro investment undertaken since 1993 has gone into an aluminum chill casting plant. Georg Fischer, another local foundry, is to make complex castings for BMW but also supplies engine and tractor manufacturers.

Two factors will be decisive in securing a future for the region's manufacturing industry and strengthening its competitiveness. One is research and development, which must proceed alongside production, and the other is cooperation as now practiced under the roof of loose and extremely diverse associations. Ideally, the two could combine for even greater efficiency.

Rather than being the brainchild of top executives working for high-tech companies, networking is thus quite a down-to-earth activity and found throughout the region and beyond. The biotechnology network, for example, pools research potential in the medical sector and in establishments dealing with plant and environmental biology and extends as far as Halle in the neighboring state of Saxony-Anhalt.

Prof. Michael Düsterwald, who heads the Leipzig branch of RKW Sachsen GmbH, a consultancy, has identified three elements which are responsible for the remarkable results obtained from the cooperation of medium-sized high-tech firms in the region: "Local companies have bolder visions of how to respond to powerful trends in technology. Technical communication works and interdisciplinary cooperation is no problem. And finally, all sides come up with practical ideas." Plastics engineering is the subject of another network built around Kunststoffcentrum Leipzig, an establishment for applied research into materials which also advises manufacturers of plastics processing machinery. It holds a patent for welding interlaced polyethylene pipes.

Working on a smaller scale is the network which links about 20 SMEs at Colditz, southeast of Leipzig. Established after the shutdown of a porcelain factory which used to be the biggest employer in the small town, it coordinates the activities of local entrepreneurs seeking to restore economic prosperity.

Halberg Guss ist ein Saarbrücker Traditionsunternehmen. Seit März 1993 gibt es einen weiteren Unternehmensstandort – die aus einem Nutzwagenkombinat (MEGU) privatisierte Gießerei in Leipzig. Halberg Guss ist ein modernes Unternehmen. Aus dem bewährten Werkstoff Grauguss fertigt es Motorblöcke, Zylinderköpfe und Kurbelwellen für fast alle renommierten Fahrzeughersteller. Halberg Guss entwickelt außerdem gemeinsam mit den Fahrzeugherstellern moderne Triebwerkskomponenten für Klein- und Mittelklassewagen, die wenig wiegen und verbrauchen, mit geringen Schadstoff- und Geräuschemissionen. Und – die Halberger Erzeugnisse sind zu 100 Prozent recycelbar.

Halberg Guss is a traditional Saarbrücker company. It has maintained a second company site since March 1993 – the foundry in Leipzig that emerged as a privatised firm from the former agricultural vehicle cooperative MEGU. *Halberg Guss is a modern company. It uses the tried and tested material grey cast iron to manufacture engine blocks cylinder heads and crankshafts for almost all renowned vehicle manufacturers. In addition, Halberg Guss develops with other vehicle manufacturers modern drive components for hatchbacks and saloon cars; the aim of these components is that they should not weigh or consume much and that they should reduce contaminant and noise emission. Furthermore, Halberger products can be fully recycled.*

Information

Gründungsjahr:
1988 aus der Halbergerhütte (1756 gegründet) ausgegliedert,
1993 in Leipzig

Mitarbeiter:
insgesamt 1800,
in Leipzig 400

Produkte:
- Motorblöcke
- Zylinderköpfe
- Kurbelwellen
- Bedplates

Kunden:
Audi, BMW, Deutz AG, Citroen, Ford, Daimler-Chrysler, New Holland, Opel, Perkins, Peugeot, RVI, Caterpillar, Saab, Scania, Seat, Skoda, Vauxhall, VW

Umsatz (2001):
SB 162 Mio Euro
Leipzig 53 Mio Euro

Standorte:
- Saarbrücken
- Leipzig

Year of foundation:
Separated from Halbergerhütte (founded in 1756) in 1988,
1993 in Leipzig

Employees:
Total 1,800,
in Leipzig 400

Products:
- Engine blocks
- Cylinder heads
- Crankshafts
- Bedplates

Customers:
Audi, BMW, Deutz AG, Citroen, Ford, Daimler-Chrysler, New Holland, Opel, Perkins, Peugeot, RVI, Caterpillar, Saab, Scania, Seat, Skoda, Vauxhall, VW

Sales volume (2001):
SB 162 million Euro
Leipzig 53 million Euro

Locations:
- Saarbrücken
- Leipzig

☐
Halberg Guss GmbH

Blick über die Brücke des Friedens in Bad Düben: Die im Zweiten Weltkrieg zerstörte Brücke wurde Ende der fünfziger Jahre wieder aufgebaut und 1994/95 im Auftrag der Bundesregierung komplett saniert.

View of the Bridge of Peace in Bad Düben: The bridge, destroyed in the Second World War, was rebuilt during the late fifties and afterwards completely renovated on behalf of the Federal Government in 1994/95.

Für die Zukunft der verarbeitenden Industrie in der Wirtschaftsregion um Leipzig und die Stärkung ihrer Wettbewerbsposition sind zwei strategische Entwicklungsstränge entscheidend. Zum einen die Flankierung der Produktion mit Forschung und Entwicklung und zum anderen starke Verbünde, wo immer sich Berührungspunkte ergeben. Im Idealfall verflechten sich beide Trends zu einem leistungsfähigen Ganzen.

Der Netzwerkgedanke ist kein Privileg der obersten Etage in den von Hochtechnologie getriebenen Branchen. Man findet die praktischen Verbünde überall, und entsprechend weit streuen zwangsläufig Leistung und Zielstellung.

Qualitativ hohen Ansprüchen genügt das Netzwerk Biotechnologie. Es bündelt die Forschungspotenziale in den Bereichen Medizin, Pflanzen- und Umweltbiologie. Besonderen Wert erhält es durch den Brückenschlag nach Halle ins benachbarte Sachsen-Anhalt.

Professor Michael Düsterwald, Leipziger Niederlassungsleiter des Beratungsunternehmens RKW Sachsen GmbH, nennt drei Gründe, warum die Vernetzung hoch technologischer Mittelständler in der Leipziger Region und darüber hinaus zu bemerkenswerten Ergebnissen führt: „Die einheimischen Unternehmen gehen kühner an Zusammenhänge ran, die sich aus den technologischen Megatrends ergeben. Die Fachkommunikation funktioniert, und deshalb bildet die interdisziplinäre Zusammenarbeit keine Hürde. Außerdem entwickeln alle Beteiligten praxisnahe Ideen."

A new role for craft shops

In an economy dominated by SMEs, the borderline between small manufacturing firms and craft shops is fluid. The Leipzig Chamber of Handicrafts has 11,200 enterprises in its register, employing an average of 9.4 people including the owner. With a combined annual turnover of some _6 billion, these businesses make a significant contribution to the region's economic performance. The construction boom which started in eastern Germany ten years ago made the future look bright for craftsmen of all trades, including roofers, painters and decorators, plumbers, fitters and heating engineers. Now that private and public demand has caved in, craftsmen need to think of new strategies for survival. The guild of sanitary, heating and air conditioning trades, with roots in Leipzig going back to 1652, is now thinking of teaming up with the electricians' guild for servicing building systems that are becoming ever more complex, including the provision of financing for these systems. This could ensure a

Information

Gründungsjahr:
1997 ausgeliedert aus dem DASA-Konzern

Mitarbeiter:
98

Leistungsspektrum:
- Hochdrucktechnik
- Lasertechnik
- Pyrotechnik
- Qualitätsmanagement

Standorte:
- Großweitzschen, Sachsen
- Nabern, Baden-Württemberg

Year of foundation:
Spun-off from the DASA Group in 1997

Employees: 98

Range of service:
- High pressure engineering
- Laser engineering
- Pyrotechnics
- Quality management

Locations:
- Großweitzschen, Saxony
- Nabern, Baden-Württemberg

□
MBB Airbag Systems GmbH, Großweitzschen

Die Unternehmensstrategie der MBB Airbag Systems GmbH hat ein wesentliches Ziel: die direkte und schnelle Verbindung von Forschung und Entwicklung mit der Serienproduktion. Dazu kooperiert das Unternehmen eng mit Forschungslabors in aller Welt. In der eigenen Verfahrensentwicklung mit Prototypenbau in Nabern bereitet es alle erforderlichen Schritte vor, damit die optimale Integration neuer Produkte in der Produktionsstätte Großweitzschen gelingt. Im Bereich der Airbag-Technologie beispielsweise entwickelt und fertigt MBB Generatoren für Sidebags und Beifahrer-Bags: Über sechs Millionen Hybrid- und Kaltgasgeneratoren produzieren die Werke in Sachsen pro Jahr.

The corporate strategy of MBB Airbag Systems GmbH has one primary objective: to link up research and development with series production in a fast and direct manner. In doing this, the company cooperates closely with research laboratories throughout the world. The company prepares all stages in its own process development division with prototype construction in Nabern in order to ensure that there is an optimum integration of new products in the production plant in Großweitzschen. In the field of airbag technology, for example, MBB develops and produces generators for sidebags and passenger airbags: Each year, the Saxon-based plants produce more than six million hybrid and cold gas generators.

Durch weithin anerkannte Forschung inspiriert wird auch das Netzwerk Mitteldeutsche Kunststofftechnik. Sein Nukleus ist das Kunststoffcentrum Leipzig, eine praxisorientierte Einrichtung, die sowohl der Werkstoffkunde als auch dem zugehörigen Maschinenbau Impulse gibt und ein patentiertes Verfahren zum Schweißen vernetzter Polyethylen-Rohre vorweisen kann.

In einer anderen „Liga" der Wirtschaft angesiedelt, gleichwohl jedoch nicht zu unterschätzen ist das Netzwerk Colditz. In der Kleinstadt im Muldentalkreis hat der wirtschaftliche Strukturbruch durch die Schließung des früher dominierenden Arbeitgebers, der Porzellanfabrik, besonders einschneidend gewirkt. Deshalb erfüllt das seit dem Jahr 2000 geflochtene Netzwerk eine wichtige Funktion. Es bündelt und koordiniert die Aktivitäten von rund 20 mittelständischen Unternehmen, die am wirtschaftlichen Wiederaufstieg der Stadt arbeiten.

Partner im Handwerk

In einer mittelständisch geprägten Wirtschaft verlaufen die Grenzen zwischen den Kleinbetrieben des verarbeitenden Gewerbes und dem Handwerk fließend. 11 200 Unternehmen stehen in der Rolle der Handwerkskammer zu Leipzig. Einschließlich der Inhaber entfallen statistisch 9,4 Beschäftigte auf einen Betrieb. Mit einem Gesamtumsatz in Höhe von rund sechs Milliarden Euro erbringt das Handwerk einen signifikanten Beitrag zur momentanen Wirtschaftsleistung der Leipziger Region.

Vor zehn Jahren war der sprichwörtliche „goldene Boden" des Handwerks für Jedermann erkennbar. Das sprunghafte Gründungsgeschehen entsprang der Ausnahmesituation des ostdeutschen Baubooms in seiner einmaligen Breite. Daraus zogen alle auf den Bau fixierten Gewerke von den Dachdeckern über Maler bis zu Klempnern, Installateuren und Heizungsbauern Nutzen. Die Konsolidierung am Bau und der damit einhergehende drastische Rückgang der privaten und öffentlichen Nachfrage zwingt inzwischen auch das Handwerk zu neuen Überlegungen.

So suchen zum Beispiel die Mitglieder der Innung Sanitär-Heizung-Klima, deren historische Wurzeln in Leipzig bis ins Jahr 1652 zurückreichen, am Beginn des 21. Jahrhunderts ein neues Profil im Schulterschluss mit dem Elektrohandwerk, als Dienstleister für die immer komplexere Haustechnik und als Problemlöser bis hin zur Finanzierung für die installierte Tech-

future for craft shops alongside bigger enterprises in the construction sector.

Of the many small handicraft businesses in the Leipzig region, a number have grown to become medium-sized industrial enterprises. A case in point is NEL, once a craft shop making tubular lamps for neon signs and then securing large-scale orders from satisfied customers. These were executed by retaining the manual part of the job and outsourcing other work. At the same time, the developing department worked on larger signs, better light efficiency and power savings. Meanwhile, NEL reports sales to China, and a subsidiary in Budapest is making inroads into the Hungarian market, which is a promising development as the country is about to join the European Union.

What makes the Leipzig region so exceptional is that practically all industries experienced structural change at the same time and that both large and small businesses were affected. One of the latter was Reinhold Kühn's handicraft shop, which made cases for glasses etc. from the most precious leathers and other materials, supplying luxury boutiques in London and Beverly Hills patronized by the Royal Family and celebrities like Robert Redford. But Kühn was to find out that making the world's most beautiful cases and financing marketing channels for these products were two different things. When he had almost given up, his business was taken over by a west German firm, Auth of Lüdenscheid, under whose roof he will now be able to keep his identity. The move saved a prestigious name and nine jobs, which is not to be scoffed at in a region hit so hard by overwhelming market forces.

The return of regional products

One aspect of consumer behavior in eastern Germany would provide good material for case studies in business schools. This was the complete rejection by the locals of food and body care products they had lived with for so long but were unwilling to buy after western products had become readily available in their shops. This often brought local producers to the verge of collapse.

In the meantime, following a reversal in customer preferences, many of the old brands have returned to the market and some are more popular than ever. One example is Reudnitzer, a beer from a local brewery taken over by the Brau und Brunnen group from Dortmund several years ago. When the west German parent company tried to get rid of a few lesser known

Information

Gründungsjahr: 1868

Mitarbeiter: 148

Leistungsspektrum:
- Interessenvertretung
- Wirtschaftsförderung
- Betriebsdatenbank
- Unterstützung bei Unternehmensansiedlungen
- Kooperationsvermittlung
- Fachkräftebörse
- Außenwirtschaftsberatung
- Existenzgründerberatung
- Umweltzentrum
- Ausbildungsberatung
- Lehrstellenbörse
- Fort- und Weiterbildung
- Rechtsberatung
- Vermittlung von Sachverständigen

Year of foundation: 1868

Employees: 148

Range of services:
- Representation of interests
- Economic support
- Database of businesses, products and services
- Settlement support
- Guidance for cooperations
- Database of qualified specialists
- Foreign trade consultation
- Start up consultation
- Consultation on environmental issues
- Consultation on qualification
- Database of open apprenticeship places
- Professional training
- Legal advice
- Placement of expert witnesses

□
Handwerkskammer zu Leipzig

Im Regierungsbezirk Leipzig erwirtschaften 11 000 Handwerksbetriebe mit 100 000 Beschäftigten pro Jahr Produkte und Dienstleistungen im Wert von fünf Milliarden Euro. Jeder fünfte Erwerbstätige arbeitet heute in einem Handwerksbetrieb, und jeder dritte Selbstständige ist Handwerker. In über 80 Berufen präsentieren die Handwerksunternehmen ein vielfältiges Leistungsangebot für ihre Kunden – private Verbraucher, Industrie, Handel und öffentliche Hand.
Die Handwerkskammer zu Leipzig vertritt die wirtschaftspolitischen Interessen der Handwerksbetriebe des Regierungsbezirks. Sie fördert die wirtschaftliche Entwicklung und unterstützt die Unternehmen mit bedarfsgerechten Dienstleistungsangeboten. Das Spektrum reicht von der Vermittlung von Auslandskontakten und Kooperationen über Investitionsplanung und Messebeteiligungen bis zur Technologieberatung und Weiterbildung.

In the administrative region of Leipzig 11,000 small and medium sized enterprises of the skilled crafts and trade sector employ a workforce of 100,000. They provide products and services at an annual value of 5 billion Euro. Every fifth employee works in a skilled crafts enterprise, while every third self-employed person is a craftsperson. Spread over 80 professions, the enterprises present a rich variety of services for their customers – private customers, industry, trade and public sector.
The Leipzig Chamber of Skilled Crafts and Trade represents the economic-political interests of these enterprises within the administrative region. It promotes the economic development and supports the enterprises with tailored services. The spectrum ranges from arranging contacts and cooperations abroad through to investment planning, trade fair participation up to technological guidance and professional training.

nik. Die weitere Perspektive lautet schließlich, als Partner der expandierenden Industrie zu einer stabilen Position im wirtschaftlichen Kreislauf zu gelangen.

Die Leipziger Region kennt zahlreiche Beispiele für den Aufstieg von Handwerksbetrieben in mittelständische industrielle Dimensionen. So hat es zum Beispiel die Neontechnik Leipzig GmbH (NEL) geschafft, ihre handwerklichen Fertigkeiten beim Verarbeiten von Glasröhren für Leuchtwerbung zur Meisterschaft zu bringen und immer neue Großkunden mit lukrativen Serienaufträgen hinzuzugewinnen. Das Geheimnis: Handwerkliche Fertigungsabschnitte im eigenen Haus behalten sowie beharrliche Entwicklungsarbeiten, um großflächige Werbelösungen zu realisieren, die Lichtausbeute zu steigern und obendrein noch Energie einzusparen. Der Markterfolg von NEL strahlt bereits bis nach China. Eine Tochtergesellschaft in Budapest erschließt den Markt des EU-Beitrittskandidaten Ungarn.

Was dem IHK-Bezirk Leipzig eine Ausnahmestellung im Vergleich der Regionen verschafft, ist die beispiellose Gleichzeitigkeit des Strukturwandels in allen Branchen. Der Umbruch reicht über weithin bekannte Firmen hinaus und wirft gelegentlich ein grelles Licht auch auf unscheinbare, jedoch mit viel Emotionalität beladene Unternehmen.

Die Etuisfabrik Reinhold Kühn aus Grimma im Muldentalkreis ist solch ein unspektakulärer Traditionalist. Ihr Geheimnis ist ein grundsolides Handwerk und der Einsatz gediegener Materialien. Weil die Etuisfabrik auch edle Boutiquen in London und Beverly Hills beliefert, stehen die englischen Royals und Robert Redford auf der Referenzliste der Grimmaer. Zu ihrem Selbstverständnis gehört, die schönsten Etuis der Welt herzustellen.

Doch wie überall sind es zwei verschiedene Dinge, Luxusgüter herzustellen und mit hohem finanziellem Aufwand den dafür erforderlichen ausgefeilten Vertrieb aufzubauen. Als es für das Unternehmen schon nicht mehr weiter zu gehen schien, trat die Etuisfabrik Auth aus Lüdenscheid an und übernahm Anfang 2002 den Grimmaer Branchennachbarn, der nun unter einem gemeinsamen unternehmerischen Dach seine Identität wahrt.

Gerettet wurden ein Traditionsunternehmen und neun Arbeitsplätze. Diese Leistung sollte niemand gering schätzen in einer Region, die einen Kaltstart in ausgereifte marktwirtschaftliche Verhältnisse hinlegen musste. Auch neun Arbeitsplätze sind eine Facette der erfolgreichen Bewältigung dieser Mammutaufgabe.

Fortsetzung Seite 126

brands and wanted to close down the brewery in Leipzig, the locals were up in arms and the management eventually gave way. Meanwhile, thanks to aggressive marketing and sizeable investments, Reudnitzer has become fairly profitable and sells beyond regional borders. In April 2002 the brewery celebrated 140 years in business.

Krostitzer, another long-established brand of beer from Krostitz and Reudnitzer's main competitor, was acquired by Binding breweries, whose marketing know-how and capital helped to make it big again in the region and beyond.

The privatization of state-owned enterprises after 1991 was a unique undertaking meant to convert a planned economy into a free enterprise system over a very short period. One of the most successful projects in this connection was the management buyout of Florena, a cosmetics firm located at Waldheim. Three executives pooled their financial resources and expert knowledge to save a brand name that was about 60 years old, and a company that had existed for over 160 years. They started with an advertising campaign for bubble baths, deodorants and shaving cream and, from 1993 on, managed to make a profit. Apart from making inroads into western markets they continued to export to east European countries and invested heavily in production and logistics. Early in 2002, Florena faced a problem known to business administrators as a growth trap. The company was big enough for a profitable future but too small to find the capital needed for further growth. Beiersdorf, a west German cosmetics company with a 25% holding took over the remaining shares and promised that the brand name would be retained.

At the heart of Saxony, orchards around Grimma, Oschatz and Döbeln have made "Sachsenobst" their brand name for fruit and juices grown, stored, processed and marketed under the entrepreneurial leadership of Obstland Dürrweitzschen AG. With over 45 million Euro invested in plantations and equipment, of which one quarter went into a crushing and pressing plant, the enterprise is seeking market leadership in Saxony by 2005. Such goods as regional beer and fruit, along with bread, cakes and pastries made at Döbeln under the Erntebrot brand name, and Böhme chocolate from Delitzsch all add up to make food production an important economic sector in the district served by the Leipzig Chamber of Industry and Commerce. □

Ganz nach dem Motto: „Mit Licht mehr Werbung – mit Sicherheit weniger Strom" arbeitet die NEL Neontechnik Elektroanlagen Leipzig GmbH. Ein Eckpfeiler des Unternehmens ist das qualifizierte Fachpersonal von 55 Mitarbeitern. Darunter sind Ingenieure, Meister, Obermonteure, Elektriker, Schilder- und Lichtreklamehersteller, Glasbläser, Maler und etwa fünf Auszubildende. So vielseitig wie die Mitarbeiter ist auch das Produktprogramm. Es reicht von Neonglas- über energiesparende Beleuchtungs- bis hin zu Info- und Anzeigesystemen. Auf dem Gebiet der LED-Lichttechnik verfügt das Unternehmen über modernstes Know-how. Gefertigt wird nach Kundenvorlagen oder nach Entwürfen, die mit eigener Computertechnik gestaltet werden.

NEL Neontechnik Elektroanlagen Leipzig GmbH operates on the basis of its motto: "More advertising with light – and with less electricity". One of the company's mainstays is the qualified, expert staff of 55, including engineers, master tradesmen, specialist fitters, electricians, manufacturers of signs and neon signs, glass blowers, painters and roughly five trainees. The product programme is also just as varied as the staff. It ranges from neon glass over power-saving lighting through to information and display systems. The company has state of the art know how in the field of LED light technology. Production is based on customer submissions or drafts which we design with our own computer technology.

Information

Gründungsjahr: 1961 gegründet als PGH Neontechnik und Anlagenbau Leipzig, seit 1991 GmbH

Mitarbeiter: 55

Leistungsspektrum:
- elektrotechnischer Anlagen-Service
- Lichtwerbeanlagen
- Neondesign
- Info- und Anzeigesysteme

außerdem Beratung, Konzeption, Planung, Realisierung, Montage, Service nach Kundenvorlagen oder mit eigener Computertechnik gestalteten Entwürfen

zertifiziert: TÜV-CERT nach DIN EN ISO 9001

Year of foundation: 1961 founded as PGH Neontechnik und Anlagenbau Leipzig, GmbH (limited company) since 1991

Employees: 55

Range of services:
- Electro-technical and Facility Services
- Light advertising systems
- Neon design
- Information and display systems

Also consulting, conception, planning, realisation, fitting and servicing of designs based on customer submissions or our own computer technology

Certified: TÜV-CERT according to DIN EN ISO 9001

□

NEL Neontechnik Elektroanlagen Leipzig GmbH

Die ostdeutschen Riesen-investitionen gehören zum gängigen Kanon der Wirtschaftsberichterstattung. Der überwiegende Teil des marktwirtschaftlichen Wandels auch in der Leipziger Region entstammt jedoch dem Mittelstand. In Handwerksbetriebe, Geschäfte und Dienstleistungseinrichtungen wurde kräftig investiert, wie hier in das Kosmetikinstitut Ilka Lucas in Leipzig.

Huge investments in eastern Germany have become almost commonplace in economic reporting. However, most of the change towards a market economy undergone by businesses in the Leipzig region has been generated by small to medium-sized businesses. A lot of investment has gone into the craft trades sector, shops and service providers such as the Ilka Lucas cosmetics institute in Leipzig, shown here.

Information

Gründungsjahr: 1862

Mitarbeiter:
170

Produkte:
- Reudnitzer Pilsner Premium
- Reudnitzer Schwarzbier
- Reudnitzer Export
- Reudnitzer Heller Ur-Bock
- Reudnitzer Diät
- Reudnitzer Weihnachtsbier

- Sternburg Pilsener
- Sternburg Schwarzbier
- Sternburg Export

Year of foundation:
1862

Employees:
170

Products:
- Reudnitzer Pilsner Premium
- Reudnitzer Schwarzbier
- Reudnitzer Export
- Reudnitzer Heller Ur-Bock
- Reudnitzer Diät
- Reudnitzer Weihnachtsbier

- Sternburg Pilsner
- Sternburg Schwarzbier
- Sternburg Export

□
Leipziger Brauhaus zu Reudnitz GmbH

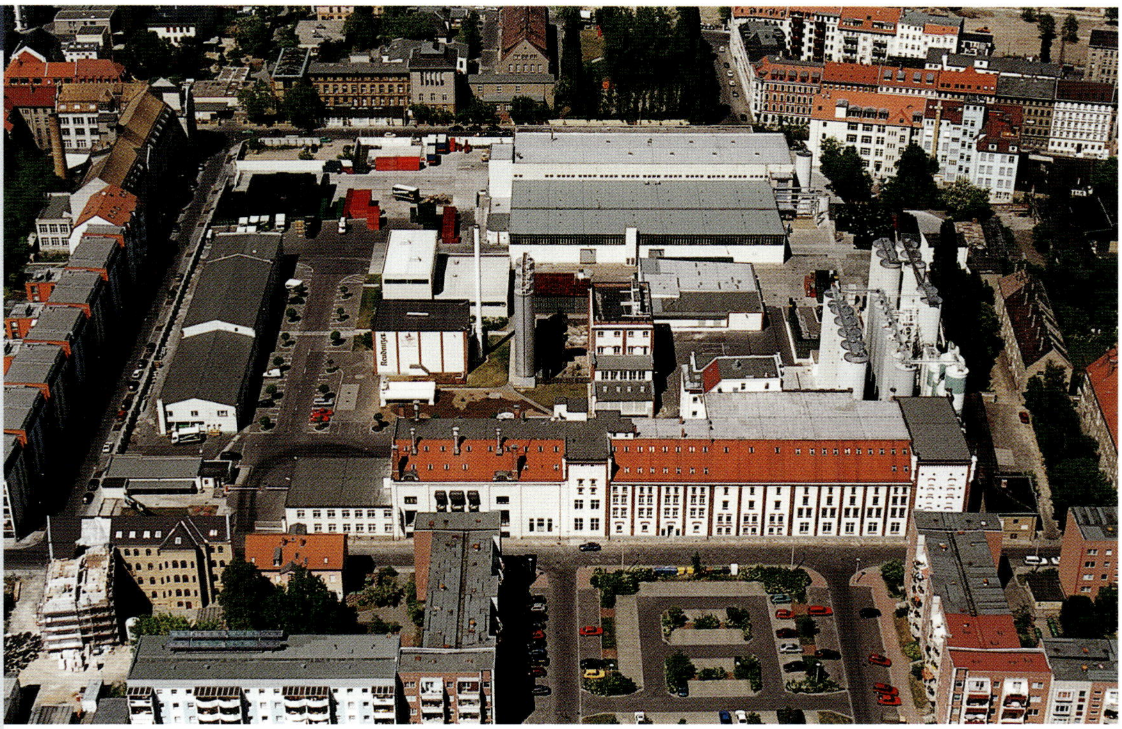

Luftaufnahme

Aerial view

Das Frische an Leipzig

Das 1862 gegründete Brauhaus wurde 1871 von Adolph Riebeck sowie einigen Leipziger Bürgern übernommen, und das Geschäft begann zu florieren. Denn er wusste, dass man sich nur mit Qualität behaupten kann und viele Auszeichnungen belohnten die Bemühungen.
Die Werte und Traditionen der verdienstvollen Gründer gelten im Leipziger Brauhaus zu Reudnitz auch heute noch. Nach umfangreichen Investitionen gehört der Betrieb zu den modernsten seiner Art in Europa. Zahlreiche Gütesiegel stellen die Spitzenposition des Hauses eindrucksvoll unter Beweis.

Das Sudhaus der Brauerei

Brewery mashhouse

The Fresh Taste of Leipzig

After the brewery, which was founded in 1862, was taken over by Adolph Riebeck and some citizens of Leipzig in 1871, business started to flourish. Riebeck knew that only quality would prevail; his efforts were rewarded by numerous prizes.
The values and traditions upheld by the venerable founders still remain in place in the Leipziger Brauhaus zu Reudnitz. Following on from extensive investments, the brewery is now among the most modern of its kind in Europe. Numerous stamps of quality provide impres-sive proof of the top position held by the business.

Dürrweitzschen – in der Leipziger Region ein Name für Vitamine. Zur Obstblüte im Mai ist ein Besuch im Apfel-Anbaugebiet zwischen Döbeln und Oschatz besonders reizvoll.

"Dürrweitzschen" is a local word for vitamins. A visit to the apple producing area between Döbeln und Oschatz is well worth while when the fruit trees blossom in May.

Regionale Marken treffen den Geschmack

Ein spezifisches Kapitel des ostdeutschen Verbraucherverhaltens würde trefflich für Fallstudien in Business Schools taugen – es war pünktlich zur deutsch-deutschen Wirtschafts- und Währungsunion der umfassende Austausch der Sortimente in den Bereichen Nahrungs- und Genussmittel sowie Körperpflege. Der unstillbare Wunsch, Neues zu testen und Gewohnt-Überdrüssiges links liegen zu lassen, führte zusammen mit der Expansion der angebotsstarken Einzelhandelsketten viele Hersteller im Handumdrehen in eine bedrohliche Situation.

Inzwischen sind bekannte Marken auch in der Leipziger Wirtschaftsregion wieder auferstanden. Sie drängen erfolgreich auf angestammte Märkte zurück und auf neue vor. Wie vorherzusehen war, hat der erneute Schwenk des Verbraucherverhaltens diesen Trend unterstützt.

Aufpoliert präsentiert sich heute die Biermarke Reudnitzer des Leipziger Brauhauses zu Reudnitz im Verbund des Dortmunder Brau und Brunnen-Konzerns. Dank forcierter Marketingaktivitäten und beträchtlicher Investitionen in die Produktionsstätte strahlt die Markenbekanntheit inzwischen auch überregional, übrigens profitabel. Als der Mutterkonzern 1997 sein Portfolio vom Ende der kleineren Marken her unter betriebswirtschaftlichen Aspekten bereinigen wollte, schlug ihm unerwartet heftiger Unmut engagierter Reudnitzer Markentreuer entgegen. Die Konzernleitung lenkte ein, und Reudnitzer blieb. So konnte das Brauhaus im April 2002 bereits 140 Jahre Marktpräsenz feiern. Größter regionaler Wettbewerber der Reudnitzer ist die Traditions-Biermarke Krostitzer aus der gleichnamigen Gemeinde im Kreis Delitzsch. Die Privatisierung durch die Treuhandanstalt brachte diese Brauerei in den Bestand von Binding. Auch in diesem Fall sorgten Vermarktungskenntnis und Kapitalkraft der Muttergesellschaft für die Renaissance einer regionalen Marke und für gelungene Platzierungen in entfernteren Regalen.

Als 1991 die Privatisierung der ostdeutschen Wirtschaft auf breiter Front begann, war ein ganzes Bündel von Ansätzen und unkonventionellen Ideen gefragt, um die historisch einmalige Aufgabe der Überführung einer ganzen Volkswirtschaft auf die marktwirtschaftliche Magistrale innerhalb kürzester Zeit zu lösen, wie es der Gesetzgeber forderte. Ein hoffnungsvoller Weg hieß Management Buyout (MBO), der Erwerb wesentlicher Kapitalanteile durch die Führungskräfte des Unternehmens.

Im IHK-Bezirk Leipzig gelang das am besten mit der Florena GmbH aus Waldheim im Kreis Döbeln. Drei Manager setzten all ihre subtile Markt- und Markenkenntnis auf dem Gebiet von Körperpflege und Kosmetik sowie ihr gesamtes Kapital für die Zukunft von Florena ein. Das Unternehmen ist schon 175 Jahre alt, und die Marke Florena blickt inzwischen auch bereits auf 75 Jahre zurück. Mit einer Produktoffensive in den Sparten Badezusätze, Deos und Rasiercremes kräftigte das Unternehmen die Markenloyalität der Verbraucher und setzte überregional Duftmarken. Seit 1993 standen ohne Unterbrechung schwarze Zahlen in den Büchern. Neben dem erfolgreichen Eintritt in westliche Märkte gelang die Verteidigung traditioneller Exportmärkte im Osten des Kontinents. Umfangreiche Investitionen flossen in die Produktion der ausgedehnten Produktpalette und in die Logistik, damit Florena auch weiterhin auf einem heiß umkämpften Markt bestehen kann.

Anfang des Jahres 2002 stellte sich Florena ein betriebswirtschaftliches Grundproblem, das in einschlägigen Seminaren als Wachstumsfalle behandelt wird – groß genug für eine gewinnträchtige Zukunft, aber zu klein für unabweisbare Investitionen in weiteres Unternehmenswachstum. Kapitalanteile von knapp 25 Prozent, die der erheblich größere Branchennachbar Beiersdorf hielt, wurden kurzerhand auf 100 Prozent aufgestockt. So kam die Hamburger Mutter zu einer neuen sächsischen Tochter. Deren etablierter Markenname soll bleiben.

Markenartikler punkten auch auf anderen Märkten. Eine ganze Organisation von Obsterzeugern aus dem im Herzen von Sachsen gelegenen Agrargebiet zwischen Grimma, Oschatz und Döbeln hat sich unter der Marke „Sachsenobst“ zusammengeschlossen und betreibt Anbau, Lagerung, Verarbeitung und Vermarktung von Frischobst und Säften unter dem unternehmerischen Dach der Obstland Dürrweitzschen AG. Investitionen von über 45 Millionen Euro flossen innerhalb von zehn Jahren in die Plantagen und Betriebsanlagen, darunter ein Viertel der Gesamtsumme in eine neue Kelterei. Auf dem sächsischen Markt strebt das Unternehmen bis 2005 die Führerschaft an.

Regionale Biermarken, Böhme Schokoladen aus Delitzsch, Obstland Dürrweitzschen, der Backwarenproduzent Erntebrot aus Döbeln und viele andere tragen zum hohen Anteil der Nahrungsgüterproduktion am Wirtschaftsgefüge des IHK-Bezirks Leipzig bei. □

Bauen und Wohnen – komplizierte Statik

☐ Einen Sonderfall der Wirtschaftsentwicklung bildete in den letzten Jahren der Baubereich. Aufgestaute Nachfrage im Wohnungsbau, infrastrukturelle Defizite und eine weithin verschlissene Bausubstanz der Unternehmen erzeugten sofort mit dem Erreichen der deutsch-deutschen Wirtschafts- und Währungsunion im Sommer 1990 einen steilen Anstieg der Bauproduktion. Sie bewegte sich über mehrere Jahre hinweg auf Höchstniveau – ablesbar an dem mit rund zwanzig Prozent dreifach höheren Anteil der Bauwirtschaft an der gesamten Wirtschaftsleistung im Vergleich mit westdeutschen Regionen.

Neubau und Modernisierung von Wohnungen sowie der öffentliche Druck zur Rettung historisch wertvoller Bausubstanz erzeugten zusammen mit einmalig günstigen Förder- und Abschreibungsmöglichkeiten einen zeitlich begrenzten und überaus verdichteten Nachfrageschub. Baukapazitäten wurden vor Ort ausgeweitet und überregional angelockt. Handlungsbedarf bestand allerorten, und nicht nur Wirtschaftsjournalisten waren zu Beginn der 1990er-Jahre entzückt von Leipzig als der „Hauptstadt der Kräne". Gewinner der Entwicklung war – in entsprechender Relation – auch jede Kleinstadt.

Hilfreich waren ab 1991 die beiden Bund-Länder-Programme „Städtebauliche Erneuerung" und – wo die entsprechenden Voraussetzungen erfüllt waren – „Städtebaulicher Denkmalschutz". Hinzu kam das Landes-Sofortprogramm. Nutznießer waren zum Beispiel die Städte Wurzen und Grimma mit ihren Renaissance- und Barockbauten – wobei eine Ansicht des Grimmaer Rathauses dank einer Dauer-Briefmarke täglich bundesweit kursiert –, die Muldeinsel mit der Altstadt von Döbeln, die Stadt Oschatz mit ihrem Dom und Borna als größte Stadt im Leipziger Land.

Die Bauwirtschaft spannte sich nach der Rückkehr Ostdeutschlands zur Marktwirtschaft als Konjunkturlokomotive vor die gesamte übrige Wirtschaft. Zwi-

☐ *Economic and monetary union in the summer of 1990 immediately set off an unprecedented construction boom in the east, caused by a pent-up demand for housing, infrastructure deficits and the general state of disrepair in which industrial and office buildings had been left for years. Building output peaked for several years and reached 20 percent of overall economic performance, three times the level that was normal in the west.*

The need for housing construction and modernization, and public pressure to rehabilitate historical buildings combined with extremely favorable subsidies and write-off facilities to create an enormous demand over a short period. Local builders expanded and some urban centers attracted capacity even from other regions. Enthusiastic business journalists called Leipzig the "capital of cranes" in the early 1990s, and the picture was similar in smaller towns.

After 1991, the boom was also fueled by two programs launched by the Federal and state governments, one providing funds for urban redevelopment and the other for the preservation of monuments and listed buildings. In addition, the state government had its own crash program, all of which helped to save or restore renaissance and baroque buildings in towns such as Wurzen and Grimma (which even had its town hall printed on a postage stamp), and old parts of Döbeln (located on an island in the Mulde river), Oschatz with its magnificent cathedral, and Borna, largest town in the district south of Leipzig.

The construction sector thus acted as an economic locomotive for eastern Germany, where some 50 percent of all buildings were renovated or repaired between 1990 and 2000. Large-scale projects for arterial roads, housing areas and public buildings were presented by the week and seen as infrastructural improvements which would promote an overall recovery. Manufacturing industry was unable to emulate this expansion, thus depriving the economy of a source of

The construction sector – complex statics

Am Beginn des 21. Jahrhunderts ist der größte Teil der Wohnungssanierung und -modernisierung geschafft. Blick über Altstadthäuser und Plattenbauten auf 16-geschossige Wohnhochhäuser im Nordosten von Leipzig.

At the start of the 21st century most homes have been renovated and modernised. View of houses in the old part of the city and blocks of flats looking towards 16 storey residential buildings in Leipzig's northeast.

schen 1990 und dem Jahr 2000 wurden rund 50 Prozent der Gebäudesubstanz in Stand gesetzt und modernisiert. Gerüste und Kräne funktionierten als Vorboten des Aufschwungs. Weit reichende Projekte für Verkehrsadern, Einkaufszentren, Wohngebiete und öffentliche Gebäude wurden im Wochenrhythmus entwickelt und ausgelegt. Aufmerksame Beobachter registrierten zufrieden, dass damit nicht zuletzt erhebliche infrastrukturelle Voraussetzungen für den erwarteten Wirtschaftsaufschwung auf breiter Front entstehen. Weil die verarbeitende Industrie der Bauwirtschaft überhaupt nicht in der gedachten Ideallinie folgen konnte, wuchs die Wirtschaftsleistung auf dem Bau – gemessen an der Gesamtwirtschaft – relativ umso stärker. Allerdings fehlte damit weit gehend auch ein bedeutender Nachfrager, als die anfangs üppig sprudelnden, zeitlich aber begrenzten Förderprogramme und fiskalischen Sparpotenziale ihren Anreiz einbüßten. Das Auslaufen der Sonderförderung für den Wohnungsbau Ende 1997 bedeutete eine Zäsur.

Was relativ schnell auf den spektakulären Bauboom folgte, entsprach einer harten Landung. Das Grundproblem ist struktureller Natur, nicht bloß konjunktureller. In die Nachfragelücke hätte nach den forcierten Wohnungsbauinvestitionen der Wirtschaftsbau stoßen müssen. Doch dafür mangelte es an Investoren, und die öffentliche Baunachfrage reichte als Kompensation gleichfalls nicht aus. Die Bauproduktion hörte auf, Konjunkturlokomotive zu sein. Dem steigenden Kostendruck in Kombination mit der Auftragsflaute hielten bei weitem nicht alle Unternehmen stand.

Jeder im Einzelfall schmerzliche Abbau überdimensionierter Kapazitäten bedeutet gesamtwirtschaftlich indes Rückkehr zur Normalität. Sie ist abzulesen an der Pro-Kopf-Bauproduktion, die sich nach anfänglichen Rekordmarken heute sukzessive den langjährigen bundesdeutschen Durchschnittswerten nähert.

Zugleich erweist sich in besonderen Sparten des Bauens, dass hoch spezialisierte Nischenanbieter gute Chancen haben. IMO – Industriemontagen Leipzig und das Montagewerk Leipzig haben seit Jahrzehnten einen guten Namen im Brückenbau und bei der Errichtung von Industrieanlagen. Ihr hoch entwickeltes Profil macht sie zu gesuchten Spezialisten, die dem regionalen Markt längst entwachsen sind. Kühne Brückenbauwerke der entstehenden Thüringer-Wald-Autobahn tragen ebenso die Handschrift Leipziger Spezialisten wie Raffinerieanlagen in

demand when the generous subsidies and tax incentives expired. The turning point came when housing construction grants were phased out at the end of 1997.

What followed was a hard landing which partly had cyclical reasons but was also caused by a structural weakness. The slump in demand could have been compensated by orders for industrial and commercial buildings, but there were too few investors and not enough public projects. So the locomotive slowed down, and a number of contractors succumbed to rising costs and slack order intake. However painful, these cutbacks of overcapacity helped the economy as a whole to return to normal as shown by levels of per-capita building output which are now slowly approaching an all-German average.

At the same time, there are always market niches where specialist contractors can survive. One of them is IMO (Industriemontagen Leipzig), a company with a good reputation for erecting bridges and industrial structures from prefabricated units. Together with its partner, Montagewerk Leipzig, it has long outgrown the regional market and built bridges for a new motorway in Thuringia and structures for a refinery in Rotterdam. RAB, a pipeline contractor from Leipzig, has helped build a trans-European network over the last decades and is now working on a pipeline which is to carry natural gas from Jamal in Siberia to western Europe.

Reviewing all these ups and downs is bound to remind one of the proverbial glass which is half full, or half empty. While the infrastructure has improved enormously, it has not nearly reached the west German standard, particularly with regard to minor roads. At the same time, the ongoing rehabilitation of historical buildings is helping people to identify with their region, even though some projects have not even been tackled. Most housing is new or has been renovated, and there is now even an oversupply. Here the glass is filled to the brim, an opportunity which should be seized for regional marketing and to attract companies. And while Frankfurter Allgemeine Zeitung has described housing as one of the scarcest resources and a drag on the growth of a number of promising regions, the opposite is true in and around Leipzig, where a company wishing to locate to the region can now find housing for its staff in every segment of the market.

The time needed to move from a housing shortage to a glut was breathtakingly short. Most of the apart-

HOCH HINAUS MIT IMO LEIPZIG

UP HIGH WITH IMO LEIPZIG

Seit über 100 Jahren ist das Leipziger Traditionsunternehmen im Stahlbau tätig. Einen Teil der zwischen 1890 und 1902 errichteten Werksanlagen gibt es heute noch – dennoch: Nichts ist mehr beim Alten! Modernste Technologie und Technik sowie ein Stamm hoch qualifizierter, erfahrener Mitarbeiter in allen Bereichen des Unternehmens gewährleisten, dass flexibel auf die unterschiedlichsten Kundenwünsche reagiert werden kann.
So hat sich die IMO im Laufe der Jahre zu einem Spezialisten für die Montage von Stahlkonstruktionen aller Art entwickelt und genießt einen international hervorragenden Ruf. Bereits seit den frühen siebziger Jahren operiert das Unternehmen mit großem Erfolg auf internationalem Terrain – montierte u.a. die Stahlkonstruktion für Euro-Disney in Paris. Besonders umfassende Erfahrungen hat IMO beim Bau und der Montage von Straßen- und Eisenbahnbrücken.
Mit seinen anspruchsvollen Referenzobjekten demonstriert das Unternehmen handwerkliches Können, ingenieurtechnische Tradition und modernes Management.

Tribünen, G.-Daimler-Stadion, Stuttgart

Stands, G.-Daimler-Stadion, Stuttgart

This traditional Leipzig firm has been involved in steel construction for over 100 years.
Part of the plant that was constructed between 1890 and 1902 still remains today – but still: nothing is the way it was! State of the art technology and engineering and a core of highly qualified and experienced employees in all areas of the company guarantee flexible responses to any customer request.
For example, IMO has developed over the years to become a specialist for the assembly of all kinds of steel constructions and has an excellent international reputation. The company has operated on the international market with great success since the early nineteen seventies – projects have included the assembly of steel constructions for Euro Disney in Paris. IMO can draw on a particularly large reservoir of experience in the construction and assembly of road and railway bridges.
In its demanding reference projects the company has proven its trade skills, engineering tradition and modern management.

Porsche-Kundenzentrum, Leipzig-Radefeld

Porsche Customer Support Centre, Leipzig Radefeld

Information

Gründungsjahr: 1890, 1990 GmbH-Gründung

Mitarbeiter: 458 (2002)

Umsatz (2001): 39,5 Millionen Euro

Geschäftstätigkeit:
- Stahlhochbau
- Stahlbrücken
- Sportbauten
- Messebauten
- Parkhäuser
- Maste
- Türme
- Behälter
- Verbundbau

Geschäftsführung:
Dr.-Ing. Adolf Waltl (Geschäftsführer Montage)
Dipl.-Wirtsch. Wolfgang Topf, (Geschäftsführer Finanzen)

Year of foundation: 1890
1990 GmbH founded

Employees: 458 (2002)

Turnover (2001): 39.5 million Euro

Business operations:
- Steel building constructions
- Steel bridges
- Sport buildings
- Trade buildings
- Parking houses
- Masts
- Towers
- Vessels
- Composite constructions

Management:
Dr.-Ing. Adolf Waltl (Director of Construction)
Dipl.-Wirtsch. Wolfgang Topf (Director of Finances)

□
Industriemontagen Leipzig GmbH

Rotterdam. Der Rohrleitungsspezialist RAB aus Leipzig hinterlässt seit Jahrzehnten überall im transeuropäischen Pipelinenetz seine Spur. Deshalb baut er auch an der entstehenden Erdgasleitung vom sibirischen Jamal nach Westeuropa mit.

Als Fazit der Bauwirtschaft drängt sich nach einem Jahrzehnt extremer Wechselbäder das viel zitierte Bild vom halb vollen, respektive halb leeren Glas förmlich auf: Der Fortschritt der Infrastruktur ist überall erlebbar und lässt sich nur mit Superlativen beschreiben. Allerdings klafft noch immer eine erhebliche Lücke zum Standard der westlichen Bundesländer, vor allem im Nebenstraßennetz. Die überall anzutreffende Sanierung historischer Bausubstanz unterstützt die Identifikation der Menschen mit ihrer Region. Vieles konnte in der Kürze der Zeit jedoch noch gar nicht angepackt werden.

Die Mehrzahl der Wohnimmobilien erstrahlt neu. Auf diesem Gebiet wurde sogar ein beträchtliches Überangebot geschaffen. Wesentlich für die Sicht auf das bis zum Überlaufen volle Glas ist in diesem Fall, das überaus vielfältige und wohl einmalig günstige Angebot als Chance und exzellenten Wirtschaftsfaktor zu begreifen und aktiv für die Vermarktung der Region einzusetzen. Unternehmen schätzen eine solch günstige Ausgangslage für die Rekrutierung ihres Personals.

Wenn einerseits die Frankfurter Allgemeine Zeitung das Wohnungsangebot generell als eine der knappsten Ressourcen und regelrechte Entwicklungsbremse vieler leistungsstarker Wirtschaftsregionen bemängelt, so gilt auf der anderen Seite in und um Leipzig, dass hier jedes ansiedlungswillige Unternehmen für seine künftigen Mitarbeiter ausreichend Wohnraum in wirklich jedem Segment des Marktes findet. Die Lage ist angebotsseitig günstig, heißt es nicht nur in der Immobilienbranche.

Symbiotisch mit der Bauwirtschaft entwickelte sich die Wohnungswirtschaft in der Leipziger Region. Den Weg vom Mangel zum Überfluss legte sie innerhalb einer atemberaubend kurzen Phase zurück. Die Struktur des genossenschaftlichen und kommunalen Wohnungsmarktes prägen in Leipzig die Leipziger Wohnungs- und Baugesellschaft LWB – vollständig in städtischem Eigentum – und sechs Wohnungsgenossenschaften sowie ihre Pendants überall in den zwischen 10 000 und 25 000 Einwohner zählenden Städten von Schkeuditz bis Döbeln und von Torgau bis Borna und Geithain. Summarisch haben sie alle in den zurückliegenden Jahren Milliarden Euro in die

Fortsetzung Seite 136

ments in Leipzig's residential buildings are owned either by LWB, a municipal housing association, or one of six housing cooperatives, a pattern which more or less repeats itself in towns with populations between 10,000 and 25,000 across the region. In the last few years, these owners have spent billions on renovating and modernizing their flats and are now using aggressive marketing to find tenants or buyers. They are, of course, aware of people's desire to own an apartment or build a house in the surroundings of a city, and of demographic trends such as the drop in the birth rate and the general ageing of the population. One of these, the westward migration of east Germans, is much less pronounced in Leipzig than in other regions. The city seems attractive enough for its population to remain at a level of just under 500,000 over the last few years, with no dramatic changes expected in the foreseeable future.

In this fluid situation, the primary concern of housing associations, many of them owning flats in old buildings or blocks built from pre-fabricated slabs, is to get rid of a grave encumbrance from GDR times – massive debts which the Federal Government is unwilling to remit by a generous political gesture. Repayment and interest on unrented space is eating up rental income and draining the resources of associations and cooperatives that once were sound. Timid steps taken to reduce the load have been no remedy, and even some of the empty blocks and old buildings that have been converted and improved to look more esthetic will have to be torn down to alleviate the glut. Otherwise the complex architecture of the market will become unstable.

Leipzig's answer to the situation is an urban development program which proposes a general course of action for the next 20 years, thus creating planning confidence and enabling sound pricing and cost accounting. Similar programs have been submitted to the regional administration authority by 13 towns from the region, and another 17 have been notified of possible grants to which they may be entitled under a federal program for urban redevelopment launched in 2001.

However far one goes back in the statistics, there has never been an oversupply of housing in this region which always aspired to economic growth. But the planned restructuring of the housing sector also holds a number of opportunities, with federal support for urban revitalization enabling planners to propose new uses for the open spaces left after slimming. Areas for

Continued on page 141

Haupsitz des Unternehmens

The company's headquarter

Service und Kundennähe gehören seit Firmengründung zur Unternehmenskultur. Für die Beratung von Mietern und Mietinteressenten stehen 20 ServiceKioske in ganz Leipzig zur Verfügung.

Service and customer proximity belong since foundation of the firm to the spirit of enterprise. For the consultation of tenants and renting prospektive customers 20 service kiosks are available in completely Leipzig.

Information

Gründungsjahr:
1990

Wohnungsbestand:
rund 64 000 Wohnungen

Leistungsspektrum:
- Vermietung und Verwaltung: Wohnungen und Gewerberäume
- Verkauf: Wohnhäuser, Geschäftshäuser, Wohnanalagen, Eigentumswohnungen
- Kooperationen und Projekte: Bauträgerkooperationen, Standorte für Einfamilienhäuser, Reihen- und Doppelhäuser

Umsatz 2000:
rund 177 Millionen Euro

Year of foundation:
1990

Housing stock:
about 64,000 flats

Range of services:
- Letting: dwellings & trade space
- Sales: houses, firms, housing estates, freehold flats
- Cooperation and projects: builder cooperation, locations for single family houses, terrace houses and pairs of semis

Generated sales 2000:
about 177 million Euro

☐
Leipziger Wohnungs- und Baugesellschaft mbH

Information

Gründungsjahr:
1954

Mitarbeiter:
58

Mitglieder: 10 000

Wohnungen: 8000

Unternehmens-gegenstand:
- Bewirtschaftung, Errichtung, Erwerb und Betreuung von Bauten aller Rechts- und Nutzungsformen
- Realisierung anfallender Aufgaben der Wohnungswirtschaft im Städtebau und in der Infrastruktur einschließlich Beteiligungen bei Gemeinschaftsanlagen und Folgeeinrichtungen, Läden und Räume für Gewerbetreibende, soziale wirtschaftliche und kulturelle Einrichtungen sowie Dienstleistungen

☐
Wohnungsgenossenschaft Transport eG Leipzig

Der 2001 fertig gestellte Neubau Fichtestraße 62 - 66 mit 67 Wohnungen fügt sich städtebaulich gut in sein Umfeld ein.

The new building on Fichtestraße 62 - 66, which was completed in 2001 and has 67 apartments, fits in well with the local cityscape.

Der Innenhof der ansprechenden Wohnanlage in der Fichtestraße. Die 67 Wohnungen haben zwei, drei oder vier Zimmer. Außerdem gibt es Service- und Gewerbeeinrichtungen sowie eine Tiefgarage mit 74 Stellplätzen.

The inner courtyard of the pretty apartment complex on Fichtestraße. The 67 apartments have one, two or even three bedrooms. In addition, there is service and commercial space and an underground garage with 74 parking spaces.

Die heutige Wohnungsgenossenschaft Transport eG WOGETRA ist aus der ehemaligen AWG (Arbeiterwohnungsbaugenossenschaft) „Neuer Kurs" und AWG „Deutsche Reichsbahn" entstanden. An der Rosenowstraße 15 bis 19, der Kieler Straße 74 bis 84 und der Essener Straße ließen die AWG „Deutsche Reichsbahn" und die AWG Leipzig Nord zwischen 1961 und 1963 getrennt voneinander straßenbegleitende viergeschössige Wohnblöcke des Typs Q 6 bauen. Es entstanden 152 Zwei- und Zweieinhalbraumwohnungen.

Today's housing cooperative Transport eG WOGETRA emerged from the former AWG (Worker's Housing Cooperative) "Neuer Kurs" and AWG "Deutsche Reichsbahn" (German Railway). In 1961 and 1963, AWG "Deutsche Reichsbahn" and AWG Leipzig Nord separately built four-storey apartment blocks of the type Q 6 along the road on Rosenowstraße 15 to 19, Kieler Straße 74 to 84 and Essener Straße. These buildings accommodate 152 one and one and a half-bedroom apartments.

Wohnungen der Genossenschaft in der Stuttgarter Allee 14 und die Wohngebietsverwaltung Grünau

Cooperative apartments on Stuttgarter Allee 14 and the housing estate administration Grünau

Information

Year of foundation:
1954

Employees: 58

Members: 10,000

Apartments: 8,000

Corporate objective:
- Management, construction, acquisition and administration of buildings of all legal forms and uses.
- Day to day housing management in city development and infrastructure, including investment in cooperative complexes and successor institutions, shops and space for business operators, social, commercial and cultural institutions and service providers

□
Wohnungsgenossenschaft Transport eG Leipzig

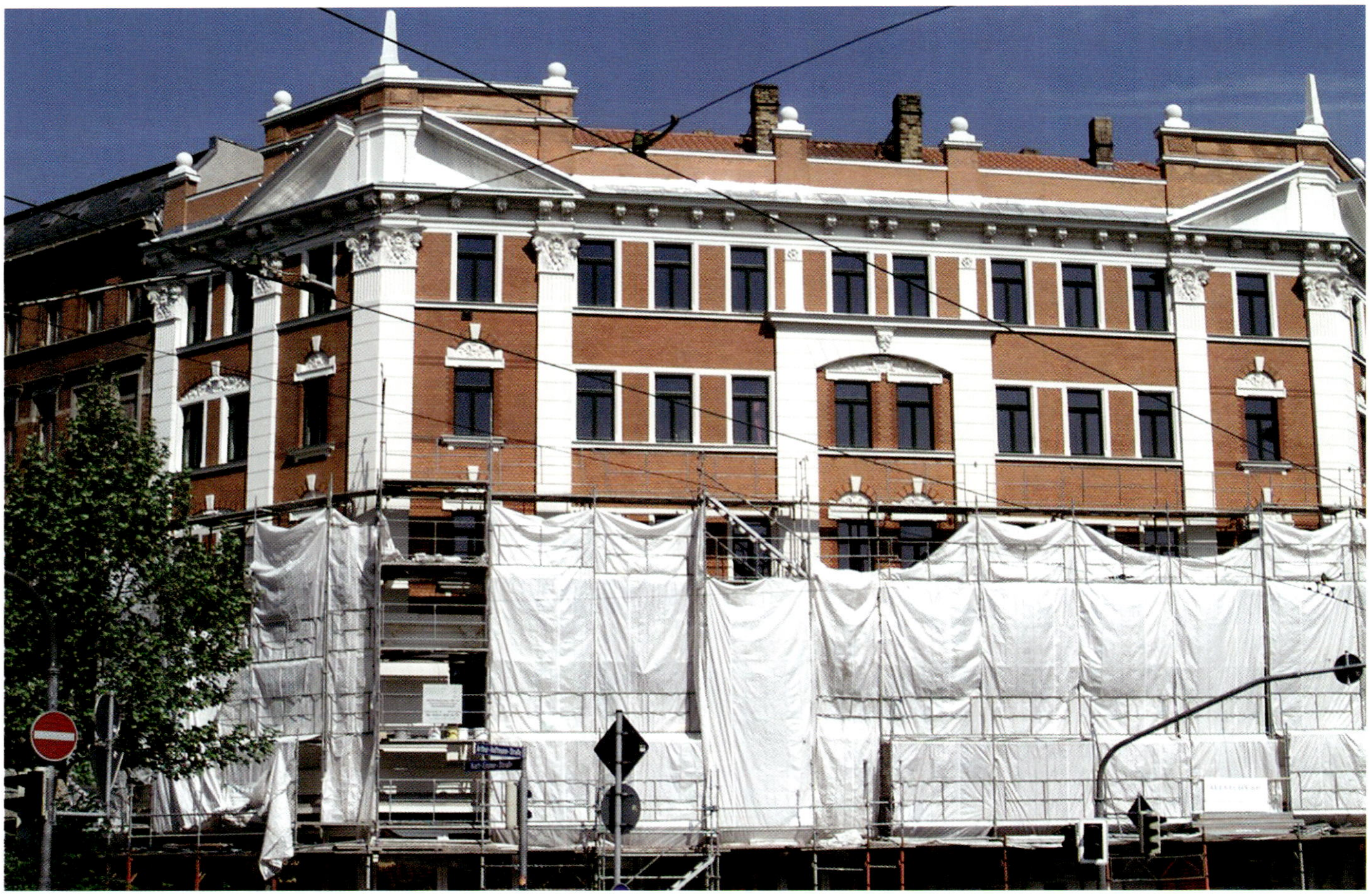

Sanierung und Aufwertung ihres Bestands investiert und die aktive Vermarktung dessen begonnen, was ursprünglich knapp war und jetzt reichlich vorhanden ist.

Wer Wohnungen vermieten und bewirtschaften muss, registriert aufmerksam den verbreiteten und verständlichen Wunsch nach der Eigentumswohnung oder dem Eigenheim, den sich viele Käufer zunächst im Umfeld der Städte erfüllten, aber auch demografische Trends wie Geburtenrückgang und schleichende Überalterung der Bevölkerung. Vom Wegzug in westliche Bundesländer ist Leipzig weit weniger betroffen als andere ostdeutsche Regionen. Die Attraktivität der Stadt ließ die Bevölkerungszahl in den letzten Jahren per saldo bei knapp 500 000 verharren. Erhebliche quantitative Ausschläge sagt für den überschaubaren Zeitraum niemand voraus.

Fortsetzung Seite 141

Dank großzügiger öffentlicher Förderung gewannen hunderte Gründerzeithäuser, wie hier an der Leipziger Kreuzung von Arthur-Hoffmann- und Kurt-Eisner-Straße, alten Glanz zurück. Problematisch ist „das letzte Drittel“, hinter dessen Sanierung angesichts des aktuellen Überangebots an Wohnraum ein Fragezeichen gesetzt werden muss.

Thanks to generous public funding, hundreds of buildings dating back to the eighteen seventies, such as here at the junction of Leipzig's Arthur-Hoffmann-Straße and Kurt-Eisner-Straße, have regained their former glory. However, renovating "the final third" remains a problem because too much housing is currently available.

Einer von vielen Gewinnern der beiden Bund-Länder-Programme „Städtebauliche Erneuerung“ und „Städtebaulicher Denkmalschutz“: das Renaissance-Rathaus in Grimma. 1305 erstmals urkundlich erwähnt, nach dem Stadtbrand von 1442 wieder aufgebaut und 1538/85 zu seiner heutigen Gestalt gekommen, zählt es zu den schönsten Rathäusern in Sachsen. Dank umfangreicher Sanierung soll das lange so bleiben.

One of many winners of the two federal-provincial programs for urban regeneration and preservation of historic sites – the renaissance town hall in Grimma. First mentioned in a document in 1305, rebuilt following the fire of 1442 and built to its present design between 1538/85, it is one of the most beautiful town halls in Saxony. Extensive renovation work ought to ensure it remains so.

Der erste Waldkindergarten in Leipzig

The first Forest Kindergarten in Leipzig

VOM VERWALTER ZUM DIENSTLEISTER
Der Immobilienmarkt in den neuen Bundesländern entwickelt sich seit längerem schon zu einem eindeutigen Mietermarkt. So stehen auch in Leipzig eine Vielzahl von Büro- und Gewerbeflächen leer. Wer unter diesen Bedingungen seine Mietobjekte an den Mann bringen will, muss den Mietern mehr bieten, als nur die Mietobjekte.
Hierauf hat sich die Montan Wohnungsgesellschaft mbH eingestellt. Das Unternehmen betreut Immobilien in Sachsen, Sachsen-Anhalt und Thüringen und hat sich vom reinen Verwalter zum kundennahen Dienstleister mit einem umfassendem Serviceangebot entwickelt.
Die Montan Wohnungsgesellschaft (MWG), seit 1995 Tochtergesellschaft der TLG Treuhand Liegenschaftsgesellschaft mbH, verwaltet für die TLG den Immobilienbestand im gesamten Bundesland Sachsen-Anhalt sowie in den beiden sächsischen Regierungsbezirken Chemnitz und Leipzig. Seit 2000 ist die MWG auch für konzernfremde Immobilieneigentümer tätig.
Der verwaltete Immobilienbestand umfasst derzeit rund 22.000 (Stand: 02/02) Mieteinheiten. Dazu gehören u. a. Wohnungen, Büro- und Praxisflächen, Hotels und Gasthäuser, Gewerbe- und Produktionsflächen, Laden- und Verkaufsflächen, Hallen- und Lagerflächen, unbebaute Grundstücke, Ställe und landwirtschaftliche Produktionseinheiten sowie Garagen und Stellplätze.
Mit ihrem Immobilienbestand ist die MWG einer der größten Immobilienverwalter in den neuen Bundesländern. Gemeinsam mit den Mietern erarbeitet das Unternehmen klare Konzepte, damit die Immobilie entsprechend der Marktlage wachsen kann.
Mit einer großen Auswahl von entwicklungsfähigen Objekten möchte die MWG vor allem Existenzgründer ansprechen.
So ist zum Beispiel auf dem großen Industriegelände Dieskaustraße in Leipzig aus einer alten Lagerhalle ein modernes Autozentrum entstanden. In einem ehemaligen Industriegebäude der TLG konnte im April 2001 der erste Waldkindergarten in Leipzig eröffnet werden.

FROM ADMINISTRATOR TO SERVICE PROVIDER
From quite some time now, the property market in the states of former East Germany has developed to become a clear tenant's market. Indeed, there is considerable vacancies in office and commercial space in Leipzig as well. So one has to offer tenants more than just the rent object itself if one wishes to market rent objects successfully under these conditions. Montan Wohnungsgesellschaftt mbH has specialised in this. The company manages real estate in Saxony, Saxony Anhalt and Thuringia, and has developed from being a management firm to a customer-focussed service provider with a broad range of services.
A subsidiary of TLG Treuhand Liegenschaftsgesellschaft mbH since 1995, Montan Wohnungsgesellschaft (MWG) manages the entire TLG real estate in the whole region of Saxony Anhalt and in the Saxon local government districts of Chemnitz and Leipzig. MWG has also operated on behalf of property owners outside of the corporate group since 2000.
The company currently manages roughly 22,000 (valid: 02/02) rent units. Among others, these include apartments, office and practice space, hotels and restaurants, commercial and production space, shop and sales space, hall and warehouse space, undeveloped properties, stables, agricultural production units, garages and parking spaces.
The volume of property it manages makes MWG one of the largest property management firms in the states of former East Germany. The company gets together with its tenants to draft clear concepts to ensure that the property can grow along with the market situation.
MWG targets start-ups in particular with its large selection of promising development objects.
An example of this is the modern car showroom that grew from a large expanse of industrial grounds along Dieskaustraße in Leipzig. In addition, the first Forest Kindergarten in Leipzig was opened in april 2001 in a former industrial building owned by TLG.

Information

Gründungsjahr:
1992

Mitarbeiter:
165 (Stand 02/02)

Leistungsspektrum:
- Komplettverwaltung von Gewerbe- und Wohnobjekten
- Verwaltung von Einkaufsmärkten (Liegenschaftsverwaltung)
- kaufmännische Verwaltung als Teildienstleistung
- Vermietungs- und Maklertätigkeiten
- Umwelt- und Altlastenmanagement
- Facility-Management
- Projektentwicklung/ technische Maßnahmen

Year of foundation:
1992

Employees:
165 (valid: 02/02)

Range of services:
- Full management of commercial and residential objects
- Management of shopping malls (Real estate management)
- Business management as part service
- Rentals and agency work
- Environmental and contaminant management
- Facility management
- Project development/ technical measures

☐
Montan Wohnungsgesellschaft mbH

Information

Gründungsjahr:
1954

Mitarbeiter:
160

Leistungsspektrum:
- Verwaltung von 13 500 Wohnungen
- eigener Bauregiebetrieb mit 50 Handwerkern
- eigenes Planungs- und Projektierungsbüro
- Sozialdienst mit 6 Mitarbeitern
- Wohnungsbestände in der ganzen Stadt
- jedes Mitglied ist Anteilseigner, bezogen auf die Höhe der eingezahlten Geschäftsanteile

Year of foundation:
1954

Employees: 160

Range of services:
- Management of 13,500 apartments
- Own construction management business with 50 tradesmen
- Own planning and project management office
- Social services with a staff of 6
- Housing all over the city
- Each member is a shareholder, based on the amount paid in as business shares

☐
Wohnungsbau-Genossenschaft Kontakt e.G.

☐
Wohnungsgenossenschaft Heiterblick e.G.

Die Wohnungsbau-Genossenschaft Kontakt e.G. und die Wohnungsgenossenschaft Heiterblick e.G., die gemeinsam verwaltet werden, sind das größte genossenschaftliche Wohnungsunternehmen der Stadt. Insgesamt verwalten sie 13 500 Wohnungen, und etwa 35 000 Menschen leben darin. Angeboten werden Wohnungen von 27 bis zu 126 Quadratmetern Wohnfläche.
Als Genossenschaft sind sie ihren Mitgliedern verpflichtet. Das bedeutet, allen, die in Wohnungen der Genossenschaft wohnen, ein angenehmes preiswertes Zuhause zu schaffen. Ein besonderes Engagement haben beide Genossenschaften im Bereich der Kinder- und Jugendarbeit sowie für die Betreuung älterer Mitglieder entwickelt.

Wohnungsbau-Genossenschaft Kontakt e.G. and Wohnungsgenossenschaft Heiterblick e.G., which are managed jointly, make up the largest cooperative housing company in the city. In total they manage 13,500 apartments, the homes to approximately 35,000 people. The cooperative offers apartments ranging from 27 sq. m. to 126 sq. m. of living space. As a cooperative, they feel an obligation to their members. This means creating a pleasant and inexpensive home for all the people living in the cooperative's apartments. Both cooperatives feel particularly drawn to working with children and young people, as well as to looking after older members.

Schloss Hartenfels in Torgau ist der wichtigste steinerne Zeuge für die große Vergangenheit der Stadt an der Elbe – einst war Torgau sächsische Hauptstadt.

Hartenfels Castle, in Torgau, is the most important stone testimony to the grand past of the city on the Elbe river – Torgau was once the capital of Saxony.

Das historische Stadtbild von Grimma mit Muldebrücke und Fürstenschule

The historic town of Grimma with its bridge of the Mulde river and its Fürstenschule (royal school)

Die vielfältigen, teils gegenläufigen Trends drängen die Wohnungswirtschaft geradezu, unter strategischem Kalkül neue Wege für den Umgang mit ihrem Bestand zu suchen. Ganz oben auf der politischen Wunsch-Agenda steht der große politische Wurf für die Behandlung der Altschulden aus der DDR-Zeit. Zinsen und Tilgung für nicht vermietete Quadratmeter zehren an der Substanz, brauchen die Vermietungserlöse auf und belasten längst auch die ursprünglich kerngesunden Wohnungsgesellschaften und Wohnungsgenossenschaften. Alle bisherigen politischen

home building will become available in towns and cities, which could reverse the trend toward suburbanization. By changing its guidelines for promoting owner occupation in 2001, the state of Saxony has adopted a similar strategy in a race the outcome of which remains open. □

Trippelschritte beim Umgang mit dieser finanziellen Altlast brachten bloß Linderung, aber überhaupt keine Heilung.

Die semantische Übung, den Leerstand als Angebotsreserve zu verklären, verschafft günstigenfalls rhetorisch Luft. Am Abriss eines Teils des Wohnungsbestands führt kein Weg mehr vorbei. Gefällige Umbauten und ästhetische Retuschen werten inzwischen zwar viele Plattenbauten auf, doch der heutige Gesamtbestand ist nicht zu halten, und zwar sowohl im Plattenbau als auch im Altbaubereich. Ansonsten würde die komplizierte Architektur des Marktes in eine höchst fragile Statik umschlagen.

Darauf hat die Stadt Leipzig als Vorreiter mit einem Stadtentwicklungsprogramm reagiert. Es zeichnet die großen Entwicklungslinien über zwanzig Jahre vor und verschafft den einzelnen Marktteilnehmern Planungs- und Kalkulationssicherheit.

13 Städte im Regierungsbezirk haben integrierte Stadtentwicklungskonzepte – komplex gehaltene Planungen für ihre weitere Entwicklung am Schnittpunkt unterschiedlicher Einflussfaktoren – beim Regierungspräsidium eingereicht; weitere 17 Städte aus dem hier betrachteten Wirtschaftsraum wurden im Rahmen des im Jahr 2001 angelaufenen Programms „Stadtumbau Ost“ der Bundesregierung aufgefordert, sich um eine ähnliche Förderung zu bewerben.

Man kann in alten Statistiken so weit zurückblättern, wie man will – der Wohnungsüberschuss ist in der stets auf Wirtschaftswachstum getrimmten Leipziger Region ein vollkommen neuartiges Phänomen. Bei allem Handlungsdruck steckt in der perspektivischen Neuaufstellung der Wohnungswirtschaft auch eine erfreuliche Chance für die Stadtentwicklung. Sie wird durch das Ende 2001 aufgelegte Programm „Stadtumbau Ost“ der Bundesregierung finanziell gefördert und zielt darauf, mit einem ganzen Bündel praktischer Maßnahmen Mut zur Lücke zu zeigen und Brachen neu zu nutzen. Die Vision verschiedener Planer, positiv zu schrumpfen, beschreibt den Spannungsbogen der eingeleiteten Veränderungen.

Eigenheim-Standorte sollen innerhalb der Städte erschlossen werden. Es geht darum, mit innerstädtischen Standorten den Wettbewerb gegen die „Grüne Wiese“ zu gewinnen und den Wert des Bestands zu akzeptieren. Die sächsische Förderpraxis für die Wohneigentumsbildung setzt seit 2001 eindeutige Akzente in dieser Richtung. Die Ansätze stimmen zuversichtlich. Doch das Rennen ist offen. □

Wie in Wölkau im Kreis Delitzsch entstanden in den letzten Jahren überall im Regierungsbezirk Leipzig zahlreiche neue Eigenheimstandorte.

During the past few years numerous new owner-occupied housing estates have sprung up in the Leipzig area, such as here in Wölkau, Delitzsch district.

Tuchfühlung der Wirtschaft mit der Wissenschaft

☐ Der Leitspruch „theoria cum praxi" besitzt in der Leipziger Region traditionell eine konkrete, nachprüfbare Bedeutung. An den Bedarf der Wirtschaft ist auch nach dem Umbau der akademischen Landschaft im zurückliegenden Jahrzehnt die Ausbildung in der Universität und den Hochschulen angelehnt. Die dort angesiedelte Forschung folgt einer deutlichen Praxisorientierung. Straffe Studiengänge und kompakte Studienzeiten unterstützen das Anliegen vieler Unternehmen, möglichst schnell qualifiziertes Nachwuchspersonal zu bekommen.

Akademisches Schwergewicht in der Region ist die 1409 gegründete Universität Leipzig. An 17 Fakultäten haben sich heute über 24 000 Studenten eingeschrieben. Hochschulinnovationen verkörpern an der alma mater lipsiensis zum Beispiel der bundesweit erste Lehrstuhl für Unternehmenskommunikation, der erste Lehrstuhl für Immobilien- und Gebäudemanagement und ein Lehrstuhl für Bankbetriebslehre. Über 250 Millionen Euro fließen in den Neubau und die Modernisierung bestehender Einrichtungen der Medizinischen Fakultät. Ganz auf Grundlagenforschung ausgerichtet und trotzdem praxisverbunden präsentieren sich auch die Institute in den zukunftsträchtigen Bereichen Chemie und Biologie. Eine technische Fakultät an der Leipziger Universität zu gründen, entspricht der immer wieder deutlich artikulierten Interessenlage vieler in und um Leipzig angesiedelter Unternehmen. Schon heute wissen alle Beteiligten, dass dieser Ruf mit den einflussreichen Neuansiedlungen Porsche und BMW wahrscheinlich unüberhörbar wird.

Verschiedene technische Studienrichtungen mit dem international bekannten Bereich Bauwesen und Architektur sowie den Schwerpunkt Betriebswirtschaft bietet die Leipziger Hochschule für Technik, Wirtschaft und Kultur (HTWK), die den Rang einer Fachhochschule besitzt.

☐ *Theoria cum praxi has been a highly appreciated saying in the region for many years, and after the academic restructuring of the past decade university and college training, and research, continue to make allowance for economic practice. Courses have been tightened up to make highly skilled personnel available to industry as quickly as possible.*

The University of Leipzig is the city's oldest and largest academic establishment. Founded in 1409, it has 17 departments at which over 24,000 students are currently enrolled. It was the first university in Germany to establish chairs for corporate communication, real estate and building management, and banking. The Medical Department is spending more than 250 million Euro on modernizing existing facilities and building new ones. Equally committed to basic and applied research are institutes in the Chemistry and Biology Departments. The only thing missing, in the opinion of local industry, is an Engineering Department, and it is quite obvious that demands for its inception will become more urgent now that Porsche and BMW have located to the region.

The College of Engineering, Business and the Arts (HTWK) in the south of Leipzig offers a number of technical subjects, with the accent on civil engineering, building construction, architecture and business management.

Nearby is the technical college sponsored by Deutsche Telekom, the only one of its kind in Germany. A state-approved establishment and the first to be founded in Saxony after German reunification, in 1991, it has since turned out more than 600 graduates, all trained in practical aspects of telecommunication. Extensive conversion is now underway on a building in the area to establish a Media Campus. Other local colleges teach graphic arts, book design, music and theater studies, and there is a college for adult education and a Commercial College.

Business meets science

Die Hochschule für Technik, Wirtschaft und Kultur bildet zusammen mit der Fachhochschule der Deutschen Telekom einen Campus technisch orientierter Hochschulen im Süden von Leipzig.

The College of Technology, Business and Culture, together with the Deutsche Telekom College, makes up a campus of higher educational institutions in the south of Leipzig with a technical bent.

Ein Unikat stellt die Leipziger Fachhochschule der Deutschen Telekom AG dar. Sie hat besondere Bedeutung für Sachsen und nimmt eine Sonderstellung für die Telekom ein. Die Bildungseinrichtung wurde 1991 mit der staatlichen Anerkennung als Fachhochschule in privater Trägerschaft der Deutschen Telekom AG gegründet. Sie war damit die erste Fachhochschul-Neugründung nach der Deutschen Einheit in Sachsen und bietet praxisorientierte Studiengänge in allen zukunftsweisenden Richtungen der Telekommunikation. Seit 1991 erhielten hier mehr als 600 Absolventen ihr Berufsdiplom.

HTWK, Fachhochschule der Telekom und der aus einem aufwändigen Umbau entstehende Media Campus werten – räumlich konzentriert – den Leipziger Süden mit technisch profilierten Bildungseinrichtungen auf.

Die Leipziger Hochschullandschaft wird durch die Hochschule für Grafik und Buchkunst, die Hochschule für Musik und Theater, AKAD Hochschule für Berufstätige sowie die Handelshochschule abgerundet.

Handelshochschule Leipzig – Spitzenpersonal für die Wirtschaft

Sie wurde 1994 als erste private Hochschule in den östlichen Bundesländern gegründet, und allein das verschafft ihr eine herausragende Bedeutung. Sie steht mit hoch modernem Profil in der Tradition einer ab 1898 zu weltweitem Ansehen aufgestiegenen Vorgängerin gleichen Namens – die Handelshochschule Leipzig.

Die HHL ist Business School in der besten Bedeutung dieses Wortes. In postgradualen Studiengängen erwerben ausgewiesene Talente nach einigen Jahren Unternehmenserfahrung ihr Rüstzeug zum Spitzenpersonal für die Wirtschaft. Solch Höchstleistungsanspruch ist nur mit überschaubaren Studentenzahlen und einem zeitgemäßen Zuschnitt der Lehrstühle einlösbar. Die Handelshochschule Leipzig bietet beides. Sie folgt bewährter internationaler Praxis, kommerziell relevante Fertigkeiten und Teamgeist bei den Studenten auszubilden, und legt ihren Schwerpunkt auf marktorientierte Unternehmensführung. Das verschafft der HHL zunehmend vordere Plätze in einschlägigen Hochschul-Rankings, vor allem gemessen an der Zufriedenheit der Studierenden mit ihrer Hochschule.

International setzt sich die Studentenschaft zusammen, und weit über die deutschen Grenzen hinaus

Leipzig Commercial College – training tomorrow's executives

Founded in 1994 as the first private college in the east, the Handelshochschule continued a tradition established by a local school of the same name which won a worldwide reputation after 1898. It is a genuine Business School where talented students, after a few years of managerial experience in industry, attend postgraduate courses training them for executive positions. Teaching these skills makes it necessary to limit student numbers and find qualified faculty members. In keeping with international practice, courses not only deal with commercial subjects but also with team skills and market-oriented management. This has given the Commercial College a place among the top ranking schools in its field, particularly as regards student satisfaction.

Students and staff come from a variety of countries, and the language of instruction is English – quite normal in a global economy. Graduates take the "Leipzig feeling" to places all over the world, and even though there are not too many of them yet an alumni network is already in place. Those who have completed training are not only sought after by leading companies but often want to become entrepreneurs themselves. Statistics have it that one out of seven either started a business after graduation or joined a start-up company in its dynamic phase. It is then only logical that Leipzig's Chamber of Industry and Commerce not only helped found the College but has also sent representatives to its various advisory bodies.

Applied research in new laboratories

High technology needs top research facilities whose results can be readily applied in practice. Establishments in and around Leipzig enjoying an international reputation include the Max Planck Institute, the university hospital's Cardiac Center, the Max Bürger Research Center for Molecular and Biomedicine, and the Leipzig-Halle Center for Environmental Research (UFZ), which owes its existence to the enormous demand for ecological data generated during economic transformation. Since then, UFZ has won a reputation for dealing with complex research projects.

Just how attractive research can be has been demonstrated in the case of the Max Planck Institute, whose department of evolutionary anthropology was

wurde das akademische Personal rekrutiert. Keine Frage, Lehrsprache ist Englisch. Business as usual in a global economy. Deshalb sind auch die Einsatzorte der Absolventen international. Dass sie damit zu ganz besonderen Leipzig-Botschaftern werden, liegt auf der Hand. Noch hält sich die Zahl der Absolventenjahrgänge der vor nicht einmal zehn Jahren gegründeten Handelshochschule Leipzig in Grenzen, doch das Netzwerk der HHL-Alumni ist geknüpft, und es wird engmaschiger.

Wer die Handelshochschule Leipzig absolviert hat, ist nicht nur in bekannten Unternehmen begehrt, sondern spürt häufig auch selbst den Drang, Unternehmer zu werden. Jeder siebte der bisherigen Absolventen hat unmittelbar nach seinem Abschluss entweder eine Firma gegründet oder sich einem Unternehmen in der dynamischen Start-up-Phase angeschlossen. Entrepreneurship gehört zum Lehrstoff.

Bei so intensiver Wirtschaftsorientierung liegt es auf der Hand, dass sich die Industrie- und Handelskammer zu Leipzig in besonderer Weise für die Handelshochschule Leipzig engagiert. Sie war inspirierendes Gründungsmitglied und entsendet ihre führenden Repräsentanten in die beratenden Gremien der Hochschule.

Praxisnahe Forschung in neuen Einrichtungen

Hochtechnologie braucht Spitzenforschung und kurze Wege zwischen Wissenschaft und Praxis. Garanten dieser hohen Ansprüche sind in Leipzig international renommierte Max-Planck-Institute, das High-Tech-Herzzentrum an der Universitätsklinik, das Max-Bürger-Forschungszentrum für Molekular- und Biomedizin und das Umweltforschungszentrum Leipzig-Halle, das mitten im wirtschaftlichen Umbruch in einer akuten Nachfragesituation entstand und durch seinen komplexen Forschungsgegenstand auf sich aufmerksam macht.

Wie anschaulich und publikumswirksam Forschung sein kann, beweist das Max-Planck-Institut für evolutionäre Anthropologie. Die Notwendigkeit, in großen Dimensionen Primaten zu beobachten, lässt sich nur in weiträumigen, naturnahen Anlagen verwirklichen. So bekam der Leipziger Zoologische Garten im Jahr 2001 eine weltweit gelobte, erlebnisreiche Primaten-Anlage und das Max-Planck-Institut ein begehbares Laboratorium.

Das Verhältnis von strategisch ausgerichteter Grundlagenforschung und unmittelbar praxisrelevan-

planning to study as many aspects of the life of primates as possible, requiring a spacious environment that simulated nature as closely as possible. Leipzig Zoo cooperated and in 2001 inaugurated a large primate enclosure which has since been praised by experts worldwide and made field studies possible for the anthropologists.

Basic studies of strategic importance are in a healthy balance with applied research as undertaken by SID (Saxon Institute for the Printing Trade), KuZ (the Plastics Research Center in Leipzig), the local Institute for Energetics and Environmental Studies, the Conveyor and Elevator Center at Rosswein, ARIC (Automation, Robotics and Innovation Network), and the Research and Transfer Center of the College of Engineering, Business and the Arts. In addition, new products and processes are developed in a number of science and business parks such as the Business and Innovation Center in Leipzig, the Science and Technology Center at Torgau, and the New Business and Development Center at Leisnig.

Detlef Schubert, Leipzig's deputy mayor for economics, likes to think of science parks as incubators for hatching promising and profitable ideas and taking them to the production stage, with biotechnology and medicine spearheading the drive for top results. At a somewhat higher level, the regional administration authority (Regierungspräsidium) seeks to dovetail science with business in order to create a robust and future-oriented industrial structure with maximum value creation.

High-tech links

The outlines of a strategically important complex are now emerging near Deutscher Platz in Leipzig's southeast, where a BIO CITY is under construction at a cost of 50 million Euro. Meant to catalyze high-technology research, it will provide sophisticated laboratories for promising startups when it opens in 2003. Researchers looking for products and techniques to revolutionize the 21st century, and the world market, could then find synergistic effects in the lab next door and communicate with six university departments in an entrepreneurial climate that might justify the observation that the BIO CITY never sleeps. Leipzig is already trying to attract life science firms from the U.S. with networking experience who could help to find consulting services, market analysts and venture capital for the new businesses.

Im grünen Gürtel Leipzigs vor den Toren der Stadt liegt das Neurologische Rehabilitationszentrum (NRZ) Leipzig. Das klassische Naherholungsgebiet mit seinen Naturschutzgebieten, Seen und Parks bietet beste Rahmenbedingungen für eine erfolgreiche neurologische Rehabilitation.
Mit der Eröffnung im Dezember 1997 präsentiert sich heute eine großzügig ausgestattete, zukunftsorientierte Einrichtung. Im NRZ Leipzig werden Patienten mit allen neurologischen und neurochirurgischen Erkrankungen und Verletzungen innerhalb einer geschlossenen Behandlungskette - Rehabilitationsphase B (Frührehabilitation), Rehabilitationsphase C (postprimäre Rehabilitation), Rehabilitationsphase D (Anschlussheilbehandlung (AHB), Heilverfahren) - rehabilitativ betreut. Dem NRZ angeschlossen ist die Tagesklinik in Leipzig am Kickerlingsberg für die ambulante und teilstationäre Rehabilitation als weiterer Bestandteil der geschlossenen Behandlungskette.

Neurologisches Rehabilitationszentrum Leipzig (NRZ) is located in the greenbelt in front of the city gates. This local recreation area, with its nature reserves, lakes and parks provides the best possible environment for successful neurological rehabilitation.
Opened in December 1997, the center has grown into a well-equipped facility with excellent future prospects. At NRZ Leipzig, patients receive all-inclusive rehabilitative treatment for neurological illnesses and injuries and the after-effects of neurosurgery - rehabilitation phase B (early rehabilitation), rehabilitation phase C (post primary rehabilitation), rehabilitation phase D (follow-up medico-clinical rehabilitation).
The Leipzig day-hospital on Kickerlingsberg, for outpatient rehabilitation and some in-patient rehabilitation, affiliated with NRZ, is a further component of the comprehensive treatment package.

Die Sachsenklinik ist in dem romantischen Kurpark des traditionellen Kurortes Bad Lausick gelegen. Ein multiprofessionelles Team von Ärzten und Therapeuten gewährleistet die Rehabilitation von Patienten mit orthopädischen und degenerativ-rheumatischen Erkrankungen, Zustand nach Operationen und Unfallfolgen an den Bewegungsorganen sowie neurologischen Erkrankungen.

The Sachsenklinik is situated in the romantic park at Bad Lausick, a traditional spa town. A professional team of doctors and therapists provide for the rehabilitation of patients with orthopaedic and degenerative-rheumatic ailments, treat limb conditions resulting from operations and accidents as well as treating neurological disorders.

Information

Mitarbeiter: 380
Kliniken:
NRZ, Neurologisches Rehabilitationszentrum Leipzig
Kooperation mit der Universitätsklinik Leipzig über eine C-3 Professur für Neurologie
- 30 Behandlungsbetten, Rehabilitationsphase B
- 100 Behandlungsbetten, Rehabilitationsphase C
- 80 Behandlungsbetten, Rehabilitationsphase D

Tagesklinik des NRZ, 25 Behandlungsplätze für ambulante und teilstationäre neurologische Rehabilitation
Sachsenklinik Bad Lausick, 220 Behandlungsbetten für orthopädische und neurologische Rehabilitation

---

Employees: 380
Clinics:
NRZ, Neurological Rehabilitation Center, Leipzig
Cooperation with the Leipzig University Clinic with a C-3 chair of neurology
- 30 beds Rehabilitation phase B
- 100 beds Rehabilitation phase C
- 80 beds Rehabilitation phase D

NRZ day-hospital, 25 beds for out-patient rehabilitation and some in-patient rehabilitation
Sachsenklinik, Bad Lausick 220 beds for orthopaedic and neurological rehabilitation

□
Sachsenklinik GmbH & Co. KG im Verbund der Michels Kliniken

Das Herzzentrum – von der Rhönklinik AG betrieben und als Teil der Medizinischen Fakultät der Universität Leipzig an die Spitze des medizinischen Fortschritts geführt – hat sich seit seiner Eröffnung 1994 international einen Namen gemacht.

The cardiac center run by Rhönklinik AG and, as part of the medical faculty of the University of Leipzig, at the forefront of medical research, has been making a name for itself on the international stage since being opened in 1994.

ter angewandter Forschung ist ausgewogen. Namen wie das Sächsische Institut für die Druckindustrie gGmbH (SID), das Kunststoffzentrum in Leipzig (KuZ), das Institut für Energetik und Umwelt gGmbH, das Zentrum der Förder- und Aufzugstechnik Roßwein gGmbH, das Netzwerk Automation-Roboter-Innovation-Center (ARIC) und das Forschungs- und Transferzentrum Leipzig e. V. an der Hochschule für Technik, Wirtschaft und Kultur bahnen Innovationen kurze Wege in die Entwicklungsabteilungen und die Produktpalette der Unternehmen.

In Technologie- und Gründerzentren werden an verschiedenen Orten in Westsachsen Bedingungen für die Entwicklung neuer Produkte und Verfahren geschaffen. In Leipzig ist es das Business and Innovation Centre, in Torgau das Technologie- und Gründerzentrum und in der Kleinstadt Leisnig das Technologieorientierte Gründer- und Entwicklungszentrum.

Der Leipziger Wirtschaftsbeigeordnete Detlef Schubert spricht mit Blick auf die interdisziplinär eingestellten Technologiezentren gern von Inkubatoren, in denen zukunftsträchtige und profitable Ideen ausge-

However broad this vision may be, it hinges on the practical benefits expected by both sides. One of Leipzig's assets is that it has for some time been home to a number of biotechnology and medical research firms who have developed new production processes and high-quality products. One of them, Neuroprogen, was founded, together with two partners, by Johannes and Sigrid Schwarz from Leipzig, who won the Saxon startup contest in 2002. Devoted to combating Parkinson's disease, the team has developed a cell repair therapy to cure motor disturbances. Neuropro-

Westafrikanische Schimpansen gehören zu den Bewohnern des Primaten-Paradieses, das dem Max-Planck-Institut für Evolutionäre Anthropologie zu Forschungszwecken dient.

The inhabitants of this primate paradise include west African chimpanzees. The Max Planck Institute for evolutionary anthropology uses the facility for research purposes.

Pongoland im Zoo Leipzig ist die größte Primatenanlage der Welt.

Pongoland at Leipzig Zoo is the largest primate facility in the world.

brütet und zur Produktionsreife gebracht werden. Biotechnologie und Medizin genießen die höchste Aufmerksamkeit, wenn es darum geht, Durchbrüche zur internationalen Spitze der Forschung zu schaffen.

Das Regierungspräsidium Leipzig hat sich die Verzahnung von Wirtschaft und Wissenschaft auf seine Fahnen geschrieben. So sollen die Weichen für einen zukunftsorientierten und robusten Branchenmix mit hoher Wertschöpfung gestellt werden.

Hochtechnologische Verknüpfungen

Eine strategisch ausgerichtete Branche erhält im Leipziger Südosten zurzeit ihre adäquate Hülle. Am Deutschen Platz wächst mit Investitionen in Höhe von 50 Millionen Euro die BIO CITY als effizienter Übersetzer und Verstärker von Forschungsleistungen für Hochtechnologieunternehmen. Siedeln werden hier nach Fertigstellung der hoch modern ausgestatteten Labors ab dem Jahr 2003 junge, viel versprechende Unternehmen – sozusagen die Generation Gold unter den Anwärtern auf höchste Anerkennung im Ergebnis höchster Leistung. Die Pionierunternehmen der Biotechnologie werden exzellente Voraussetzungen für ihre Forschungsarbeiten vorfinden, und die Synergien zwischen ihnen entstehen im Wortsinn auf Zuruf über den Korridor hinweg. Wissenschaftliche Kommunikationsstränge laufen außerdem zu sechs Fakultäten der Leipziger Universität.

In der BIO CITY sollen tragende Produkt- und Verfahrensideen für das 21. Jahrhundert geschmiedet

Fortsetzung Seite 154

gen will be one of the first to rent space in Bio city and is currently expanding, probably to a point where it will need cash-rich partners to finance a variety of practical applications.

The city's policy is one of attracting as many young and innovative companies as possible and encouraging them to translate research results into viable production processes. As support agencies, it has set up Bio-Net and a New Business Bureau, the latter with help from Sparkasse Leipzig. The idea is again to use synergistic effects from the interaction of biotechnology and medical research, and the high standard achieved in process engineering.

The entrepreneurial dimension of life sciences is embodied in Vita 34, established in 1997 as the first German company for storing stem cells extracted from umbilical cord blood. These may later be used for individual therapy, as in cancer treatment where they greatly reduce the risks encountered in conventional stem cell transplantation. Nimbus Biotechnologie, also from Leipzig, has developed a novel material, Transil, which has won a prize for simulating the natural cell membrane in an unusual way. The list of biotechnology hopefuls could be continued and includes several creative firms who have excelled in a number of contests. □

Information

☐

Business & Innovation Centre Leipzig ein Geschäftsbereich der BIC Leipzig GmbH

Gründungsjahr:
1999

Mitarbeiter:
7

Leistungsspektrum:
- Existenzgründerberatung
- Vermietung von Geschäftsräumen
- Begleitung in allen Phasen der Existenzgründung
- Seminare und Trainings

Year of foundation:
1999

Employees: 7

Range of services:
- Consulting services for start-ups
- Leasing business premises
- Support in all start-up phases
- Seminars and trainings

Gemeinsam mit dem Unternehmensgründerbüro Leipzig (ugb) unterstützt das Management des Business & Innovation Centre (BIC) Leipzig Existenzgründer und junge Technologieunternehmen bei allen Fragen der Unternehmensgründung und -entwicklung. Egal ob die Unterstützung bei der Finanzierung einer Geschäftsidee, die Suche nach passenden Gewerbeflächen oder der Kontakt zu Entscheidern in Industrie und Politik gewünscht ist – das Team des BIC Leipzig ist zentraler Ansprechpartner und findet gemeinsam mit dem Kunden eine Lösung. Das BIC Leipzig steht für die Innovations- und Technologiepolitik der Stadt Leipzig. Die Anteile der BIC Leipzig GmbH werden gehalten von der Stadt Leipzig, der Sparkasse Leipzig, der Industrie- und Handelskammer zu Leipzig, der Handwerkskammer zu Leipzig, der Gemeinde Espenhain, dem Förderverein Espenhain e. V. sowie dem Landkreis Leipziger Land. Dies sichert die optimale Zusammenarbeit benannter Institutionen für junge Unternehmen durch eine schlanke Organisation erfahrener Profis.

In cooperation with the Unternehmensgründerbüro Leipzig (ugb), the Management of the Business & Innovation Centre (BIC) Leipzig supports start-ups and young technology companies in all questions of starting and developing a business. Regardless of whether providing support in financing a business idea, searching for suitable business premises or making contact to decision-makers in industry and politics, the BIC Leipzig team is the right address and is sure to find a solution with the customer. BIC Leipzig is synonymous with the innovation and technology policies pursued by the City of Leipzig. The City of Leipzig, Sparkasse Leipzig, the Leipzig Chamber of Industry and Commerce, the Chamber of Handicrafts, the local government district of Espenhain, Förderverein Espenhain e. V. and the local government district Leipziger Land are the shareholders in BIC Leipzig GmbH. This ensures the optimum co-operation between these institutions for young companies by maintaining a lean organisation of experienced professionals.

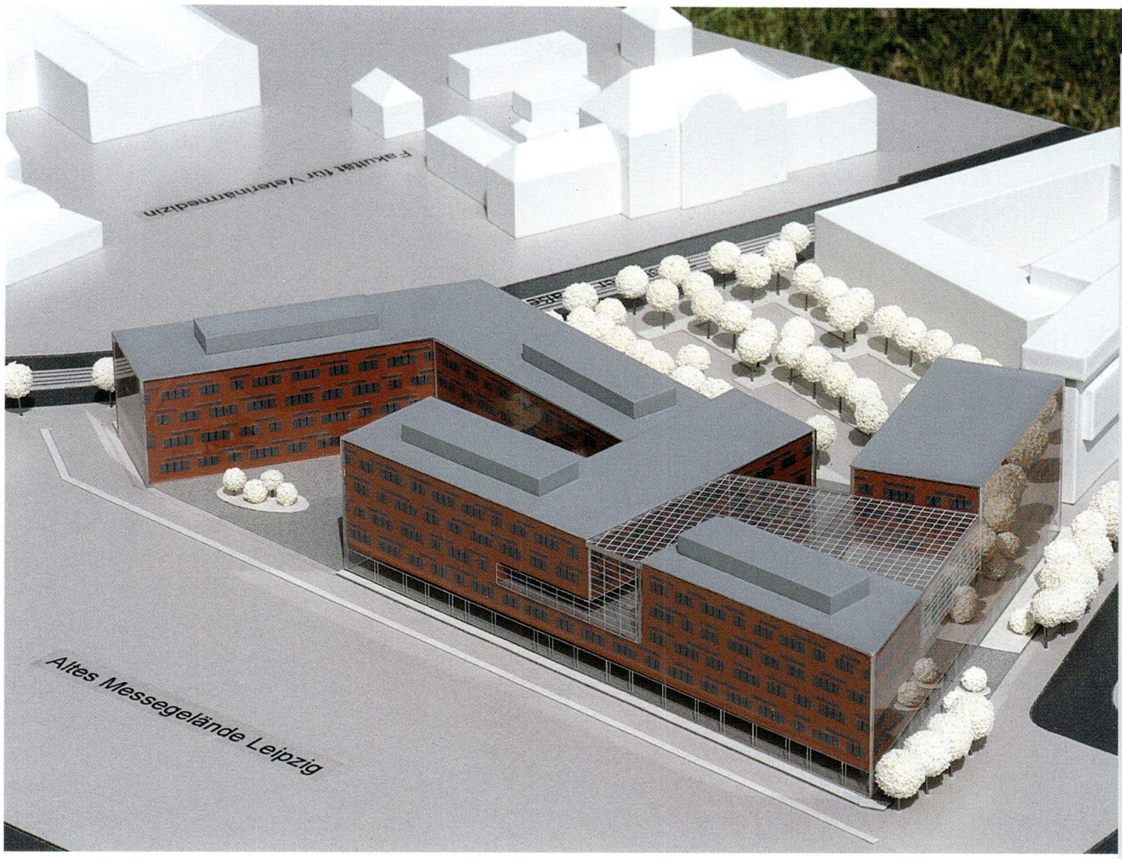

Im Herzen Leipzigs entsteht auf rund 20 000 Quadratmetern ein Biotechnologie-Standort mit einzigartigen Vorteilen – die BIO CITY LEIPZIG. Junge BioTech-Unternehmen und sechs biotechnologisch ausgerichtete Professuren der Universität Leipzig werden hier ab 2003 unter einem Dach arbeiten.
Hinzu kommen ideale Bedingungen: Die BIO CITY LEIPZIG bietet Labor- und Büroräume mit modernster Ausstattung zu unvergleichlich günstigen Konditionen. Dazu kommt die Universität Leipzig als Denkpartner. Die Vorteile: Nutzung von Ideenpotenzial, Manpower und modernster Technologie.

A biotechnology centre with unique advantages is being created on 20,000 square metres in the heart of Leipzig – BIO CITY LEIPZIG. Young Biotech companies and six chairs of biotechnology and biomedicine at the University of Leipzig will work here under one roof from 2003 onwards.
There are also ideal conditions: BIO CITY LEIPZIG offers laboratory and office space with state of the art equipment at unbeatable prices. In addition, the University of Leipzig is on hand as a thinking partner. The advantages: use of a pool of ideas, manpower and state of the art technology.

Information

☐
BIO CITY LEIPZIG ein Geschäftsbereich der BIC Leipzig GmbH

Gründungsjahr:
1999

Mitarbeiter:
7

Universitäre Forschungsgebiete:
- Bioanalytik
- Strukturanalytik von Biopolymeren
- Zelltechniken und angewandte Stammzellbiologie
- Molekulare Zelltherapie
- Molekulare Pathogenese
- Molekularbiologisch-biochemische Prozesstechnik

Year of foundation:
1999

Employees: 7

University research fields:
- Bioanalysis
- Structural analysis of biopolymers
- Cell techniques and applied stem cell biology
- Molecular cell therapy
- Molecular pathogenesis
- Molecular biological-biochemical processing

werden. Deren ambitionierte Grundorientierung ist von vornherein der internationale Markt. So gibt es berechtigte Aussicht auf eine fortschrittliche Leistungshaltung und Unternehmenskultur: The BIO CITY never sleeps.

Natürlich verspricht sich die Stadt Leipzig von ihrer BIO CITY Ansiedlungsgewinne aussichtsreicher High-Tech-Unternehmen. Kontakte werden bereits zu Unternehmen aus dem Life Science-Bereich in den USA gepflegt. Sie bringen Netzwerkkompetenz mit und vermitteln Beratung, Marktbeobachtung und Beteiligungskapital an Unternehmensgründer und Mittelständler.

So wichtig diese weite Perspektive auch ist, so richtig zum Tragen kommt sie vor allem wegen der Nutzenorientierung für beide Seiten. Als großes Plus erweist sich, dass Leipzig schon vor der Fertigstellung des zukunftsfähigen Gebäudekomplexes der BIO CITY in der glücklichen Lage ist, eine ganze Reihe Bio- und Medizintechnikunternehmen zu beherbergen, die sich an die Spitze der Bewegung gestellt haben und Aufsehen erregen mit ihren praxisreifen Verfahren und neuen qualitativ hochwertigen Produkten.

Sieger im sächsischen Start-up-Wettbewerb des Jahrgangs 2002 wurden die beiden Leipziger Forscher Johannes und Sigrid Schwarz. Die auf die Bekämpfung der Parkinsonschen Krankheit spezialisierten Wissenschaftler entwickelten eine Zellersatz-Therapie zur Behebung von Bewegungsstörungen bei Patienten. Mit zwei Partnern gründeten sie das Unternehmen Neuroprogen, das zu den Erstmietern der BIO CITY zählen wird, kräftig expandiert und dann sicher an den Punkt gelangt, wo ein kapitalkräftiger Partner für umfangreiche praktische Anwendungen gefragt ist.

Die Stadt Leipzig möchte jedenfalls viele junge und innovative Firmen bald in der Phase ihres Lebenszyklus sehen, in der aus Forschung rentable Produktion wird. Deshalb hilft sie mit der Bio-Net Leipzig GmbH und bietet die Dienste des Unternehmensgründungsbüros an, für das sich die Sparkasse Leipzig in besonderer Weise engagiert.

Auf diesem Gebiet schält sich zugleich ein bestimmender Zug hoch technologischer Zielsuche heraus. Entlang der großen Linien des Erkenntnisfortschritts berühren sich Bio- und Medizintechnik naturgemäß, doch beim gegenwärtigen Stand der Forschung und Produktionsorganisation verdichten sich Berührungspunkte zu Berührungsflächen, und die Potenzialgewinne sind beträchtlich.

Vita 34 – Gesellschaft für Zelltransplantate, 1997 gegründet und auf ihrem Fachgebiet die erste in Deutschland, ist hoffnungsvoller Repräsentant der unternehmerischen Dimension von Biotechnologie und Medizin. Das Unternehmen lagert Stammzellen aus Nabelschnurblut als individuelle Vorsorge für zukünftige medizinische Behandlungen ein. Mit Nabelschnurblut lassen sich beispielsweise in der Krebs-Therapie die Risiken der herkömmlich angewandten Stammzellen-Transplantation deutlich reduzieren.

Neue Wege beschreitet auch die Leipziger Nimbus Biotechnologie GmbH. Ihr preisgekröntes Material Transil simuliert auf ungewöhnliche Weise die natürliche Zellmembran. Erfreulich, dass sich die Liste von Start-ups im aufstrebenden Biotech-Sektor fortsetzen ließe, zumal viele dieser kreativen Ideenschmieden bereits in einschlägigen Wettbewerben auf sich aufmerksam machten. □

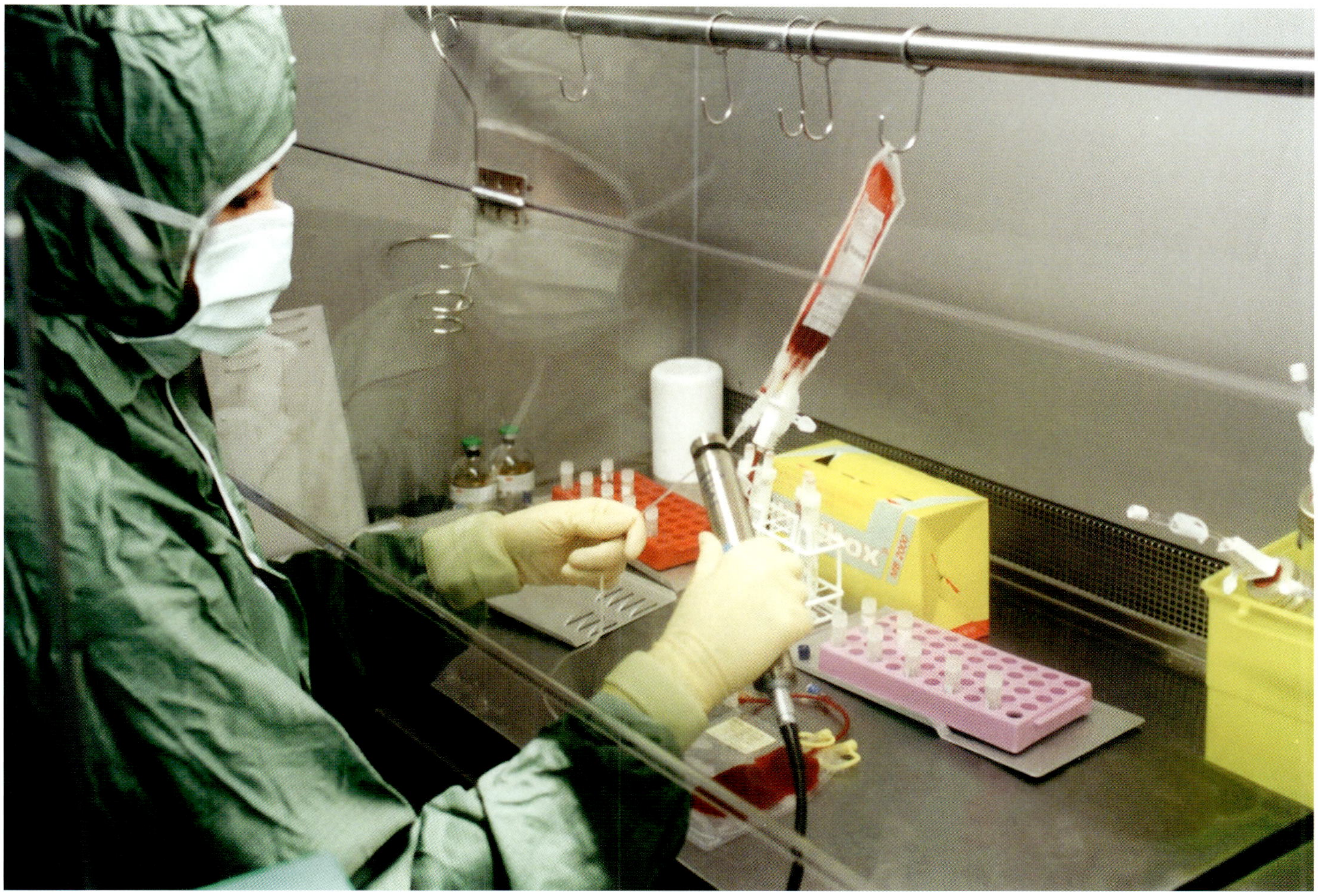

Nabelschnurblut wird im Reinstraum der Vita 34 – Gesellschaft für Zelltransplantate Leipzig für die Einlagerung in flüssigem Stickstoff vorbereitet. Stammzellen aus dem Nabelschnurblut sollen die Therapie von Krebspatienten ermöglichen, und Vita 34 wird zu den ersten Mietern der neuen LEIPZIGER BIO CITY gehören.

The umbilical cord blood is prepared in the clean room of Vita 34 – Gesellschaft für Zelltransplantate Leipzig (cell transplant company) for storage in liquid nitrogen. Stem cells from the umbilical cord blood are used in the treatment of cancer patients, and Vita 34 will be one of the first tenants of the new LEIPZIG BIO CITY.

Lebensraum im Wandel

Urbane Räume zum Wohnen, Arbeiten und Erholen

☐ Astronauten berichten, beim Blick aus dem Weltraum sei bei wolkenlosem Himmel das deutsche Autobahnnetz erkennbar. Dann dürfte es ihnen nicht schwer fallen, den Leipziger Wirtschaftsraum zu orten. Dort, wo sich die A 9 und die A 14 am Schkeuditzer Kreuz gewissermaßen als Windrose für die Dynamik der Veränderungen schneiden, dehnt sich Richtung Osten die Leipziger Wirtschaftsregion aus. Von seiner Einwohnerzahl ist Leipzig mit einer knappen halben Million ähnlich groß wie Dresden und liegt mit 120 Kilometer Entfernung in sympathischer räumlicher Distanz zur Landeshauptstadt. 180 Kilometer Zirkelschlag reichen erkennbar bis zu den herausragenden EU-Beitrittskandidaten Polen und Tschechische Republik.

Westwärts befindet sich Halle im Zentrum der komplett umstrukturierten Chemieregion im südlichen Sachsen-Anhalt. Damit sind zugleich die mitteldeutschen Bezüge gegeben. Vorläufig kommen die Triebkräfte für Kooperationen ohne Fixierung auf einzelne Bundesländer aus den auf reibungsloses Funktionieren angewiesenen Produktionsverbünden der starken Wirtschaftsbranchen. Regionalforscher bescheinigen der regionalen Doppelspitze Leipzig und Halle, dass sie – abgesehen vom Hauptstadt-Sonderfall Berlin – als Einzige in den östlichen Bundesländern die realistische Chance hat, zu einer Metropolregion in europäischer Dimension aufzusteigen. Dafür lohnt es sich, alle Kräfte anzuspannen.

Wie stark sich die objektiven Gemeinsamkeiten eines Großraums, durch den die Landesgrenze zwischen Sachsen und Sachsen-Anhalt verläuft, im Unterbewusstsein festsetzen, ist indes keine Nebensächlichkeit. Jede zielstrebige Bündelung der Kräfte wäre günstig für eine erfolgreiche Gesamtentwicklung. Wirtschaftsvertreter haben diesen Aspekt längst

Urban spaces for work and recreation

☐ *Astronauts tell us that, on a clear day, the German motorway network is visible from space. The Leipzig region could then easily be located east of Schkeuditzer Kreuz, the interchange where the A 9 meets the A 14. With a population of just under half a million, Leipzig is about as big as Dresden, the Saxon capital, which is 120 km away. Poland and the Czech Republic, now about to join the EU, come within a radius of 180 km.*

To the west, in Saxony-Anhalt, lies the city of Halle amid an agglomeration of chemical plants, all thoroughly restructured. Industrial cooperation seems to cater for the needs of powerful sectors without regard for state borders, and experts have therefore singled out the Leipzig-Halle conurbation as the only one in eastern Germany (with the exception of the capital Berlin) that could eventually grow into a metropolitan region of European dimensions. Such a prospect would be worthy of a decent effort.

A relevant factor in this connection could be the extent to which people on either side of the state border are aware of common features such as an affinity to the larger region once known as middle Germany. This could promote joint action, as politicians and business leaders have long realized. As a result, the attribute is now used in the name of the airport, the public radio network, Halle's leading newspaper, the decision-making panel planning regional transport routes, and the transit authority. Business journalists have recently followed suit by adding "middle German" to their press club.

Major companies from Leipzig and a wider area around it whose number had risen to 42 by the beginning of 2002, later that year founded a society for marketing the concept of middle Germany. Chairman Bart Groot, who is also managing director of Dow Chemical's operation, said the society's main aim was

An ever-changing region

Das 1981 eingeweihte Gewandhaus, der Mendebrunnen und das Europahaus bringen Tag und Nacht großstädtisches Flair auf den Leipziger Augustusplatz. Viele Leipziger verbinden mit diesem Platz sehr lebendige Erinnerungen an den Beginn der friedlichen Revolution im Herbst 1989.

The Gewandhaus, inaugurated in 1981, the Mendebrunnen and the Europahaus bring metropolitan flair to Leipzig's Augustusplatz, both night and day. Many a Leipzig inhabitant associates this square with emotional memories of the start of the peaceful revolution of autumn 1989.

erkannt und schmücken den Flughafen, den öffentlich-rechtlichen Rundfunk, die führende Zeitung in Halle, das Verkehrsforum der wichtigsten regionalen Entscheider und den Verkehrsverbund mit dem Attribut mitteldeutsch. Die Wirtschaftsjournalisten der Region haben kürzlich mit der Namensform ihres Presseclubs nachgezogen.

Strukturbestimmende Unternehmen der Region, deren Zahl bis Anfang 2002 auf 42 anwuchs, gründeten im Jahr 2002 den Verein zur Förderung des Regionenmarketings für Mitteldeutschland. Sein Vorsitzender, Bart Groot, zugleich Sprecher der Geschäftsführung von Dow Chemical an diesem wichtigen Standort, nennt als zentrale Ziele, dem mitteldeutschen Wirtschaftsraum mit seiner Dynamik die gebührende überregionale Aufmerksamkeit zu verschaffen und die Talente zu mobilisieren, die für die Fortsetzung der Erfolgsgeschichte benötigt werden.

Die Region rund um Leipzig ist eine uralte Kulturlandschaft europäischen Zuschnitts. Es gab eine Reihe bedeutender Handelsplätze im Mittelalter, doch nur an einer Stelle kreuzten sich die transeuropäischen Handelsstraßen via regia und via imperii. Dort begann der Aufstieg der Leipziger Messe zu späterer Weltgeltung.

Sachzeugen einer bedeutenden Historie und weit reichenden Kultur- und Geistesgeschichte finden sich in der Leipziger Region auf Schritt und Tritt. Ihre Aufzählung muss mit Schloss Hartenfels in Torgau – der einstigen sächsischen Residenzstadt –, dem pittoresken historischen Stadtkern von Grimma, dem viel gerühmten Renaissance-Rathaus, der Thomaskirche und dem wahrhaft monumentalen Völkerschlachtdenkmal in Leipzig, dem Geburtshaus von Friedrich Nietzsche in Röcken und dem ehemaligen Reichsgericht, das ab Mitte 2002 das Bundesverwaltungsgericht beherbergen wird, höchst fragmentarisch bleiben.

Bekannte Namen stehen mit großen Lettern im Geschichtsbuch dieser Region. Allen voran Johann Sebastian Bach, der 27 Jahre als Komponist, Thomaskantor und Stadtmusikdirektor in Leipzig wirkte und in der Thomaskirche begraben ist. Doch in die Annalen dieser Region gehören auch Katharina von Bora, die Ehefrau Martin Luthers, der aus Frankfurt am Main zugereiste Student Johann Wolfgang Goethe, Friedrich Schiller, der in Leipzig die „Ode an die Freude“ schrieb, Robert und Clara Schumann, der deutsche Eisenbahnpionier Friedrich List, Schulze-Delitzsch – bekannt als Pionier der deutschen Genossenschafts-

to make the general public aware of the region's dynamic development and mobilize the talent needed to continue the success story.

Leipzig lies at the heart of an area that has been developed by man since time immemorial. Of the many trading centers in the Middle Ages, it was the only one situated at the crossroads of two trans-European trade routes, the via regia and the via imperii, which made its trade fairs so important in Europe and even beyond. A list of architectural and historical monuments would include Hartenfels castle at Torgau, once the residence of Saxon kings, the picturesque old town of Grimma, Leipzig's famous Renaissance town hall, St. Thomas' Church and the huge monument to the Battle of Leipzig, the house at Röcken where Friedrich Nietzsche was born, and the former building of the Imperial Court into which the Federal Administrative Court is to move in the middle of 2002.

Among the famous names making history in the region are the composer Johann Sebastian Bach who spent 27 years in Leipzig as music director and cantor of St. Thomas' Church where he lies interred, Katharina von Bora, the wife of Martin Luther, the poet Johann Wolfgang von Goethe, who came here from Frankfurt to study at the university, his colleague Friedrich Schiller, who wrote the "Ode to Joy" while staying in Leipzig, the composers Robert and Clara Schumann, Friedrich List, who inspired the construction of Germany's first railway line, Franz Hermann Schulze-Delitzsch, founder of cooperative societies, Wilhelm Schmalenbach, who established business and management economics in Germany, Wilhelm Ostwald, Nobel Prize winner for chemistry, the socialist leader Rosa Luxemburg, and the "Leipzig Six", who ushered in the peaceful revolution in East Germany by calling for non-violence on Oct. 9, 1989. Karl Marx and Vladimir Ilyich Lenin were onlookers by comparison because they only passed through.

Most importantly, perhaps, there are a lot of things to discover, not least the good life, in a city of half a million people and the many smaller towns around it, not forgetting the rural areas for recreation such as Dübener Heide, Muldental and Kohrener Land. The billions invested in land reclamation and the cleanup of old industries after German reunification have long restored a charming landscape for country-loving city dwellers.

Meanwhile, transformation and conversion have replaced rehabilitation, a prime concern at the beginning of the 21st century being to plan for a popula-

Continued on page 162

Die ausgedehnte Anlage von Schloss Hubertusburg in Wermsdorf erfuhr in den vergangenen Jahren eine umfassende Restaurierung. Um die Fassade historisch getreu zu gestalten, wurden Farbachsen auf den 1721 begonnenen Bau aufgetragen. Im Schlossgarten stehen die Skulpturen „Vier Jahreszeiten“, auf dem Foto die allegorische Darstellung „Frühling.“

The extensive complex of Hubertusburg Chateau, in Wermsdorf, has been comprehensively renovated over the past few years. In order to restore the façade true to the original, colour axes were applied to the building, which dates back to 1721. The garden contains the sculptures entitled the "Four Seasons", of which the picture shows the allegorical representation of "Spring".

bewegung, Wilhelm Schmalenbach, der Nestor der deutschen Betriebswirtschaftslehre, Chemie-Nobelpreisträger Wilhelm Ostwald, die Sozialistin Rosa Luxemburg und die „Leipziger Sechs", die am 9. Oktober 1989 mit ihrem Aufruf „Keine Gewalt" das Signal für die friedliche Revolution im Osten Deutschlands gaben. Karl Marx und Lenin weilten dagegen nur auf der Durchreise in Leipzig.

Vielleicht ist das Wichtigste, dass es viel zu entdecken gibt und dass es sich ordentlich leben lässt in der Region, die durch die Halbmillionenstadt Leipzig geprägt wird und ansonsten durch eine Vielzahl kleinerer Städte in einem ländlichen Umland ihre abwechslungsreiche und in Richtung Dübener Heide, Muldental und Kohrener Land auch erholsame Gestalt bekommt.

Diese Gegend hat Charakter. Das gilt umso mehr, als die Sanierungsarbeiten im Bergbau und der Grundstoffindustrie seit dem Erreichen der Deutschen Einheit und mit Milliardeninvestitionen auf sämtlichen Feldern des Umweltschutzes längst wieder eine lebenswerte Landschaft entstehen ließen. Sie ist längst ein Geheimtipp unter landaffinen Großstadtmenschen.

Für eine attraktive Optik sorgt die künstliche Wasserfläche im Eingangsbereich des Mitteldeutschen Rundfunks. Technisch gewichtiger ist die durchgängige Digitalisierung der Drei-Länder-Anstalt MDR, der in Leipzig eine der modernsten Sendezentralen Europas betreibt.

The artificial water feature in the entrance area of the Mitteldeutscher Rundfunk building makes an attractive impression. More importantly, from a technical point of view, is the comprehensive digitalisation of MDR, the three-state institution which operates one of the most modern broadcasting centers in Europe from its Leipzig base.

Bachfest, Auftritte des Thomanerchors in der Thomaskirche und Sommerkonzerte am Bachdenkmal – die Musik des Meisters begeistert in jedem Jahr tausende Zuhörer in stimmungsvoller Umgebung.

The Bach festival, appearances by the Thomaner Choir in Thomaskirche and summer concerts right by the Bach monument – every year, thousands of people listen to the music of the master in atmospheric surroundings.

Inzwischen verlagern sich die Schwerpunkte der Umgestaltung. Ging es zunächst vorrangig um Sanierung, so rücken komplexe Aufgaben des Umbaus nun ins Zentrum. Eine Beschreibung der Aufgabenfülle am Beginn des 21. Jahrhunderts lautet, in der Leipziger Region räumliche Perspektiven für eine allenfalls stagnierende Bevölkerung zu entwerfen. Mit Blick auf akute Bevölkerungstrends in weiten Teilen Europas könnte schon bald weit verbreitete Bedeutung erlangen, was hier angepackt und nur in flüchtigen Analysen als allein ostdeutsches Spezifikum interpretiert wird. Mancher, der tiefer lotet, erkennt verführerische Möglichkeiten: Entwicklungsdruck entspringt nicht länger einer Situation des Mangels. Jetzt bekommt die Lebensqualität neue Chancen und immer deutlichere Konturen.

Die beiden, jeweils über 300 Jahre zählenden Glanzlichter Oper und Gewandhaus als Namen gebende Spielstätte des ältesten bürgerlichen Orchesters in Deutschland sowie das Bachfest sichern Leipzigs Weltklasse der kulturellen Angebote. Das wissen ausländische Kulturtouristen zunehmend zu schätzen.

Fortsetzung Seite 166

Richard Wagner, 1813 in Leipzig geboren, steht für die Musiktraditionen des 19. Jahrhunderts. Wagner-Verehrer Henri Maier verankert das Leipziger Opernhaus als Intendant im Kulturleben des 21. Jahrhunderts.

Richard Wagner, born in Leipzig in 1813, is the figurehead of 19th century musical tradition. As Manager and Artistic Director, Wagner enthusiast Henri Maier places the Leipzig Opera House firmly in the cultural life of the 21st century.

tion that will stagnate at best. While at first glance a phenomenon limited strictly to eastern Germany, similar strategies may soon be required for other parts of Europe where birth rates are going down. One intriguing facet of such planning could be that development is no longer driven by shortages and the quality of life can be emphasized. Two institutions adding to that quality are Leipzig's Opera House and the Gewandhaus, Germany's oldest civic orchestra, both with a tradition of over 300 years. In addition, there is the Bach festival, enjoyed by growing numbers of visitors every year.

Continued on page 166

Die historische Schiffmühle bei Höfgen im Muldental steht im Zentrum von Bootsausflügen auf der Mulde, Radwegen entlang der grünen Ufer des Flusses und ausgedehnter Spaziergänge in den nahen Wäldern.

The historic Schiffmühle near Höfgen in the Mulde valley is a center for boat excursions on the Mulde river, for the cycle tracks along its green banks and for the extensive footpaths for leisurely walks through nearby woodlands.

Das Gohliser Schlösschen barocke Gartenarchitektur mitten in der Großstadt

Gohliser Schlösschen – baroque garden architecture right in the center of the city

„Venezianische Nächte“ auf der Weißen Elster mit Gondolieri aus Venedig

"Venetian Nights" on the Weiße Elster river with gondoliers from Venice

Das Völkerschlachtdenkmal in Leipzig – Deutschlands größtes Denkmal erinnert an 1813 und sensibilisiert ein Jahrhundert nach seiner Einweihung für eine gründliche Sanierung.

The Völkerschlachtdenkmal in Leipzig – Germany's largest monument is a reminder of 1813 and is calling out for fundamental restoration one century on from its inauguration.

Mit Volldampf: Traditionsbetrieb auf der Schmalspurbahn Oschatz–Mügeln–Kemmlitz

Full steam ahead – ride on the traditional narrow-gauge railway running between Oschatz, Mügeln and Kemmlitz

Pferderennbahn Scheibenholz

Scheibenholz horseracing track

Ländliche Idylle: Reiter bei Fuchshain

Rural idyll – riders near Fuchshain

Der Südraum: Rückkehr einer Landschaft

„Hier ächzen doch nur Bagger und Förderbrücken", hörten die Visionäre immer wieder, die Anfang der 1990er-Jahre im Gefolge des nahenden Endes des großräumigen Braunkohlebergbaus im so genannten Leipziger Südraum eine Seenlandschaft entstehen sahen. Ehe die neuen Seen eine Fläche größer als die nicht gerade bescheidenen Berliner Gewässer einnehmen, werden noch einige Jahre vergehen. Fest steht schon der Name – Neuseenland.

Der Anfang ist gemacht. Er trägt einen inzwischen bekannten Namen – Cospudener See. Hier wurde noch 1990 Kohle gefördert. Zehn Jahre später war der See komplett geflutet, mit Sandstränden komplettiert, von ersten Seglern erobert und mit einer Seebrücke versehen, wie sie von den reiselustigen Sachsen während ihrer Ostsee-Urlaube stets bewundert wurden. Ab der Freiluftsaison 2003 sorgt ein angrenzender Event-Park dafür, dass das Versprechen Freizeit- und Erholungslandschaft erlebbare Konturen annimmt. Und wer als Führungskraft der Wirtschaft seiner Liebe zum Golfen frönen will und vor zehn Jahren auf verständnislose Blicke stieß, kann mittlerweile zwischen vier verschiedenen Greens wählen. Nebenbei bemerkt, auch die Grundstücksmakler spüren längst höchst einträglich, dass das Konzept der Wiedergeburt einer lebens- und erlebniswerten Landschaft aufgeht.

Soviel Wandel in so kurzer Zeit diente exemplarisch zur Untermauerung des Mottos der EXPO 2000 „Den Wandel zeigen", und der Cospudener See war eine der Attraktionen am Außenstandort Leipzig der Weltausstellung im vereinten Deutschland.

Fußball-WM und Olympische Spiele – rekordverdächtige Messlatten

Leipzig und die Wirtschaftsregion in Westsachsen sind selbstbewusst geworden. Auch wenn noch viele Aufgaben zu lösen sind – kleine Brötchen möchte hier niemand mehr backen. Leipzig ist Spielort der Fußball-Weltmeisterschaft 2006 in Deutschland. Der Umbau des Zentralstadions schafft die technischen und organisatorischen Voraussetzungen für begeisternde Matches, und das Deutsche Turnfest im Mai 2002 war mit seinen 100 000 Teilnehmern – unvergleichlich mehr, als Olympia an Aktiven je auf die Beine bringt – die Generalprobe für kommende gewichtige Sportereignisse. Mit der Arena Leipzig steht seit dem Frühjahr 2002 die modernste Mehrzwecksporthalle

Return of a landscape

"All you see and hear is excavators and conveyor bridges" is what renaturation activists were told in the early 1990s when they imagined a lake district instead of the many pits left by opencast lignite mining to the south of Leipzig. Even though some years will probably pass before the area under water is larger than the one around Berlin. The first lake, at Cospuden, was complete with sandy beaches, sailboats and a pier 10 years after mining was phased out in 1990. A nearby Event Park opens in 2003, and executives who collected stares in 1990 for inquiring about golf courses can now choose from a total of four. And, of course, the rebirth of a charming and gentle landscape is a bonanza for real estate agents.

"Witness the change" was the motto of EXPO 2000 in Germany, to which the region contributed by demonstrating results of a thorough transformation that had taken place over a very short period, such as Cospuden lake.

Soccer World Cup and Olympic Games

Leipzig and the economic region around it have regained their self-confidence, and even though there is still a lot of work to do the locals have successfully applied for matches to be played in their renovated stadium during the Soccer World Cup to be hosted by Germany in 2006. The final rehearsal for top events to come was the German Gymnastics Festival held in May 2002 and attended by 100,000 participants, more than can ever be expected at the Olympic Games. Arena Leipzig, Germany's most modern multi-purpose sports center, opened in early 2002 and will host the first world indoor hockey championships with twelve national men's and women's teams each in 2003.

Planning further ahead, Leipzig commissioned a study in 2001 which said that if Olympic Games were held in Germany, the city could be a venue together with Dresden, Chemnitz, Riesa and Halle. The state of Saxony has supported the project, the only one submitted by an east German city, ever since Germany's NOC voted in favor of applying for the 2012 Summer Games. Application documents have been submitted, enthusiasm is growing and Leipzig now has to assert itself against Hamburg, the Ruhr district, the Rhine-Main region, and Stuttgart. Leipzig is to use the domestic qualifying round which continues until May 2003 to get its name in the headlines, emphasizing

Erste große Bewährungsprobe des umgebauten Leipziger Zentralstadions – die Gala des Deutschen Turnfestes am 24. Mai 2002.

The first major test for the renovated Leipzig Zentralstadion (stadium) – the German Gymnastics Festival gala event held on the 24th of May 2002.

Das Zentralstadion – als Spielstätte zur Fußball-WM 2006 in Deutschland ist es bereits eingeplant. Jetzt streben die Leipziger eine weitere Höchstleistung an und haben beim Nationalen Olympischen Komitee ihre Bewerbung für die Olympischen Sommerspiele 2012 eingereicht. Überzeugen sollen ein Konzept der Nachhaltigkeit und Olympia der kurzen Wege.

The Zentralstadion – already planned for helping host the World Cup to be held in Germany in 2006. Leipzig residents are now attempting yet another coup, having submitted an application to host the 2012 Summer Olympics to the National Olympic Committee. The concept of sustainability and compactness is the key element of the application.

Deutschlands zur Verfügung. Im Februar 2003 wird sie Austragungsstätte der 1. Hallenhockey-Weltmeisterschaft mit je zwölf Nationalmannschaften der Frauen und Männer sein.

Die Leipziger denken gemeinsam mit ihren Partnern schon sehr weit in die Zukunft. „Olympia in Sachsen" ist machbar, bescheinigt eine im Juni 2001 präsentierte Studie. Sie bündelt die sächsischen Bestmarken, seitdem klar ist, dass das Nationale Olympische Komitee eine deutsche Kandidatur für die Sommerspiele des Jahres 2012 befürwortet. Leipzig, Dresden, Chemnitz, Riesa und Halle wollen Veranstaltungsorte sein. Der Freistaat Sachsen unterstützt die einzige Bewerbung aus den östlichen Bundesländern. In der Bevölkerung wächst die Begeisterung für das hoch gesteckte Vorhaben. Die Bewerbungsunterlagen sind eingereicht, und nun zählt der sportliche Vergleich mit Hamburg, dem Ruhrgebiet, der Rhein-Main-Region und Stuttgart.

Die Olympiabewerbung mit ihrem extrem hohen Anspruch ist in der heißen Phase der innerdeutschen Ausscheidung bis Mai 2003 zentraler Bestandteil der Vermarktungsanstrengungen der Stadt Leipzig und ihres Umlandes. Aktivposten sind die organisatorische Erfahrung mit sportlichen Großveranstaltungen, die günstige Lage und gute Erreichbarkeit der Sportstätten und – nicht zu unterschätzen im gesamtwirtschaftlichen Kontext – das Kunststück, Weltklasse mit einem überschaubaren Budget zu bieten.

Optimistisch in die Zukunft

Viele Trends in der Leipziger Wirtschaftsregion atmen noch immer den „Charme der frühen Jahre". Dynamik wird groß geschrieben. Die Grundstimmung wechselte längst von Hoffnung zu begründeter Zuversicht. Gesicherte Großinvestitionen, die inzwischen angelaufen sind, unterfüttern das wirtschaftliche Wachstum. Während sich vielerorts das Konjunkturorakel auf den Zehntelprozentbereich reduziert, schlagen rund um Leipzig in den kommenden Jahren mit hoher Wahrscheinlichkeit erhebliche Wachstumsprozente zu Buche. 10 000 neue industrielle Arbeitsplätze, die bis zum Jahr 2005 mit Sicherheit geschaffen werden, begründen eine Ausnahmestellung unter den deutschen Wirtschaftsregionen. Die Ausgangsposition für die Zukunft stimmt grundsätzlich optimistisch, obwohl es gleichzeitig erheblicher Anstrengungen bedarf, sie weiter zu vervollkommnen.

Rund um Leipzig wächst eine regionale Größe im

Fortsetzung Seite 170

such assets as a wealth of organizational experience from organizing big sporting events, strategically located stadiums and fields, and the ability to work within a tight budget.

Good prospects

Many in the region still feel the "charm of the early years" and believe in dynamic action. Hope has given way to confidence, reinforced by large investment projects which signal economic prosperity. Whereas market analysts elsewhere expect growth in the order of several tenths of a percentage point, the region around Leipzig will probably see considerable expansion. With 10,000 new industrial jobs created by the year 2005, it will find itself in an exceptional situation compared with other locations in Germany. The outlook for the future is basically optimistic, even though much remains to be done.

A regional player is getting ready for worldwide competition, its economic output being negligible at the moment measured on a global scale. If it can deal with the trends to which it is exposed and grow at the same time, investors will take note. This region, with Leipzig at its heart, may well become one of Germany's top performers in the next 20 years. Not all plans have materialized in 12 years of transformation, but new projects will certainly speed up reforms which elsewhere take much longer.

Is Leipzig, then, a lighthouse in an otherwise dark economic setting? More probably, it is a runway with a central strip of lighting providing general orientation which is, however, not complete without the sidelights. In this up-and-coming region, the big city dominates but can achieve ambitious goals only by interacting with other players. □

Im Zentrum von Leipzig – hier am Naschmarkt mit Altem Rathaus und der historischen Börse – hat sich eine höchst vitale gastronomische Szene herausgebildet. Es lohnt sich, im Sommer in südländisches Flair einzutauchen und zweimal im Jahr das von überschäumender Stimmung geprägte Kneipenfestival „Honky Tonk“ zu genießen.

An amazingly vital gastronomic scene has developed in the center of Leipzig – here on Naschmarkt with the old Town Hall and the historic Exchange. It is well worth submerging oneself in southern flair during the summer months, enjoying the Honky Tonk pub festival twice a year, well known for its exuberance and liveliness.

globalen Wettbewerb. Ihr Beitrag zur internationalen Wirtschaftsleistung ist vorläufig eine Marginalie. Den Einflüssen der globalen Wirtschaft ist dieser Wirtschaftsraum gleichwohl ausgesetzt, und er punktet in Analysen, wie gut und geschickt er damit zurechtkommt. Solch ein Zuwachs an Statur kann weiteren Investoren nicht verborgen bleiben. Der Aufstieg der mitteldeutschen Wirtschaftsregion mit dem Zugpferd Leipzig an der Spitze zu einer der führenden deutschen Wirtschaftsregionen in den kommenden zwanzig Jahren ist realistisch.

In einem bewegten Umfeld gingen nicht alle Pläne auf, die seit dem Beginn des wirtschaftlichen Umbruchs vor zwölf Jahren für die Leipziger Wirtschaftsregion geschmiedet wurden. Kein Grund für Kleinmut – es werden immer wieder neue Pläne ausgerollt. So behält der Wirtschaftsraum seine Dynamik. Wer diese Region kennt, weiß, dass wirtschaftliche Reformen nach kurzer Vorbereitung schon praktisch greifen, wenn anderswo ein Abschluss mancher bereits endlos laufender Debatte zum selben Thema überhaupt noch nicht erkennbar ist.

Leipzig – ein Leuchtturm der Wirtschaft in den östlichen Bundesländern? Zutreffender ist das Bild von einer beleuchteten Startbahn: Auf die Orientierungsfunktion der hellen Mittellinie kommt es ganz wesentlich an, doch ohne die flankierenden Strahler wäre die Befeuerung unvollständig. Genauso verhält es sich mit dieser aufstrebenden Region. Die Rolle ihrer Metropole ist überragend. Zu großer Form läuft sie aber nur im Zusammenspiel mit weiteren regionalen Akteuren auf. Dahinter steckt ein bewährtes Entwicklungsmuster, zumal in Zeiten heftiger Umbrüche. Gemeinsam ziehen alle Beteiligten Nutzen aus dieser Arbeitsteilung. □

Nach 27 Berufsjahren in der Messestadt der weltweit bekannteste Leipziger aller Zeiten – Johann Sebastian Bach. Das von Carl Seffner geschaffene Denkmal für den genialen Komponisten und Thomaskantor steht im Thomaskirchhof.

Having worked in the city for 27 years, Johann Sebastian Bach is Leipzig's most famous citizen. The monument created for the composer genius, choirmaster and organist of Thomaskirche by Carl Seffner, stands in the churchyard of Thomaskirche.

Historisches Kleinod inmitten eines ausgedehnten und sehenswerten Landschaftsparks im Muldentalkreis – Schloss Machern.

An historic jewel set in an expansive, attractive park landscape in the Mulde valley – Machern Castle.

Wichtige Ansprechpartner der Region

Industrie- und Handelskammer zu Leipzig
Wirtschaftsförderung
Goerdelerring 5
04109 Leipzig
Tel. 03 41/12 67-12 73
Fax 03 41/12 67-14 25
www.leipzig.ihk.de

Handwerkskammer zu Leipzig
Grundsatzfragen/Wirtschaftsförderung
Dresdner Straße 11/13
04103 Leipzig
Tel. 03 41/21 88-1 51
Fax 03 41/21 88-1 97
www.hwk-leipzig.de

Stadt Leipzig
Amt für Wirtschaftsförderung
Martin-Luther-Ring 4
04109 Leipzig
Tel. 03 41/1 23-56 00
Fax 03 41/1 23-56 05
www.leipzig.de

Regierungspräsidium Leipzig
Abteilung Wirtschaftsförderung
Braustraße 2
04107 Leipzig
Tel. 03 41/9 77-30 00
Fax 03 41/9 77-30 99
www.rpl.sachsen.de

Landratsamt Delitzsch
Amt für Wirtschaftsförderung
Richard-Wagner-Straße 7 a
04509 Delitzsch
Tel. 03 42 02/6 98 56
Fax 03 42 02/6 97 84
www.lradelitzsch.de

Landratsamt Döbeln
Amt für Wirtschaftsförderung
Straße des Friedens 20
04720 Döbeln
Tel. 0 34 31/74 14 10
Fax 0 34 31/74 14 01
www.landkreis-doebeln.de

Landratsamt Leipziger Land
Amt für Wirtschaftsförderung
Tröndlinring 3
04105 Leipzig
Tel. 03 41/12 64-2 31
Fax 03 41/12 64-1 14
www.landkreis-leipzigerland.de

Landratsamt Muldentalkreis
Amt für Wirtschaftsförderung
Karl-Marx-Str. 22
04668 Grimma
Tel. 0 34 37/9 84-7 50
Fax 0 34 37/9 84-7 99
www.lra-mtl.de

Landratsamt Torgau/Oschatz
Amt für Wirtschaftsförderung
Schlossstraße 27
04860 Torgau
Tel. 0 34 31/7 58-1 41
Fax 0 34 31/7 58-2 75
www.landkreis-torgau-oschatz.de

Leipzig ist eine grüne Stadt. Zahlreiche Parks und der berühmte Auewald schaffen Lebensqualität. Die Verbesserung der ökologischen Situation zählt zu den herausragenden Fortschritten in der Leipziger Region seit der Deutschen Einheit.

Leipzig is a green city. Numerous parks and the famous Auewald create quality of life. The improvement of the ecological situation ranks among the outstanding progress in the Leipzig region since the German unit.

Bildnachweis/
Picture register

VERZEICHNIS DER PR-BILDBEITRÄGE

Die nachstehenden Firmen, Verwaltungen und Verbände haben mit ihren Public-Relations-Beiträgen das Zustandekommen dieses Buches in dankenswerter Weise gefördert.

LIST OF ILLUSTRATED CONTRIBUTIONS

We thank the following companies, administrations and associations which with their public relations contributions have made the production of this book possible.

Bildnachweis
Picture Register

Bildquellen/
Picture Sources

Archiv: S. 8, 17, 37, 43 o., 50, 51, 63, 67, 69, 74, 75, 77, 84, 85, 97, 101, 110, 111, 113, 121, 131, 133 M., 139, 148, 152

Archiv Pro Leipzig, Heidemarie Vogel Hennig: S. 134; Archiv Pro Leipzig, Franz Speckhals: S. 135 o.; Archiv Pro Leipzig, Harald Kirchner: S. 135 u.; Ronny Anders, exClusiv OR, Leipzig: S. 107; Martin Clindtworth, Leipzig: S. 103; Donath, Berlin: S. 35; Fotostudio Astrid Nerlich, Leipzig: S. 80, 81; Stefan Geß, Espenhain: S. 106; Klaus-Dieter Gloger, Leipzig: S. 167 o.; Dr. Helge-Heinz Heinker, Leipzig: Titel, S. 13, 16, 31, 38, 39, 47, 53, 164 u. r., 165 o.; Volkmar Heinz, Leipzig: S. 9, 19, 22, 23, 27, 28, 29, 33, 36, 41, 45, 49, 65, 73, 76, 79, 87, 89, 91, 95, 115, 118, 124, 126, 129, 136, 137, 140, 141, 143, 145, 149, 150, 157, 159, 160, 161, 162, 163, 164 o. und M., 165 u. l. und u. r., 169, 170, 171, 173; Jörg Hempel Photodesign, Aachen: S. 71; Ralph Hinterkeuser, Berlin: S. 15, 30, 34, 43 u., 54, 55, 57, 59, 61, 78, 83, 99, 104, 105, 109, 114, 117, 119, 123, 133 o., 153; Wiebke Holz, Taucha: S. 25 o.; Andreas Keller Fotografie, Altdorf: S. 86; Dieter Knoblich, Taucha: S. 25 M. und u.; Armin Kühne, Leipzig: S. 133 u.; Leipzig Tourist Service: S. 151; Frank Michalowski, Leipzig: S. 66; Friedemann Rieker, Göppingen: S. 20, 21; Dr. Frank Stader, Leipzig: S. 138; Studio 80/Pressedienst, Leipzig: S. 125; VITA 34, Leipzig: S. 155; Werkfotos Porsche AG: S. 92, 93; Wolfgang Zeyen, Leipzig: S. 167 u.